人民网 舆情数据中心

U0739835

新媒体创新人才培养
系列丛书

新媒体
数据新闻

段峰峰◎编著

New Media
Data Journalism

人民邮电出版社
北 京

图书在版编目（CIP）数据

新媒体数据新闻 / 段峰峰编著. -- 北京 : 人民邮
电出版社，2021.11
（新媒体创新人才培养系列丛书）
ISBN 978-7-115-56757-4

Ⅰ. ①新… Ⅱ. ①段… Ⅲ. ①数据处理－应用－新闻
学－高等学校－教材 Ⅳ. ①G210.7

中国版本图书馆CIP数据核字(2021)第123898号

内 容 提 要

　　随着新媒体的迅速发展，新闻的呈现形态也在发生改变，新媒体数据新闻由此诞生。本书以培养读者新媒体数据新闻的设计与制作技能为目标，以实践操作和具体案例为基础，系统讲解新媒体数据新闻概述、新媒体数据新闻选题与策划、新媒体数据获取、新媒体数据预处理、新媒体数据分析、新媒体数据可视化、新媒体数据新闻可视化叙事及新媒体数据新闻制作与发布，并将涉及的相关方法、技术等应用于新媒体数据新闻制作，为读者提供可参考的实践应用的方法和模式。

　　本书逻辑清晰、知识全面，采用知识点与案例相结合的讲解模式，以一个数据新闻作品的设计与制作过程贯穿各章，便于读者快速理解并掌握数据新闻设计与制作方法。

　　本书可以作为高等院校、高等职业院校新闻与传播类及相关专业课程的教材，也可以作为新媒体数据新闻培训机构的参考书，还可以作为新闻、新媒体从业者用于提升职业技能的工具书。

◆ 编　　著　段峰峰
　　责任编辑　刘　尉
　　责任印制　王　郁　焦志炜

◆ 人民邮电出版社出版发行　　北京市丰台区成寿寺路 11 号
　　邮编　100164　　电子邮件　315@ptpress.com.cn
　　网址　https://www.ptpress.com.cn
　　固安县铭成印刷有限公司印刷

◆ 开本：787×1092　1/16
　　印张：14.5　　　　　　　　　　2021 年 11 月第 1 版
　　字数：338 千字　　　　　　　2024 年 12 月河北第 6 次印刷

定价：49.80 元

读者服务热线：(010)81055256　印装质量热线：(010)81055316
反盗版热线：(010)81055315
广告经营许可证：京东市监广登字 20170147 号

FOREWORD　　前　言

党的二十大报告提出"加强全媒体传播体系建设，塑造主流舆论新格局"。随着网络新媒体的迅速发展和新媒体应用的快速普及，新闻的呈现形态、舆论环境及受众的阅读习惯在发生改变。新媒体产生的海量数据和逐渐成熟的数据处理分析技术使得一种整合各种媒介优点、符合信息时代需求的全媒体新闻形态——数据新闻得以诞生。高校新闻与传播类专业以理论化见长的教学方式和人才培养模式与新媒体领域的人才需求矛盾越来越突出，本书的编者尝试打破原有的学科知识体系，着力打造"新文科"背景下技术与新闻传播学科的交叉融合体系，编著符合新闻传播领域人才培养需求、实用性更强的专业教材。

本书以新媒体数据新闻设计与制作的流程为主线，结合大量案例分析和实践操作展示而编写。通过对本书内容的学习和实践，读者将具备新媒体数据新闻的基本知识，并掌握新媒体数据新闻设计与制作的方法、模式和技能。

本书既强调方法讲解，又力求体现实践创新应用，充分契合"金课"背景下教学内容的需求和教学实践的要求。在编写结构上，本书采用新媒体数据新闻设计与制作流程的新思路，从最初选题至最终数据新闻网络发布，提供全流程各环节理论知识、方法模式、技术技能、操作实践的展示与剖析。本书不仅在重点章节设置新媒体应用案例的展示，而且通过一个数据新闻作品的设计与制作过程贯穿各章，为读者学习数据新闻设计与制作提供直观的参考。在编写体例上，本书采用方法讲解与技术实践相结合的形式，运用大量案例、图片，图文并茂，直观明了。

本书的参考学时为 80 学时，建议采用理论与实践相结合的教学模式，各章的参考学时见以下学时分配表。

章	课程内容	学时分配	
		讲授	实践训练
第一章	新媒体数据新闻概述	4	2
第二章	新媒体数据新闻选题与策划	6	4
第三章	新媒体数据获取	6	4

第一章

新媒体数据新闻概述

本章概述

　　随着技术的不断革新，新闻的形态也在不断发生变化。从口语传播时代、文字传播时代、印刷传播时代到电子传播时代，电子新闻、网络新闻逐渐成为传播力强、受众广泛的新闻形式。新媒体产生的海量数据和逐渐成熟的数据处理分析技术使一种整合各种媒介优点、符合信息时代需求的新闻形态——数据新闻得以诞生。相较于传统新闻，新媒体数据新闻具有显著的特色与优势。新媒体数据新闻不仅是一种新闻形态，更代表了现代化社会的发展趋势。学习新媒体数据新闻，不仅是在走近新闻传播的前沿领域，也是在跟紧时代变革的步伐。本章将对新媒体数据新闻的相关概念进行介绍，分析国内外数据新闻发展的历程，并且简述新媒体数据新闻的生产流程；最后将以国内外典型数据新闻为例，总结优秀新媒体数据新闻作品的特征。本章从基础理论出发，以实际案例加强对新媒体数据新闻的理解。

第一节　新媒体数据新闻简介

一、新媒体数据新闻的概念与特征

1. 新媒体数据新闻的概念

"新媒体"在今天是一个使用广泛的词，但同时新媒体的概念也具有一定的模糊性。早在 20 世纪 50 年代末，就有国外学者提出了"新媒体"（New Media）这一说法，20 世纪 80 年代，伴随计算机技术的发展，"新媒体"一词开始广泛普及，并被引入我国。"新媒体"不同于"新出现的媒体"，不能仅仅从时间上加以界定，要想对这个概念做出明确的界定，就要对"新媒体"的特征进行辨析。总的来说，相较于传统媒体而言，新媒体具有数字化、交互性、融合性、虚拟性的特征。

"新媒体"主要指基于数字技术、网络技术及其他现代信息技术或通信技术的，具有互动性、融合性的媒介形态和平台。在现阶段，新媒体主要包括网络媒体、手机媒体及其融合形成的移动互联网，以及其他具有互动性的数字媒体。同时，"新媒体"也常常指主要基于上述媒介从事新闻与其他信息服务的机构。

数据新闻，又称"数据驱动新闻"，是基于数据信息的采集、分析、呈现的新闻工作方式。从狭义上看，数据新闻是建立在数据抓取、数据挖掘、数据统计和分析基础上，最终以可视化的方式呈现出来的一种新型新闻报道方式。从广义上看，数据新闻代表新闻行业未来的发展方向，是新闻学在大数据时代的研究新领域。"数据新闻"这一概念最早是由 Every Block 网站的创始人阿德里安·霍洛瓦季（Adrian Holovaty）在 2006 年提出的。一些欧美主流媒体首先对"数据新闻"理念进行了积极的实践，并引发了全球范围内新闻报道方式的变革。

数据新闻与新媒体相生相伴，具有紧密联系。新媒体时代，社会处于信息高度发达的状态，时时刻刻都会产生海量的信息。约十年前就有数据显示：互联网一天产生的全部内容可以刻满 1.68 亿张 DVD；每天博客上产生的 200 多万份帖子，相当于《时代》杂志 770 年的总量；每天有 86.4 万小时的视频上传到 YouTube，相当于一个人 98 年不停歇地录制视频产生的总量。新媒体产生的海量数据为数据新闻的产生提供了时代背景。新媒体数字化、交互性、融合性和虚拟性的特征也使得制作集合文字、图片、视频等媒体形式为一体的交互性新闻成为可能。借助新媒体广泛的分发渠道和强大的传播效果，数据新闻具有显著的影响力优势。

2. 新媒体数据新闻的特征

（1）以海量数据为核心驱动力

新媒体数据新闻是以数据为驱动力的报道，数据必然是数据新闻存在的前提，也是数据新闻报道流程中最重要的因素。收集数据并对其进行结构化、知识化的处理，探索出有意义的数据间的相关联系，能够实现从单独的"新闻事件"到"情境报道"的完美蜕变。数据新闻将曾经用文字讲故事的方式转变成用数据讲故事，对传统新闻内容的生产以及叙事模式进行了改变。

（2）以数据分析处理技术为基础

面对庞大的数据量，往往需要借助复杂的数据分析处理技术才能得到数据背后隐藏的事实真相。利用高效的数据处理方式挖掘出数据背后的新闻事实，未经处理的原始数据只能反映事实的局部，只有进行多维度数据的关联和比较才能得到更深层的数据意义，获取某类群体的普适性结论，发挥数据的真正效用，制作逻辑性强的可视化图表。在数据新闻制作中，通过数据分析处理技术对不同维度的数据进行综合处理，深入挖掘每个数据集背后隐藏的社会含义，使新闻内容论证更为详细。

（3）以数据可视化呈现为报道方式

数据可视化是以信息图、动态图、交互图及视频等方式配上少量的文字描述进行新闻报道，有助于将冗杂的数据信息以及错综的关系链以形象、生动、简单的方式呈现，提升专业新闻的阐释效果，增强用户交互式阅读体验。一篇完整的数据新闻，数据可视化的技术与展现形式可以形成一种区别于传统新闻叙事的独特手段，这也是数据新闻本身独特的特点。一般情况下，优秀的数据新闻报道会达到科学与艺术的和谐与统一，而不是以单纯的视觉刺激吸引读者注意力。

（4）以移动端为主要传播渠道

随着智能手机、移动互联网的普及以及 HTML5（Hyper Text Markup Language 5，第五代超文本标记语言）技术的发展，移动端逐渐成为新媒体发展的主流阵地。自 2014 年下半年起，数据新闻在移动端的开发受到媒体重视，数据新闻实践平台逐渐由传统 PC 端向移动端转移。移动端阅读极大提高了用户的参与感，优化了阅读体验，同时也提高了新闻的传播效率。

（5）以服务公众利益为报道指向

大数据能客观真实地反映网民对某类事物的态度倾向和行为成因，为政府制定政策、企业推广产品、媒体引导舆论提供有效策略。对数据的处理和呈现归根结底是为了让公众理解大数据时代中数据变迁的内涵，了解宏观数据如何影响每个人。服务公众利益才是数据新闻的出发点，大部分主流媒体数据新闻逐渐重视用户数据，从公众态度、行为数据中窥探出社会变化，解释数据和社会、数据和个人之间的关联程度，体现了新闻报道中"以人为本"的价值内涵。

二、新媒体数据新闻的产生背景

1．大数据时代的到来

大数据是指数据规模在获取、存储、管理、分析方面远远超出了传统数据库软件工具能力范围的数据集合。大数据中的"大"并没有规定具体数量是多少，在不同领域、不同时代，大数据的"大"都是相对而言的，能够表达出大数据真正价值的是大数据的全面性。大数据的产生顺应了当今信息爆炸的时代，业界人士普遍将大数据的特点概括为 4 个"V"，即 Volume——数据量巨大、Variety——数据类型繁多、Velocity——大数据处理速度极快、Veracity——数据精确性高。

大数据时代，数据成为重要的生产力，这要求媒体必须探索新的信息生产和传播方式，以适应大数据时代的挑战。传统媒体的新闻报道、评论强调深度，注重"内容为王"，致力提供高质量信息，这种生产方式在大数据时代很容易被低成本生产的海量数据淹没。而数据的冗杂使受众对有价值的信息要求更加迫切，媒体如何在海量的数据信息里收集、过滤，并将有价值、有意义的分析结果清晰地传递给受众是大数据时代不可回避的挑战。这就意味着

2. 自采数据型与非自采数据型

根据数据新闻中数据的来源分类,数据新闻可被分成自采数据型数据新闻和非自采数据型数据新闻。自采数据型数据新闻是报道者直接通过深度访谈、问卷调查、田野调查等社会科学研究方法获取第一手资料,并将这些资料量化为数据后进行处理,最后制作成新闻报道。自采数据型数据新闻具有较强的原创性和独家性,自我采集的数据纯度较高、数据处理难度也相对较小。非自采数据型数据新闻的数据来源是已被公开的数据,或是通过合作、购买等途径从第三方机构获取的经过分析处理的二手数据。此类数据新闻的采编成本较低,但需要面临因数据不可靠导致的报道失实的风险。由于自采数据型数据新闻的资金投入多、技术要求高、花费时间长,目前非自采数据型数据新闻占比较高。

3. 事件选题型与话题选题型

根据选题性质的不同,数据新闻可被分为事件选题型数据新闻和话题选题型数据新闻。顾名思义,事件选题型数据新闻是把某一具体新闻事件作为报道的核心,并对有分析价值和现实意义的数据进行处理、解读和呈现的数据报道。会议、活动、庆典等重大新闻以及自然灾害、重大事故等突发性公共事件常采用事件选题型数据新闻报道。在此类新闻中,媒体不仅可以将事件主题信息制作成数据新闻,也可以将事件的背景信息、外延话题进行整合和可视化报道。而话题选题型数据新闻则是通过围绕某个话题采集、分析相关数据,并进行解读和呈现的数据报道。话题选题型数据新闻可以网罗多个与话题相关的新闻事件,能够广泛而深刻地采集和分析数据,在反映和思考社会现象和热点问题时更具优势,但在时效性方面与事件选题型数据新闻相比,则稍显逊色。

4. 调查型与常规型

根据数据新闻采编方式的不同,可将其分为调查型数据新闻和常规型数据新闻。调查型数据新闻是一种运用较复杂的数据分析手段,深入、系统地分析社会事件、现象或热点问题的数据新闻,一般需使用编程等复杂的数据处理技术,耗时较长。常规型数据新闻的数据来源较为单一,处理和分析手段较为简易,多把数据集作为数据来源,并采用简单的可视化手段做最终呈现。

四、新媒体数据新闻的价值

1. 增强新闻报道的深度性和宏观性

在对重大的社会事件进行报道时,以文字为主的新闻报道往往缺乏宏观性场景的展现,记者叙述的内容常常只能反映事件的局部信息。数据新闻弥补了这一不足,与传统新闻记者对事物以个案采访、随机调查为主的方式不同,数据新闻注重通过对海量数据进行收集、处理来获取相关信息,更能增加新闻报道的宏观性。同时,单一维度的信息只能反映事件的局部,数据新闻采用的不是单一维度的数据,而是多种维度的数据,通过对不同维度之间的数据进行对比分析,发掘事物更深层次的信息,揭示看似毫不相关的因素之间的联系性。

2. 增强新闻读写的交互性能

数据新闻的交互性能体现在读、写两大方面。一是受众可以自主选择阅读顺序和内容,开拓非线性的阅读路径,基于 Web 2.0 交互性的传播平台以及智能化数据库管理,特别是一些有互动功能的信息图表使数据新闻的交互性得到充分彰显。二是调动受众的积极性，使其参与新闻内容生产，例如在重大灾难性报道中，受众可上传相关经历补充新闻内容。编辑根据受众对于内容的反馈，将受众相关经历转化为新闻内容，并为受众定制"个人化"的信息服务，形成开放式新闻和公民新闻。数据新闻打破了传统新闻"传者中心"的地位，实现了即时互动和双向传播。

3. 促进传统媒体与新媒体的融合

在当下的媒介生态环境中，以互联网为代表的新媒体在媒体领域的竞争中具有一定优势。新媒体具有交互性与即时性、海量性与共享性、个性化与社群化的特征，相比传统媒体，新媒体更得受众青睐。以报纸为代表的传统媒体，其读者数量和发行量都在连续减少，报纸"消亡论"一度被广泛传播。这种说法虽然过于消极，但也在一定程度上反映了传统媒体发展的瓶颈。

面对新媒体带来的挑战，不少传统媒体选择走"融合"道路，数据新闻的出现是将数字技术和计算机等新技术应用于新闻报道中的结果，同时也推进了媒体之间的融合。传统媒体在内容生产方面具有一定优势，而新媒体则长于效果呈现、网络传播，数据新闻结合了两者的优势，有助于实现互补。融合过程不仅是传统媒体的创新突破、新媒体的成长沉淀，更是整个新闻业的转型升级。

第二节　新媒体数据新闻的发展

一、国外新媒体数据新闻的发展

1. 业界对新媒体数据新闻的尝试与探索

19 世纪，国外新闻业就开始运用量化数据进行报道，1821 年《卫报》的创刊号上的一篇调查未成年教育系统的报道就被视为该报最早的数据新闻。不过这只是初步尝试，此种报道方式在当时并未形成规模。

谈到较为系统地推行数据新闻报道，美国《纽约时报》和英国《卫报》最值得关注。2007年，美国《纽约时报》组建了一个记者加程序员的团队，即现在的"互动新闻技术部"。这个团队在《纽约时报》网站上为奥运会等重大新闻制作并推出了大量动态、互动的信息图表，每一张图表都以大量数据为支撑。《纽约时报》网站为此专门开辟了版块，汇总此类报道。尽管如此，《纽约时报》并没有对数据新闻做出明确的分类，而是将一些数据新闻报道放在多媒体报道版块中。与之相比，英国《卫报》则清晰采用"数据新闻"概念并对这一概念进行大力推广。2009 年，《卫报》网站开设"数据商店"版块，下设"大数据""数据新闻""数据博客"等细分频道。

2012 年，《纽约时报》制作的"雪崩"题材新闻报道获奖，引发全球传媒界对数据新闻这一新型报道形态的关注。此阶段，数据新闻实践越来越注重用户交互式体验，通过场景化设置以及细节部分的深度交互设计，满足不同类型用户的个性化需求。数据新闻成为新闻界创新发展的一大趋势，呈现出蓬勃发展之势。

数据新闻的发展成熟带动了专业赛事的形成，2012 年"全球数据新闻奖"开始在全球颁布，该奖项由非营利性的民间组织"全球编辑网"（Global Editors Network）主办，是第一个专门为数据新闻报道设立的奖项。该奖项开始第一年参与评奖的作品就达到286个，涉及全球51个国家和地区。

2. 学界对新媒体数据新闻的研究

（1）数据新闻理论研究

从新闻报道形式的演变历程看，数据新闻并不是一种全新的形式，其起源于美国新闻媒体的精确新闻报道实践。20世纪60年代，美国学者、新闻记者菲利普·迈耶（Philip Meyer）提出了精确新闻报道（Precision Journalism）的理念，强调新闻报道中社会调查研究方法、调查数据与结果的科学应用。精确新闻报道理念的诞生为数据新闻的发展奠定了基础。

"计算机辅助报道新闻"这一概念也与数据新闻紧密相关。计算机辅助报道新闻是用计算机来辅助收集和处理信息的新闻报道方式。其发端于20世纪50年代，但限于当时的社会条件，这种新闻理念与操作方式并没有在新闻界得到普遍推广。

"数据新闻"这一概念最早在2006年出现，而对数据新闻的研究数据于2012年开始逐年攀升，2015年增长尤为迅速。目前，国外关于数据新闻的研究多从两个角度切入：一是从技术层面进行分析，探讨数据新闻的制作和呈现方式，其中最具代表性的著作为欧美一

线资深记者共同编撰的《数据新闻手册》（*The Data Journalism Handbook*），如图1-2所示；二是从新闻学角度入手，侧重数据新闻的优势分析、现状调查、问题探讨、发展建议等，采用的方法主要是深度访谈、参与观察及问卷调查。

（2）数据新闻教育发展研究

作为新闻业的创新实践，数据新闻在全球的快速发展使各方对数据新闻专

图1-2 《数据新闻手册》

业人才的需求量不断增加，与数据新闻相关的内容被许多新闻教育者纳入课程体系。以培养从事数据新闻报道的专业人才为目标的数据新闻教育正在全球范围内逐步被学界接纳。

统计显示，截至2016年已有超过一半的美国新闻院校开设了数据新闻课程，一些新闻教育实力较强的大学还开始探索数据新闻专业培养方案，开设面向本科生和研究生的数据新闻方向或专业培养项目，如哥伦比亚大学、斯坦福大学、西北大学、迈阿密大学、密苏里大学等。除少数院校（如密苏里大学）设置本科数据新闻方向外，美国大部分数据新闻专业开设在研究生阶段，招收具有一定新闻或计算机专业背景的学生进行为期十个月到两年时间不等的数据新闻教育。

由英国数据新闻实践推动的英国数据新闻教育同样具有引领作用。部分高校如伦敦政治经济学院、华威大学、卡迪夫大学、伦敦大学国王学院单独开设了数据新闻相关专业，如表1-1所示。数据新闻类课程也已经比较普及。目前英国的数据新闻类课程主要分三种类型：第一种是数据新闻介绍型课程，如"数据报道概论""数据系统概念与基础"等；第二种是

数据新闻技能型课程，如"数据可视化""数字交互设计""高级数据与编程"等；第三种是数据新闻应用型课程，如"城市复原力，灾害和数据""文化遗产可视化应用"等。

表 1-1 部分英国高校数据新闻课程与专业设置

英国高校名称	数据新闻相关课程	有无单独开设数据新闻相关专业
莱斯特大学	数字化故事写作；数据新闻；多种分析与数据建模	无
伦敦政治经济学院	传播与社会中的数据	媒体与传播理学（数据与社会方向）
华威大学	城市复原力，灾害和数据；可视化；大数据研究；数据挖掘；数据管理；城市数据：理论与方法	大数据与数字未来理学
卡迪夫大学	数据新闻与理论实践；数据的力量；数据新闻；用 Python 分析数据；大数据，社会与日常社会	计算与数据新闻理学
伦敦大学城市学院	谎言与数据统计；社会数据生产；可视化新闻；数据新闻入门；数据报道概论；高级数据与编程；多变量数据分析	无
伦敦大学国王学院	编程入门；大数据，文化与社会；大数据理论；大数据实践：合作实验，工具与方法；从数据到洞察：文化与社会分析；大数据与法律：基础，制度，原则与挑战；数字文本编辑模型：理论与实践；文化遗产可视化应用；元数据理论与实践；大数据与社会生活；数据新闻简介；数据新闻	文化与社会中的大数据文学
伦敦大学金史密斯学院	数据新闻与可视化；网页编程；数字交互设计；交互数据可视化	无
诺丁汉特伦特大学	数据新闻	无
威斯敏斯特大学	数据与社会；数据系统概念与基础；数据可视化；调查与数据新闻	数据、文化与社会文学
谢菲尔德大学	数据驱动故事写作；处理数据：新闻从业者统计学；语言与传播：一种数据驱动的方法	无

澳大利亚的数据新闻教育也已得到一定的推广，截至 2017 年至少有 9 所大学已开设与数据新闻相关的课程，另有多所高校通过举办讲座或者活动的方式进行数据新闻教育。这其中比较有代表性的是墨尔本大学、昆士兰大学、墨尔本皇家理工大学等。

数据新闻教育促进了相关理论的完善，为数据新闻的实践探索源源不断地输送人才，对新媒体数据新闻的发展具有重要意义。

二、国内新媒体数据新闻的发展

1. 业界对新媒体数据新闻的尝试与探索

与国外传统媒体对数据新闻进行积极实践不同，在国内，先是以四大门户网站为主的网络媒体对数据新闻进行了积极的尝试。自 2011 年起，国内四大门户网站搜狐、网易、腾讯、正、公式计算等。数据预处理与加工都是基础步骤，主要是为后续数据分析和可视化服务。

3．数据的分析

数据的分析是数据新闻生产的核心步骤。通常可以用 Excel、SPSS、Python、R 语言、Tableau 等工具进行数据分析。按照难度和数据探索程度，数据分析可分为描述性分析、探索性分析等类型。

数据的描述性分析包括对平均值、中位数、众数、方差、标准差等进行计算，以及基于此的对比分析、交叉分析等。目前，大量的数据新闻作品都是围绕数据的描述性分析而展开的。数据的探索性分析和验证性分析属于高级数据分析，包括相关分析、因子分析、回归分析等内容，侧重于验证已有假设的真伪，在数据中发现新的特征，以及对未来进行预测。

三、数据可视化与可视化叙事

1．数据可视化

数据可视化是指通过图形、图表以及动画等手段直观、生动、形象地展示数据。它囊括了信息可视化、知识可视化、科学可视化以及视觉设计方面的进步和发展，经历了图形符号、数据图形、多维信息的可视化编码、多维统计图形以及交互可视化等阶段。

数据可视化的主要目的在于借助图形化的手段，清晰有效地传达与沟通信息。总的来说，数据可视化的意义可分为三点：更快获取数据、获取更多数据、更深入理解数据。

按照视觉形态的动静差异可以将数据可视化分为静态与动态两类，其中静态类型以信息图表为代表，动态类型又可按照是否有交互操作分为动画视频与交互图表两类。数据可视化是新媒体数据新闻的核心竞争力之一，恰当的数据可视化可以使数据新闻作品脱颖而出。

2．可视化叙事

西蒙·罗杰斯曾在书中谈到自己对数据新闻的理解："数据新闻不是图形或可视化效果，而是用最好的方式去讲述故事。只是有时故事是用可视化效果来讲述。"这说明了"讲述故事"仍应为数据新闻的核心理念，同时，从新闻的核心——建构意义的角度出发，数据可视化应服务于新闻叙事。

可视化叙事相比传统的文本新闻叙事更能向读者呈现新闻事件内在的逻辑联系和关联程度，更具有时空穿透力和感染力。可视化叙事从空间、时间、关系等维度丰富了传统的文本新闻叙事。但数据可视化并不是简单地将数据进行加工、图表化呈现，优秀的数据编辑不仅需要对新闻事件的全貌了解透彻，还必须清楚每个子新闻事件的内在逻辑联系，才能选用合适的可视化方式构建新闻事实，力求呈现真实、准确、深刻的新闻意义。杰出的数据新闻可视化叙事能在传统的新闻叙事基础上为读者构建场景化新闻事实，同时体现时空穿透力和感染力，更易引发读者产生共鸣和深思。

四、数据新闻的制作与发布

1．数据新闻的制作

数据新闻的制作是整合文字、图表、视频、音频等元素，使其成为叙事完整、风格统一的数字化新闻作品的过程。

　　随着开源软件的不断出现，完全没有编程知识的记者也可以十分轻松地制作很复杂的数据可视化作品。例如 Tableau、Data Market、Many Eyes 是目前常见的制作数据新闻的软件；iH5、易企秀等是常见的制作并发布数据新闻的网站。除此之外，还有很多功能更加细化的软件，如专门制作时间类作品的 Dipity。

2. 数据新闻的发布

　　数据新闻作品制作完成后可通过移动端和 PC 端集成发布。iH5、易企秀发布平台以 H5 制作见长，这也就决定了这类平台制作的数据新闻作品更适合发布于移动端，用户通过滑动或翻动界面获取数据，通过动态交互图表、视频等了解详情，数据新闻在移动端的交互感比在 PC 端更强。相较于移动端，数据新闻在 PC 端传播过程中用户黏性较低，且 PC 端数据新闻以媒体转发为主，与普通用户互动较少。

　　数据新闻发布过程中，各大网络平台之间的联动转发也十分重要。微信是我国网民使用率非常高的移动端软件，但是数据新闻送达率与二次传播率反差显著；微博与用户互动便利，但浏览、点赞、转发、评论量高的大多为热点新闻；同时，关键节点在数据新闻传播链中所处位置极为重要，对数据新闻传播效果有很大的影响。

　　在大数据时代，要想做好数据新闻报道，需要新闻从业者与时俱进，更新新闻理念，积极学习新兴技术与技能，增强用户黏性，加强互动传播；完善交互式设计，扩展多维链式传播广度；深度追踪热点问题，引发多级点传播；把握关键节点位置，拓展传播网络。

第四节　新媒体数据新闻典型案例

一、国外典型案例分析

　　2012 年大型新闻报道作品《雪崩》(Snow Fall) 在上线一周的时间内获得了 350 万的点阅率，《雪崩》封面如图 1-3 所示。这篇报道主要讲述了 2012 年 2 月发生在美国华盛顿州卡斯凯德山区的雪崩造成的滑雪爱好者罹难的事件，该报道在当时的不少创新之举引领了一股数据新闻浪潮，成为传统新闻向新媒体新闻发展的一个标志性报道。

图 1-3 《雪崩》封面

除了宏观角度，也有微观角度的个案呈现，各年代具有代表性的国宝都有单独的标注，单击即可了解其基本情况。

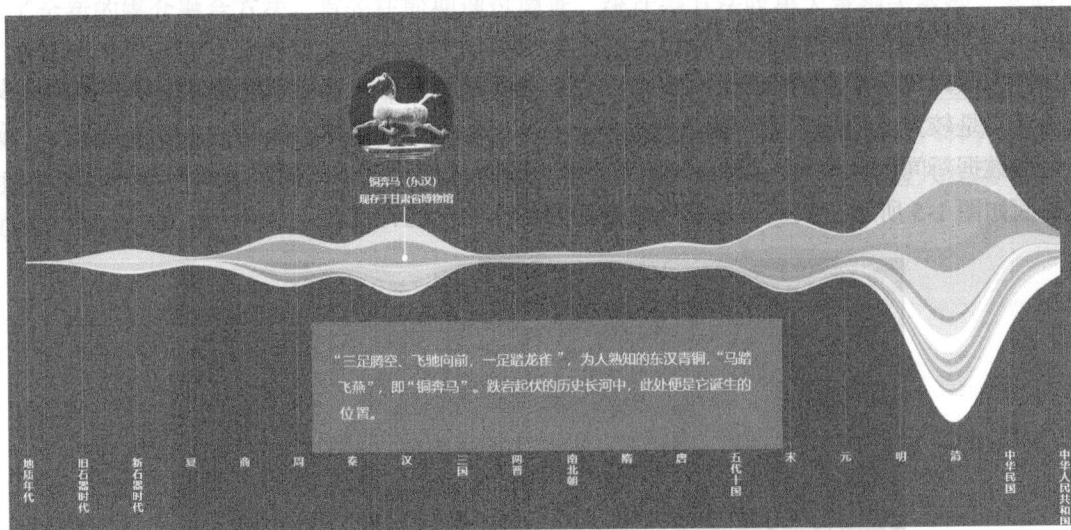

图 1-7 《博物馆里的国家宝藏》各朝代文物统计图

3. 可视化数据的丰富呈现

《博物馆里的国家宝藏》采用了形态和色彩各异的"提琴"图、"部落"图、数轴、动画以及数据地图等图表，将数据加工成更为具体直观的信息。丰富的交互式图表，让读者得以看"图"说话，无须阅读大量文字即可掌握相关信息。例如，在博物馆馆藏文物"年龄"的部落图中，圆圈的大小代表馆藏文物的多少，不同的颜色则代表不同年代，这样的设计既能带来震撼的视觉效果，又能很好地将大量数据在一个动态页面内展示给读者，达到形式与内容的统一，如图 1-8 所示。

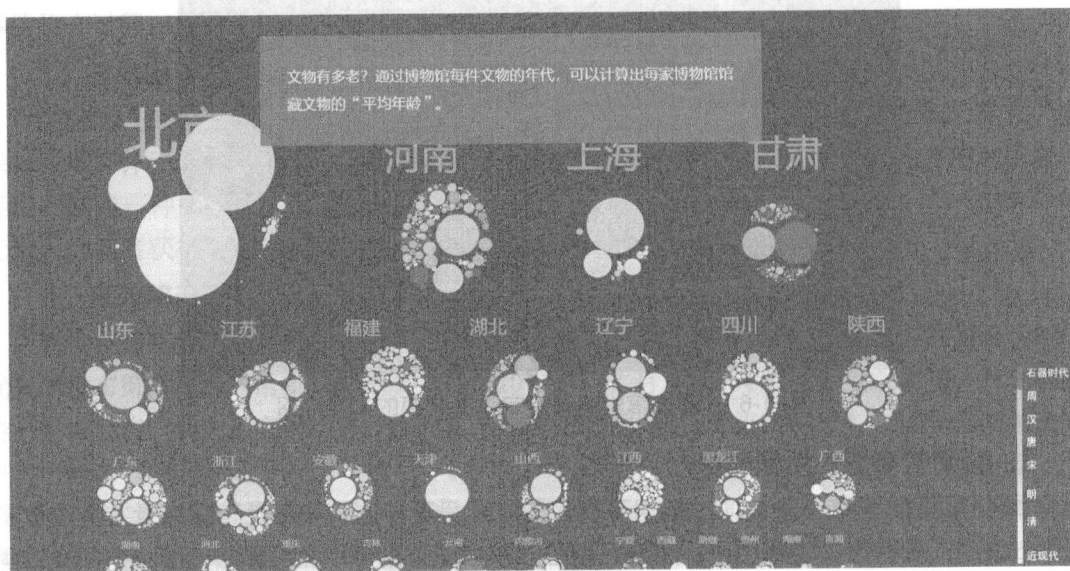

图 1-8 《博物馆里的国家宝藏》中国博物馆统计图

4．恰当的动画效果

《博物馆里的国家宝藏》的封面具有动态效果，一个博物馆的框架逐渐放大消失，各式各样的文物图案——在标题文本附近落下，给人眼前一亮的感觉。此外，大部分图表具有动画效果，内容切换时动画使画面过渡自然，鼠标指针经过时的动画也增添了画面的动感和趣味性。动态图表的大量数据则随单击出现，在一定程度上实现了信息的"定制化"服务，即读者通过自己的筛选操作，从作品中获取自己想要的信息。单击出现、不单击即隐藏的设置同时也增大了页面的信息容量。

5．精美图文动画营造沉浸感

作品运载流畅，图标颜色随鼠标滑动不断变化，可以反复操作的图表则具有一定的娱乐性，使读者在获取信息的同时可以进行趣味式的欣赏。作品整体风格古朴统一，在彰显中华文化特色的同时，为作品赋予一定的沉浸感，在传递新闻信息的同时兼具美学价值。

三、数据新闻作品传播渠道

数据新闻的传播主要依托于互联网平台，在传统媒体上受限于交互性，一般呈单向传播。如今快速发展的互联网无疑给数据新闻的发展提供了一个契机，不仅提高了数据新闻的制作水平，还为其传播提供了良好的平台。尽管目前新媒体数据新闻的传播渠道非常多样，但是作品的传播范围仍然较小。通常在网站数据新闻专栏、互联网新媒体平台、数据新闻领域权威大赛上会有大量优秀的数据新闻作品展示。

1．网站数据新闻专栏

开设数据新闻专栏的网站可分为两类：第一类是大型综合性门户网站，2012 年之后我国四大门户网站——网易、腾讯、新浪、搜狐都开辟了数据新闻栏目，如网易《数读》栏目（见图 1-9）、腾讯《数据控》栏目、新浪《图解天下》栏目、搜狐《数字之道》栏目；第二类是专业性质的新媒体平台，如财新网，它是专注于原创财经的新媒体平台，于 2011 年开设了《数字说》数据新闻栏目，如图 1-10 所示。

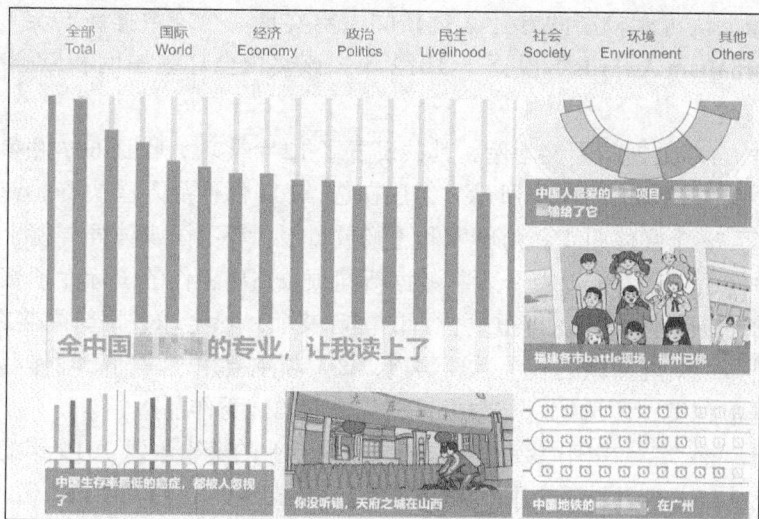

图 1-9　网易《数读》栏目

图 1-10　财新网《数字说》数据新闻栏目

2. 互联网新媒体平台

互联网新媒体平台如微博、微信公众号、今日头条，这些平台凭借其坚实的用户基础和强大的裂变传播能力在数据新闻的传播中占据了重要地位。由于互联网新媒体平台具备传统媒体缺失的算法推荐机制、社交分发机制和转发评论机制，其传播路径模式也更为丰富化。信息传播过程不再是简单的一对一式传播或一对多式传播，其形式更为复杂多样，信息的影响力也不只是依靠信息源自身的新闻价值。

大部分传统媒体或网站平台如新华网、人民网等都会利用自己的微博和微信公众号进行数据新闻的发布。如《中国科学报》作为传统纸媒于 2018 年增设了《数据》专栏，用于刊登数据新闻；但为了扩大传播范围，其同时在科学网、《中国科学报》微博客户端和《中国科学报》微信公众号发布新闻，实现了 4 个平台的共同传播。

3. 数据新闻领域权威大赛

目前在国际上认可度较高的专业数据新闻大赛奖是"全球数据新闻奖"。全球数据新闻奖（Data Journalism Awards）设立于 2012 年。该奖由全球编辑网和欧洲新闻中心联合创立。

以 2019 年的全球数据新闻奖为例，其共设置了 12 个奖项，收到 607 件参赛作品，作品来自 26 个国家和地区，如图 1-11 所示。经过初选，103 件作品入围决赛，囊括《华尔街日报》《路透社》等 73 个媒体组织，财新网和《解放日报》等我国媒体同样榜上有名，经过最终评选有 13 件作品获奖。作为首个表彰数据新闻领域杰出工作的国际专项奖项，多年来，它已经成长为在数据新闻领域占据重要位置的国际奖项。除全球数据新闻奖之外，"凯度信息之美奖"也是数据新闻领域的一个重要奖项，该奖项主要用于评估新闻作品的主题与可视化形式之间的适应程度，评选信息与数据可视化方面的优秀作品。

"中国数据新闻大赛"是国内数据新闻领域较为专业的赛事。以 2019 年的"中国数据新闻大赛"为例，此次大赛吸引了全国 94 所高校和 8 个业界单位共 726 支队伍，近 3 500 人参赛报名，如图 1-12 所示。最终获奖作品在"中国数据新闻大赛"的官网公开展示。

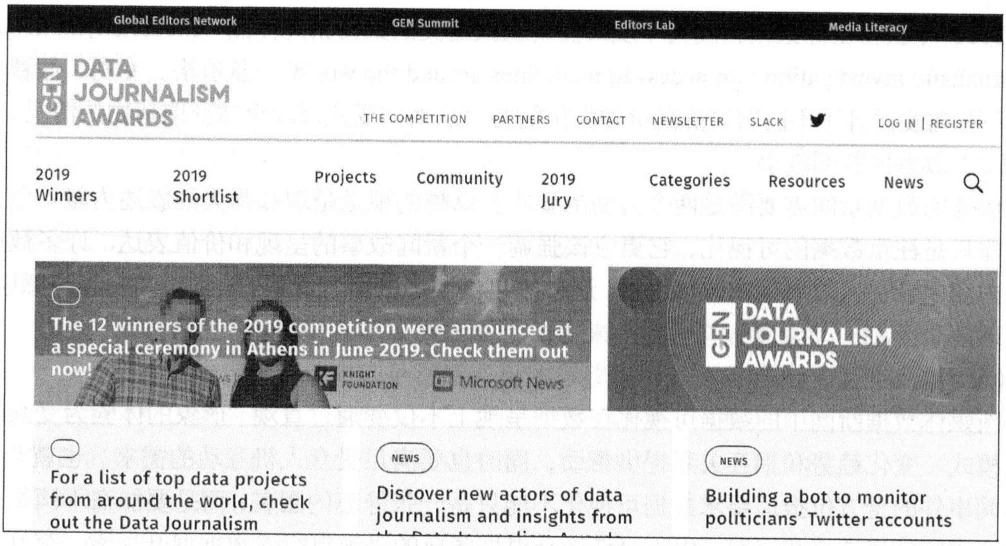

图 1-11 "全球数据新闻奖"官网首页

图 1-12 "中国数据新闻大赛"官网首页

四、优秀数据新闻作品特点及问题规避

1. 优秀数据新闻作品特点

（1）多维度视角

数据新闻的选题与切入点是创作的关键。传统新闻的选题范围常常局限于一国一地区，而数据新闻的选题常常着眼于全球问题，具有全局意识。随着受众需求的增加，仅仅拘泥于新闻事实的某一个角度进行报道的传统新闻，已不能满足受众多样化的需求，数据新闻恰好具备多角度、多层次发展的优势。优秀的数据新闻报道往往向多角度、多层次的方向发展，从纵向和横向上对新闻事件进行全方位报道。

第二章
新媒体数据新闻选题与策划

本章概述

　　选题是新媒体数据新闻生产活动的重要环节，也是初始环节。传统的新闻生产活动离不开新闻选题，新媒体数据新闻更是如此。良好的新闻选题有以下作用：能够给予一则数据新闻正确的方向，使报道主题更加鲜明；能够提高数据新闻本身的质量，更好地满足受众的需求；能够使数据新闻发挥新闻的舆论引导作用，更好地实现新闻"社会公器"的职能。数据新闻工作者确立新闻选题之后，并不能直接进入数据新闻制作流程，还要进行新闻报道策划。与传统新闻报道策划不同，数据新闻报道策划不仅要使数据新闻符合新闻、深度报道的基本结构和模式，还要符合新媒体平台及工具呈现的模式，同时还要符合新媒体时代受众的阅读模式。本章将对新媒体数据新闻选题的意义、原则和分类进行详细介绍，对发现和确定数据新闻选题具体说明，并从报道策划的必要性、报道策划的关键以及报道策划的重点三个方面对数据新闻报道策划进行说明。

第一节　选题原则与分类

▌一、新媒体数据新闻选题及意义

1. 新媒体数据新闻选题

在整个新闻生产过程中，新闻的选题是众多新闻生产环节中极为关键的一环，是新闻报道的前提。没有选题活动，整个新闻生产活动就无法正常进行。新闻选题即报道对象或内容的选择，简单地说就是媒体的报道内容，它是整个新闻生产活动过程的起点，也是整个新闻生产流程中最基础、最重要的环节，选题的内容和质量对整个新闻生产活动具有重要的影响。

新媒体数据新闻的实质仍然是新闻，具备新闻报道的基本要求和特征。传统的新闻生产活动离不开新闻选题，新媒体数据新闻更是如此。因而，新媒体数据新闻选题即可理解为选择有价值的、能够进行数据可视化叙事和表达的新闻报道主题的过程。

2. 选题对新媒体数据新闻的意义

好的选题是新闻报道成功的一半，衡量一篇新闻报道的质量，一个非常重要的标准就是新闻选题。对于一则新媒体数据新闻来说，选题是其整个生产流程的第一步，而且在整个生产过程中起着不可替代的作用，会直接影响新媒体数据新闻的整体质量。良好而有效的新闻选题，对于一则新媒体数据新闻具有重要意义，具体来说，主要有以下三点。

① 良好而有效的新闻选题，能够给予一则数据新闻正确的方向，使报道主题更加鲜明。有了一个良好的新闻选题，一则数据新闻便能够确定主题和中心，有了鲜明的主题，新闻就有了报道的方向，便能够沿着这个方向去展开深度报道。以新华网数据新闻《数看 2020 年高校毕业生就业地图——"后浪"们你们准备好了吗》为例，如图 2-1 所示，全国高校毕业生逐年递增，2020 年又是一个特殊的年份，高校应届毕业生人数高达 874 万。在这样特殊的一个时期，选择就业这个备受关注的主题，新闻报道就有了明晰的方向。

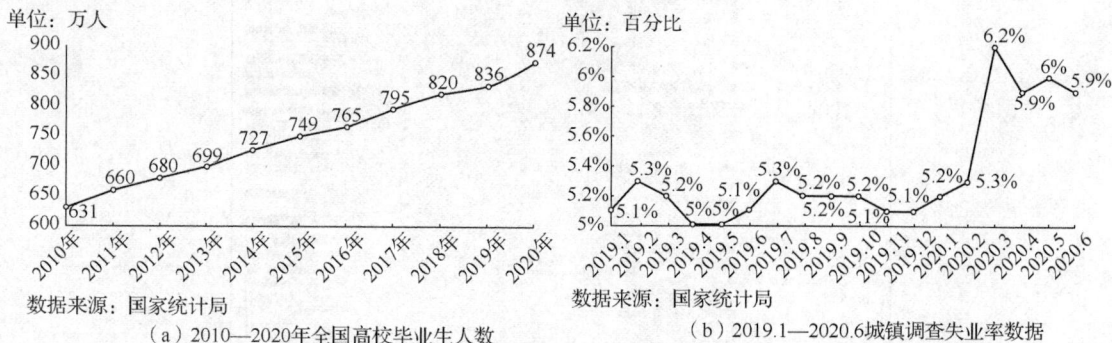

（a）2010—2020年全国高校毕业生人数　　（b）2019.1—2020.6城镇调查失业率数据

图 2-1 《数看 2020 年高校毕业生就业地图——"后浪"们你们准备好了吗》数据新闻

② 良好而有效的新闻选题，能够提高数据新闻本身的质量，更好地满足受众的需求。首先，一个良好的新闻选题，能够使一则数据新闻本身的质量大大提升，进而更好地满足受众的新闻阅读需求；其次，一个良好的新闻选题，能够引起受众的情感共鸣，进而也能够提高新闻本身的价值。以新华网数据新闻《一周来，这些航班飞往中国！防疫情输入成重点》

为例，在当时疫情严峻的背景下，疫情防控的数据新闻报道本身就极具报道意义和社会价值，作者又选择了从疫情重点国家飞往我国部分城市的航班信息进行数据分析，如图 2-2 所示，既使新闻本身的报道质量大大提升，同时又能够满足特殊条件下受众对社会信息的迫切需求，从而提高了这一数据新闻的社会价值。

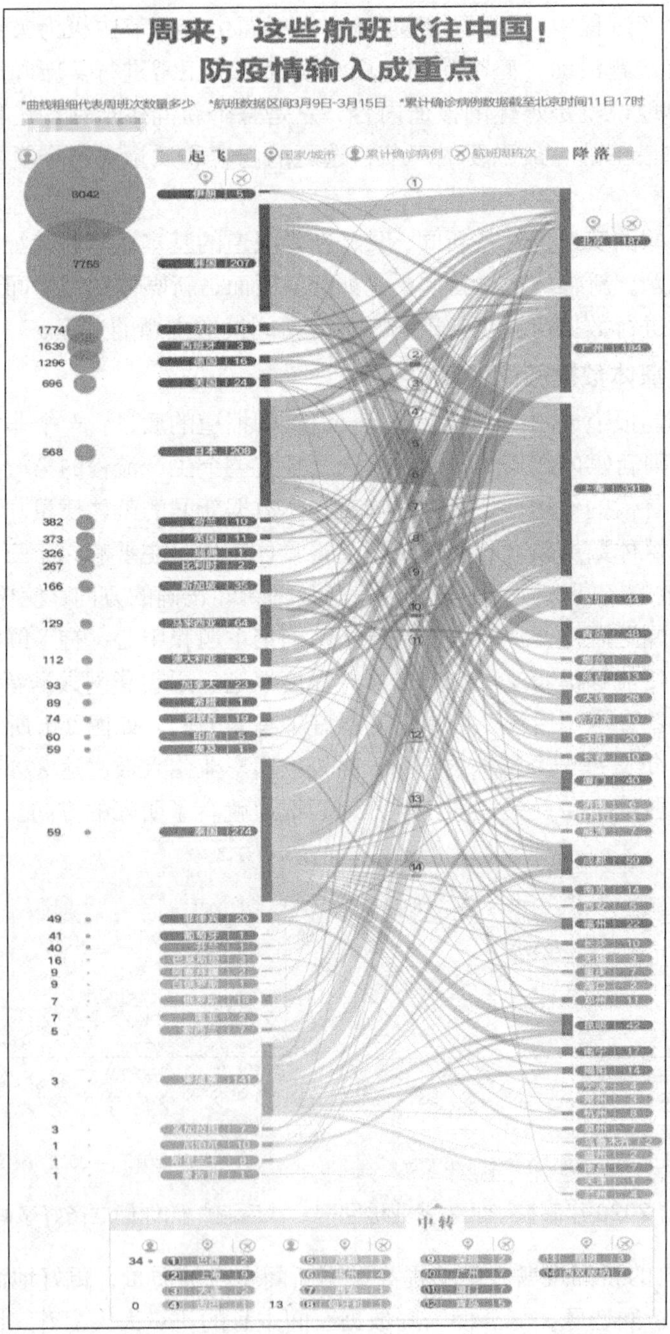

图 2-2 《一周来，这些航班飞往中国！防疫情输入成重点》数据新闻

③ 良好而有效的新闻选题，能够使数据新闻发挥新闻的舆论引导作用，更好地实现新

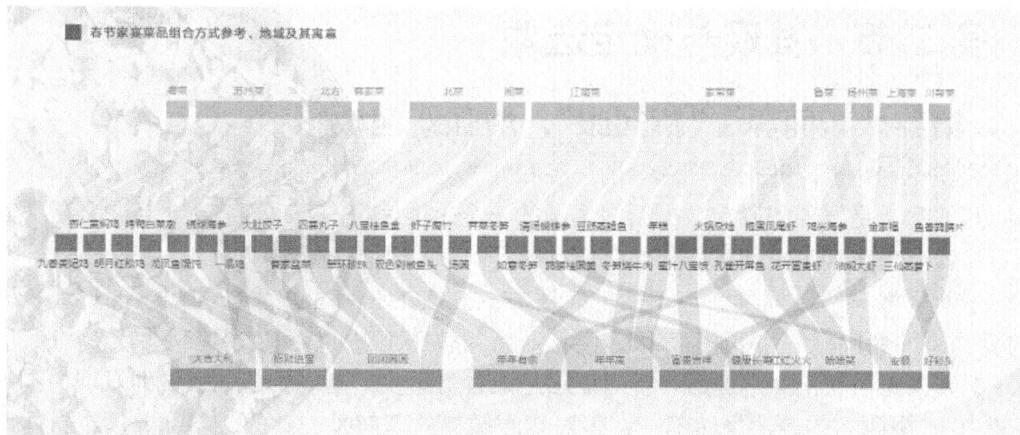

图 2-6 《家宴·人间至味是团圆》数据新闻

4. 文化科普类

文化科普类新媒体数据新闻选题主要涉及有关科学文化知识等方面的内容,这类选题对应的是文化科普类数据新闻。许多专业的数据新闻网站也都设置了与此类数据新闻相关的栏目,比如《美数课》的《思想》栏目、新华网《数据新闻》的《人文说》《涨知识》《健康解码》等栏目。新华网数据新闻作品《40 年实现碳中和我们的底气在哪》就是一个优秀的文化科普类数据新闻作品,如图 2-7 所示。提及碳达峰、碳中和,相信不少人都对这两个名词知之甚少,该数据新闻作品就对碳达峰、碳中和这两个概念进行了阐释,并且通过动态数据图的方式,清晰地向受众普及了相关知识。除此之外,该数据新闻作品还向受众科普了实现碳中和的一个重要方式——植树造林,并通过一系列的动态数据图对我国历次森林资源清查的森林面积变化和森林覆盖率变化进行展示,以便受众能够通过清晰直观的动态数据图了解我国历年来的森林面积变化及森林覆盖率变化,进而让受众对我国的绿化工作及成就有所了解。

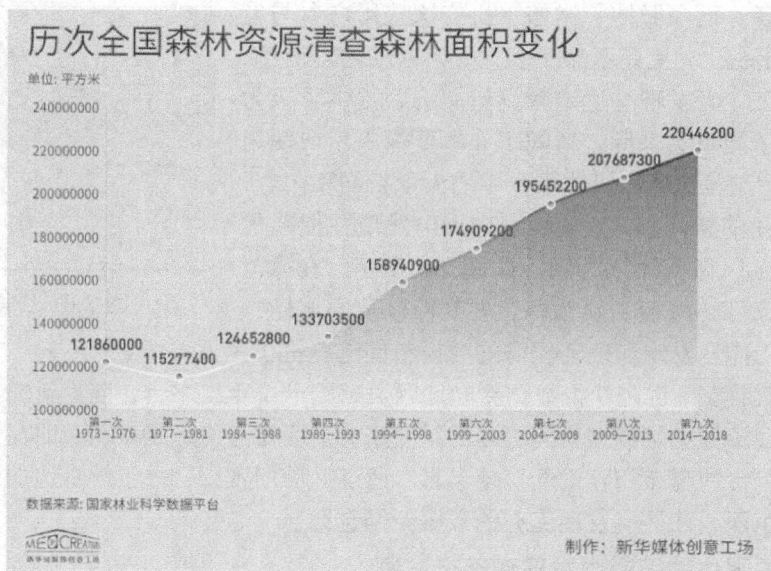

图 2-7 《40 年实现碳中和我们的底气在哪》数据新闻

第二节 发现与确定选题

一、培养"新闻鼻""新闻眼"，增强新闻敏感

发现和确定新媒体数据新闻选题的途径和方式多种多样，而培养"新闻鼻""新闻眼"，增强新闻敏感，是发现和确定数据新闻选题的一个重要途径。新闻事实无时无刻不在发生，新闻工作者要想在其中发现良好的数据新闻选题，就必须具有新闻敏感。

对于新闻敏感，不同学者有不同的表述方式。有的学者直接将新闻敏感形象地表述为"新闻鼻"或"新闻眼"；我国也有很多学者对新闻敏感下过定义，如学者丁柏铨曾在其所编著的《新闻采访与写作》中提出"新闻敏感是记者对事实的新闻价值的敏锐的发现力和准确的判断力"。中西方的表述虽然不一，但对新闻敏感的理解是一致的。"新闻鼻""新闻眼"就是一种"新闻嗅觉"，指的是新闻工作者对新闻的敏感性，它是新闻工作者发现新闻的一种重要能力，也是新闻工作者发现和确定新闻选题的一种必不可少的素质。新闻工作者要时刻保持新闻敏感，新闻敏感可能会使其在逛街时、购物时或者在生活的某个场景，就迸发出一个新鲜有趣的新闻选题。有了新闻敏感，新闻工作者也更容易在纷繁的新闻事实中发现具有新闻价值的事实和更容易引发受众关注的内容，从中获取合适的数据新闻选题，进而去完成整个新媒体数据新闻的编辑和制作。

二、善于提取和抓住优秀选题

要想获得良好的数据新闻选题，还要善于在微博、微信、抖音等新媒体平台以及相关媒体的报道中去发现和提取优秀的数据新闻选题。

1．在微博、微信、抖音等新媒体平台中发现与确定选题

随着新媒体时代的到来和新媒体应用的不断普及，以微博、微信、抖音等为代表的新媒体平台蓬勃发展，而用户在其中的参与意识也愈发强烈。在新媒体背景下，人人都是新闻的制造者和传播者，而在微博、微信、抖音这些用户参与度极高的新媒体平台上，更是汇集了多元、丰富的内容信息，而这也为新闻工作者发现与确定数据新闻选题提供了极为及时和全面的新闻事实来源。新闻工作者要深入用户使用率高的新媒体，浏览这些新媒体平台中的大量新闻和内容，去选择备受关注的新闻事实，从新闻热点中发现并提取优秀的新闻选题。以微博热搜为例，如图 2-8 所示，在微博平台上分别设立了热搜榜、娱乐榜、要闻榜以及同城榜，

图 2-8 微博热搜

这些都为新闻工作者发现和确定优秀的数据新闻选题提供了重要线索。

另外，微信朋友圈也是获得数据新闻选题灵感的一个重要平台，因为新闻工作者自身的社交网络和社会资源也是数据新闻选题的重要来源。朋友身份越是多重，朋友圈关系网越是复杂，其中所包含的观点和意见也就越丰富。通过微信朋友圈，去了解身边的朋友、同学所谈论和关注的东西，往往能发现优秀的数据新闻选题。

2．在相关媒体的报道中发现和确定选题

通过其他一些相关媒体的新闻报道或数据新闻报道去发现选题，也不失为新媒体数据新

第三节　选题报道策划

一、新媒体数据新闻报道策划的必要性

"新闻报道策划是通过对新闻事件本身的起因、经过和纵深发展的再报道，加深读者对新闻事件的深刻印象，具有正确导向作用的指向性思考。那么，再报道该如何报道？报道什么？这就需要思考、需要策划，好的新闻报道策划会收到意想不到的效果，往往比新闻事件本身更吸引人。"数据新闻工作者确立新闻选题之后，并不能直接进入数据新闻制作流程，而是要先进行新闻报道策划。

对于数据新闻来说，报道策划具有重要意义。首先，新闻报道策划是新媒体数据新闻生产制作工作顺利进行的保证，前期的报道策划能够为数据新闻生产制作的后续工作提供正确的方向和有力的支持；其次，只有具有个性和特色的报道才能引人注目，而个性化的数据新闻报道离不开报道策划；最后，在新媒体时代，信息的传播方式、用户的阅读方式以及新闻报道平台和呈现方式都发生了极大的变化，通过报道策划，新媒体数据新闻的生产制作工作才能够顺利地进行。因此，报道策划对新媒体数据新闻来说是非常重要的。

二、新媒体数据新闻报道策划的关键

新媒体数据新闻报道策划不同于传统的新闻策划，在新媒体时代，信息数字技术和新媒体的发展使新闻的呈现平台和方式更加多样化和复杂化。因此，新媒体数据新闻报道策划要秉持传统新闻报道和数据新闻报道的双重理念，使数据新闻既要符合新闻、深度报道的基本结构和模式，又要符合平台及工具呈现的模式，同时还要符合新媒体时代用户的阅读方式，这是新媒体数据新闻报道策划的关键，如图 2-11 所示。

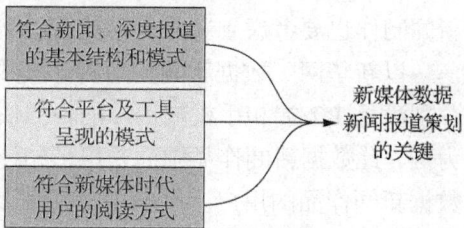

图 2-11　新媒体数据新闻报道策划的关键

1. 新媒体数据新闻要符合新闻、深度报道的基本结构和模式

新媒体数据新闻是新媒体时代新闻报道模式的革新，是随着大数据技术、数字信息技术和新媒体技术的应用而产生的一种新型报道模式，但实质仍然是新闻，也要符合新闻以及深度报道的基本结构和模式。

新媒体数据新闻要符合新闻的基本要求和结构。首先，新闻，是新近发生事实的报道。对新闻的基本要求有两个：一是真实，二是新鲜。新媒体数据新闻也要选取真实、新鲜的事实进行报道，新闻的基本要求对数据新闻同样适用。其次，新闻的基本结构：标题、导语、主体、背景、结语。数据新闻报道同样要具有这个基本结构，而不能只有数据的可视化呈现。

新媒体数据新闻还要符合深度报道的模式。深度报道是一种系统反映重大新闻事件和社会问题，深入挖掘和阐明事件的因果关系以揭示其实质和意义，追踪和探索其发展趋向的报道方式。这就需要新闻工作者有指向性地思考、有针对性地选择着眼点，通过新闻报道策划对事件本身的起因、经过和纵深发展进行再报道。因而，对于新媒体数据新闻来说，新闻工作者在确定新闻选题之后，同样要有针对性地选择着眼点，通过报道策划，根据数据获取、

处理、分析和可视化呈现对事件的起因、经过和发展进行深入挖掘，并对其进行追踪。

2. 新媒体数据新闻要符合平台及工具呈现的模式

新媒体数据新闻是伴随数字信息技术和新媒体技术的应用而产生的一种新型新闻报道模式，区别于传统新闻的文字叙事方式，可视化数据新闻主要通过静态信息图表或互动图表来传达信息，所以新媒体数据新闻报道策划还要使数据新闻符合平台及工具呈现的模式。数据新闻制作过程中经常用到的工具包括：可将数据转化为图表的工具 Google Chart Tools，可清除无效数据的工具 Google Refine，可将 Excel 数据转换为 Web 文件的工具 Mr.Data Converter，可以将大量数据过滤成自己所需数据的工具 Google Fusion Tables，以及数据新闻制作与发布的工具 iH5、Wix、易企秀等。

新媒体数据新闻生产区别于传统的新闻生产，其生产过程既包括与传统新闻生产过程相同的新闻选题、报道策划、文字内容编排等环节，又包括自身独有的数据获取、数据预处理、数据分析、数据可视化、数据新闻制作与发布等环节。因此，新闻工作者在制作新媒体数据新闻时既要考虑发布平台的呈现方式，也要考虑现有数据处理工具是否支持所需数据的相关处理。

3. 新媒体数据新闻要符合新媒体时代用户的阅读方式

新媒体数据新闻报道策划还要使数据新闻符合用户的阅读习惯。一方面，在图文结构和信息图表的可视化呈现上，要使数据新闻作品的呈现符合用户的视觉习惯；另一方面，数据新闻制作也要考虑到新媒体时代智能终端广泛使用背景下用户对新闻的阅读习惯。

以新华网《数据新闻》为例，其数据新闻作品就设置了 PC 交互和手机交互两种形式，分别满足 PC 端和手机端用户的不同使用习惯。以 PC 端数据新闻作品《人与珠穆朗玛峰》为例，此数据新闻作品画面采用了和计算机屏幕比例相对应的尺寸，方便使用计算机阅读此数据新闻作品的用户。用户在计算机上打开该数据新闻作品后，只需要滑动鼠标，就可以了解百年间人类攀登珠穆朗玛峰的历史。以手机端数据新闻作品《天使的日历》为例，此数据新闻作品画面采用了和手机屏幕比例相对应的尺寸，方便使用手机来阅读此数据新闻作品的用户。在手机上打开该数据新闻作品，用户只需要左右滑动手机屏幕，便可以了解该数据新闻作品的具体内容。

三、新媒体数据新闻报道策划的重点

新媒体数据新闻报道策划的重点是报道框架的策划，主要包括结构和逻辑策划、表达主题策划和图文结合策划三个部分，如图 2-12 所示。

图 2-12　新媒体数据新闻报道框架

1. 结构和逻辑策划

报道结构和逻辑，主要指的是报道内容之间的组合排列关系，常见的报道结构有线型结构、放射型结构、收束型结构和网状结构。从时间的延续来看，新闻报道的线型结构呈现单向性的、直线型的发展轨迹；放射型结构呈现由线到面的放射状特点；收束型结构呈现由面到线或到点的特点；而网状结构则呈现相互烘托、交错递进的特点。新媒体数据新闻报道要采用怎样的报道方式需要进行提前策划。

2. 表达主题策划

表达主题策划，是策划数据新闻报道的一个重要环节。一则数据新闻报道是否成功，与表达主题策划是否出彩有着极为紧密的关系。为了更好地表达数据新闻主题，表达主题策划也要遵循一些规律。首先，数据新闻主题表达要有鲜明的倾向性，需要让受众感知该数据新闻作品的立场和态度；其次，数据新闻主题表达要反映事物的本质规律，帮助受众认识事物的深刻内涵和事物之间的关系；最后，数据新闻主题还要具有创新性，能够吸引新形势、新背景下受众的注意力。表达主题策划，在一定程度上关系着数据新闻的价值和影响力，因此，要着重做好数据新闻表达主题策划。

3. 图文结合策划

数据新闻的本质是对数据的采集、处理、分析与呈现，可视化是最后一个环节，也是其核心特征之一。这也是数据新闻不同于传统新闻的重要特征之一。数据新闻经常采用一些可视化的信息图表进行表达，这大大提高了受众接收新闻的速度和效率，提升了受众的新闻阅读体验，但这并不代表信息图表能够表达一切事物，许多时候，数据新闻仍然需要文字进行辅助表达。因此，在数据新闻报道中，什么时候采用文字表达，什么时候运用图表进行可视化呈现，以及文字和可视化图表如何搭配和结合，都需要对数据新闻报道进行图文结合策划。

以新华网为例，其数据新闻网站首页有"信息图""图文互动""PC 交互""手机交互"几种不同数据新闻类型。"信息图"数据新闻就擅长运用一张图来叙事，所有文字也都在图上展现；"图文互动"在形式上类似于传统的新闻报道，采用"图+文"的形式叙事；"PC 交互""手机交互"则是以讲故事的方式对数据进行动态化展示，文字和图表都在视频之中。

第四节 选题与策划应用

数据新闻选题的确定和内容板块的规划是数据新闻生产与制作的关键环节。根据前文所述数据新闻选题与策划的方法和技巧，本节内容以数据新闻作品《中国城镇化的单身困境》为例，重点介绍其选题与策划方法在实践中的应用。

一、确定数据新闻选题

通过数据新闻完成专题新闻深度报道，其选题往往要根据实际工作需要来确定。在具体选题时，可以由表及里、以小见大，更关注当代人的生存现状，关注社会热点及社会发展存在的问题，如健康、就业、社会保障、交通出行等。

数据新闻《中国城镇化的单身困境》聚焦城镇化背景下的"城市大龄未婚女"和"农村大龄未婚男"，在选题上主要有以下 4 点考虑。

① 紧扣热点。目前一、二线城市的"大龄未婚女"和农村地区的"大龄未婚男"越来越多，这种现象引起了社会公众的广泛关注。该选题有助于引导人们理性认知与思考。

② 切身相关。"婚恋择偶"是众多男女即将或正在面临的人生大事。该选题与很多人切身相关，能激发公众的阅读兴趣，引起情感共鸣。

③ 意义深远。"大龄未婚男女"现象折射出婚姻观念转变等深层社会问题。

④ 人文关怀。引导公众理解多元的婚恋观，减轻公众对大龄未婚群体的刻板印象，给予大龄未婚群体更多人文关怀，促进理解和交流，减少冲突和矛盾。

二、规划内容板块

内容板块规划是做好数据新闻叙事的关键，也是讲好新闻故事的关键。内容板块既要前后具有逻辑性，又要层层深入，以便更清晰地表达主题。

《中国城镇化的单身困境》这一作品，紧密结合新闻与数据，按照"导入—现状—原因—影响—尾声"的逻辑，设置以下 5 个板块。

① 故事导入。以采访两个人物的生活片段引入，用具有人情味的细节引发共鸣，引入主题。

② 转型中的失衡。通过相关数据分析"城市大龄未婚女"和"农村大龄未婚男"的现象，根据数据得出相应结论，为下文对此现象的分析做铺垫。

③ 无处安放的爱情。结合人物深度访谈和收集到的数据，剖析形成此现象的原因。

④ "剩"的代价。分析相关数据，挖掘此现象带来的影响，旨在引起社会重视。

⑤ 尾声。重新回到两个人物的故事中，引发对"以人为核心的城镇化"的思考，展望未来，体现人文关怀。

思考与练习

1. 简述新媒体数据新闻选题的意义及原则。
2. 简述新媒体数据新闻选题的分类。
3. 简述如何发现并选择优秀的新媒体数据新闻选题。
4. 简述如何对新媒体数据新闻报道进行策划。

第三章
新媒体数据获取

本章概述

　　新媒体数据获取是进行数据分析与可视化的前提，也是新媒体数据新闻设计与制作的基础。本章将从新媒体数据需求及目标识别、新媒体数据的来源和新媒体数据的获取方式三个方面阐述如何获取新媒体数据。在新媒体数据需求及目标识别中，概述不同的分析目的和数据组合；在新媒体数据的来源中，列举网络数据库大数据、网络社交大数据、网络行为日志大数据和网络舆情大数据等 4 种主要来源；在新媒体数据的获取方式中，介绍政府统计部门、互联网部门及专题网站、系统日志采集和 Web 数据抓取。为了更好地理解与运用，最后以"分析李佳琦抖音账号运营情况"和数据新闻《中国城镇化的单身困境》为例，详细介绍如何将以上方法应用到实践中，目的是将理论方法、操作技术与具体实践相结合，更好地实现新媒体数据获取，以支持新媒体数据新闻设计与制作。

第一节　新媒体数据需求及目标识别

大数据时代，数据类型的多样性和数据的不精确性让数据显得纷繁复杂，如何接受数据的混杂性，在海量的数据中找到我们需要的数据并让其为新闻工作者所用是要解决的重要问题。从此问题出发可以发现，只有确定数据分析的方向和拟解决的问题，才能确定需要的数据和分析范围。可以说，数据分析面临的主要挑战不仅有技术问题，还包括分析方向的问题。因此，提出问题、明确需求、确定目标才能为接下来一系列的数据获取、分析、可视化等做好准备。数据获取流程如图 3-1 所示。

图 3-1　数据获取流程

针对不同的需求，新闻工作者要组合不同的数据进行分析，从多角度考虑设计。分析宏观背景，可以从年代变化、地区差异、政府政策等方面搜集数据；分析微观事件，可以从媒体关注、网民讨论、时间节点、扩散路径等方面搜集数据。表 3-1 罗列了部分新媒体数据的分析目的及需要分析的数据组合。

表 3-1　不同数据需求下的数据组合

分析目的	需要分析的数据组合
了解平台运营质量	网站流量数据、粉丝数据、阅读数据、内容数据、活动转发与评论数据等
解析新闻选题背景	媒体报道数据、网民关注度、事件人物数据、地区差异数据、年变化数据等
评估品牌营销效果	目标达成率、最终销售额、粉丝增长数据、过程异常数据、失误率、用户评价等

第二节　新媒体数据的来源

新媒体数据是指在互联网和移动互联网等新媒体环境中，媒体资源内容生产、管理、运营以及用户参与、应用过程中所产生的数据集。新媒体数据来源丰富，本节主要探讨网络数据库大数据、网络社交大数据、网络行为日志大数据和网络舆情大数据 4 种数据来源。

一、网络数据库大数据

网络数据库大数据是指基于传统数据库对新媒体内容及相关信息进行存储的数据，如新闻内容数据、网络服务资源数据、消费者数据、用户行为数据、库存数据、账目数据等。图 3-2 所示为某高校新闻网站后台数据库新闻内容数据表截图。该数据库数据表中存储了新闻账号（Identity Document，ID）、标题、发布时间、来源、作者、阅读量、内容、图像链接、编辑、责编和审核员等数据，可以支持相关的新闻内容管理与数据分析。

账号	标题	发布时间	来源	作者	阅读量	内容	图像链接	编辑	责编	审核员
2867	科技厅党纪	2018/6/2	湖南师范大	蔡颂 贡子	776	(记者 蔡颂 贡子君 张诗凤 实习记者 周娴)		5月31日下		
2865	我校召开2	2018/6/1	湖南师范大	盛富馨 王琶	777	(记者 盛富馨 王琶)	吕悦欣	李瀚	张永涛	蔡颂
2863	我校男子4	2018/6/1	湖南师范大	王文秀	594	(记者 王文秀) 近日	张诗凤 吕惴	李瀚	张永涛	
2864	我校举行班	2018/6/1	湖南师范大	公共管理学	597	(供稿 公共管理学院) 彭丹妮 吕惴		李瀚	张永涛	
2857	中国社会科	2018/5/31	湖南师范大	彭三 杨源	787	(通信员 彭三 杨源) 贡子君 武泽		李瀚	张永涛	
2854	李民赴插林	2018/5/31	湖南师范大	余志华	672	(记者 余志华) 5月2 李瀚 张永涛				蔡颂
2851	我校学子青	2018/5/31	湖南师范大	美术学院	887	(供稿 美术学院) 5月 李瀚 张永涛				蔡颂
2858	周俊武为伯	2018/5/30	湖南师范大	李珍珍	447	(通信员 李珍珍) 5月 李瀚 张永涛				蔡颂
2845	我校文学院	2018/5/29	湖南师范大	田程	1026	(通信员 田程) 5月2 张移珍 唐江	李瀚 张永涛			
2828	校党委中心	2018/5/29	湖南师范大	潘泽彦 樊琪	1120	(记者 杨贤美 潘泽彦 李瀚 张永涛				蔡颂
2831	学校举行首	2018/5/29	湖南师范大	胡胜标	856	(通信员 胡胜标) 近 周昱帆 张山 李瀚 张永涛				
2830	我校英语新	2018/5/28	湖南师范大	康灵凤 唐磊	921	(通信员 康灵凤 唐磊) 张诗凤		李瀚 张永涛		
2816	我校召开作	2018/5/28	湖南师范大	陈铖 李冰玉	1046	(记者 陈铖 李冰玉) 李瀚 张永涛				蔡颂
2814	我校旅游学	2018/5/28	湖南师范大	陶沛 王静	974	(记者 陶沛 王静) 5月 吕悦欣		李瀚 张永涛		
2812	宋宝珍做客	2018/5/28	湖南师范大	袁荷明 吴菲	491	(记者 袁荷明 陈婉君 李瀚 张永涛				蔡颂
2810	我校商学院	2018/5/28	湖南师范大	王静 陶沛	954	(记者 王静 陶沛) 5月 李瀚 张永涛				蔡颂

图 3-2　某高校新闻网站后台数据库新闻内容数据表截图

二、网络社交大数据

网络社交大数据是指用户参与和使用新媒体社交平台、系统、软件产生的数据，具有杂乱、异构等特点。目前以"三微一端"（微博、微信、微视频及新闻客户端）为代表的新媒体平台产生的数据是网络社交大数据的重要组成。各平台的后台都具有数据统计功能，粉丝数据、内容数据、效果数据等是各平台的数据资源共性，如表 3-2 所示。并且，新媒体平台的后台数据大都支持用户下载，以 Excel 文件方式导出到本地，供进一步分析应用。这些数据对运营者了解平台运营情况、提升运营质量具有重要意义。但不同平台的数据又各具特色，下文将详细阐释。

表 3-2　新媒体平台的后台统计数据

数据模块	具体指标
粉丝数据	粉丝总数、新增粉丝数、粉丝来源、粉丝性别和年龄、粉丝地区分布等
内容数据	内容发布数量、发布时间、关键词等
效果数据	图文阅读数、视频播放量、转评赞数等

1. 微博数据

微博作为分享简短实时信息的弱关系社交网络平台，以其公共性和开放性吸引了越来越多的用户，微博数据成为新媒体网络社交大数据中的重要组成部分。除微博后台统计数据外，微博的榜单数据（如热搜榜、娱乐榜、要闻榜、同城榜等）、话题数据（阅读次数、讨论次数、原创人数、实时热度等）和关系数据（传播路径、引爆点、情感值等）等也具有较高的分析价值。微博数据构成以及微博榜单数据、微博话题数据、"知微传播分析"平台关系数据分别如图 3-3、图 3-4、图 3-5 和图 3-6 所示。

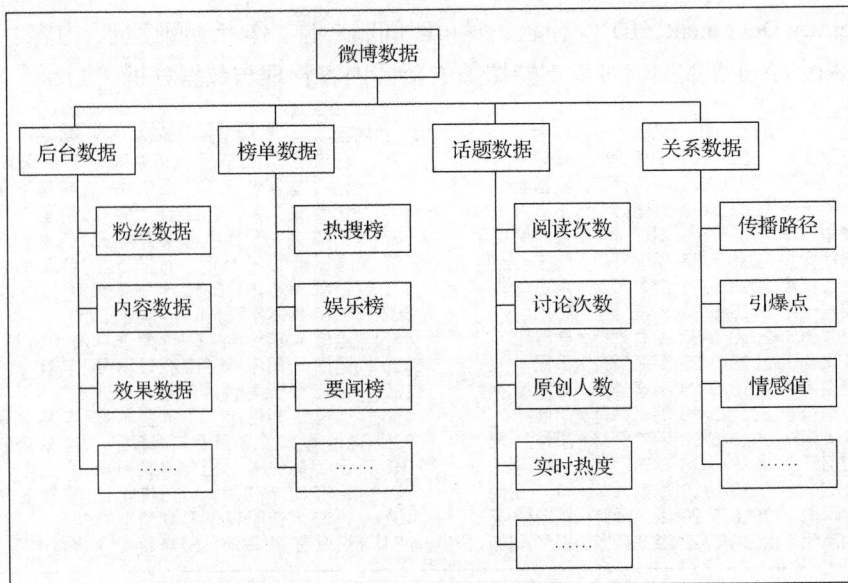

图 3-3　微博数据构成

图 3-4　微博榜单数据

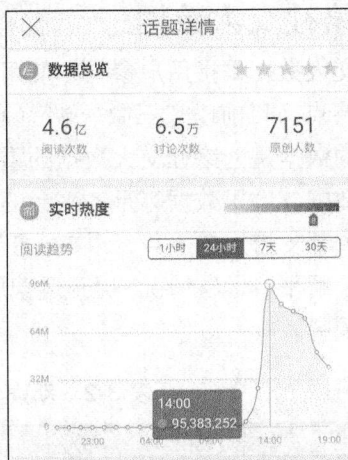

图 3-5　微博话题数据

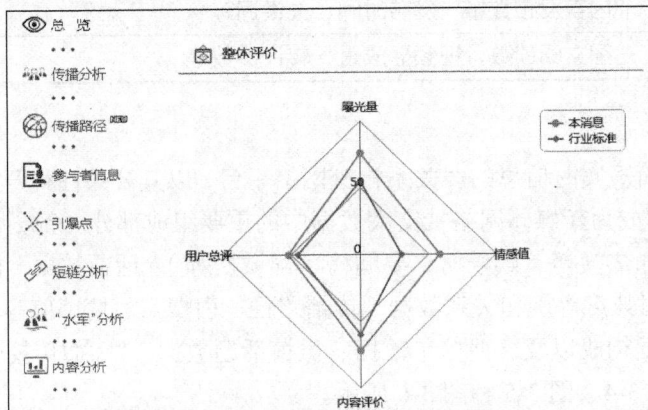

图 3-6　"知微传播分析"平台关系数据

为直接和可靠的支持。权威、准确的数据支持了新闻的真实性和可信度，因而在很多数据新闻设计与制作中，政府统计部门数据都是重要的数据来源。在我国，政府统计部门包括国家统计局、省级统计局、市级统计局和区县级统计局，这些统计部门分别对不同层次、不同区域、不同范围的各类数据进行详细统计。下面以国家统计局为例，具体介绍政府统计部门数据的获取方法。

① 进入国家统计局官网，可以看到官网中存在多个子菜单，以获取数据为目的，主要关注"统计数据"栏目，如图 3-15 所示。其中，统计公报、统计出版物、普查数据、中国统计年鉴中含有大量数据资源，一般按年份排列，可以通过浏览标题找到需要的数据。

图 3-15　国家统计局官网"统计数据"栏目

② 为了快速找到所需数据，可以使用"统计数据"中的数据查询功能搜索。如查找 GDP（Gross Domestic Product，国内生产总值）相关数据，搜索结果如图 3-16 所示。同时，可以分栏目对结果进行筛选。

图 3-16　搜索结果

单击"相关报表"按钮，则可以通过数据管理和报表管理功能对数据进行简单处理，使其更符合自己的需求，如图 3-17 和图 3-18 所示。

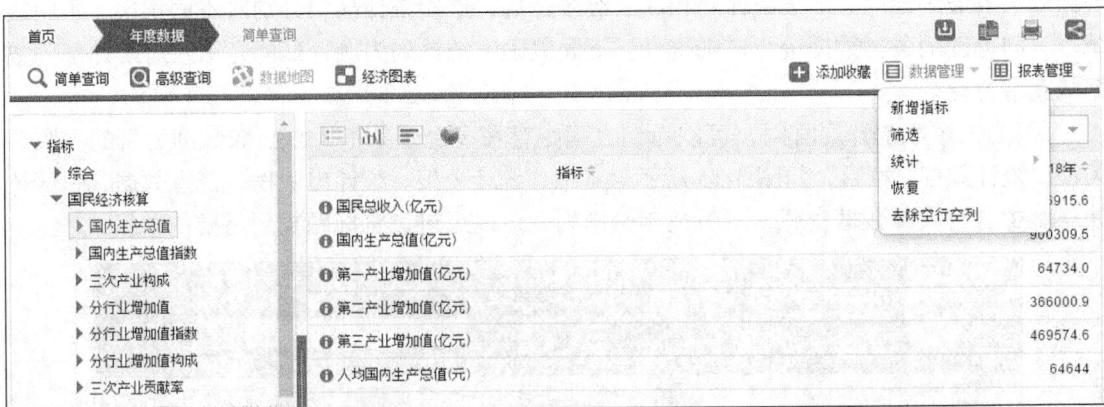

图 3-17　"数据管理"页面

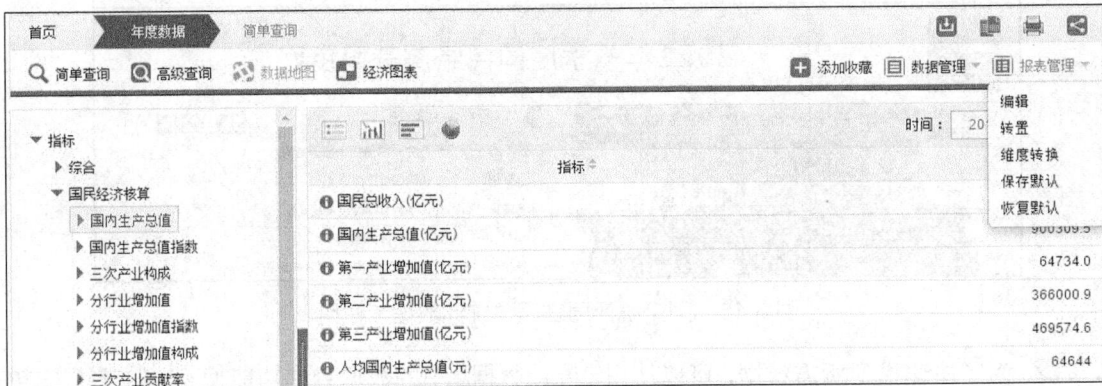

图 3-18　"报表管理"页面

③ 找到需要的数据，单击"下载"按钮，选择相应的文件格式下载数据，如图 3-19 和图 3-20 所示。政府统计部门数据通常都是免费下载的，但并不是所有的数据都可以生成 Excel 文件，部分数据需要自己进行 Excel 统计。

图 3-19　国家统计局数据下载

图 3-20　国家统计局数据 Excel 导出文件

二、互联网部门及专题网站

互联网部门及专题网站数据主要由互联网官方部门和互联网行业部门数据组成。国家互联网信息办公室、中国互联网络信息中心等提供的数据可归属为互联网官方部门数据，而像中国互联网协会、中国互联网金融协会等提供的数据可归属为互联网行业部门数据。以下以国家互联网信息办公室和中国互联网数据平台为例，简单介绍相关数据获取方法。

① 进入国家互联网信息办公室官网，找到"数据服务"模块，可以查看中国互联网络发展状况统计报告、行业报告、安全报告、白皮书、大事记等，分别如图 3-21 和图 3-22 所示。

图 3-21　数据服务模块

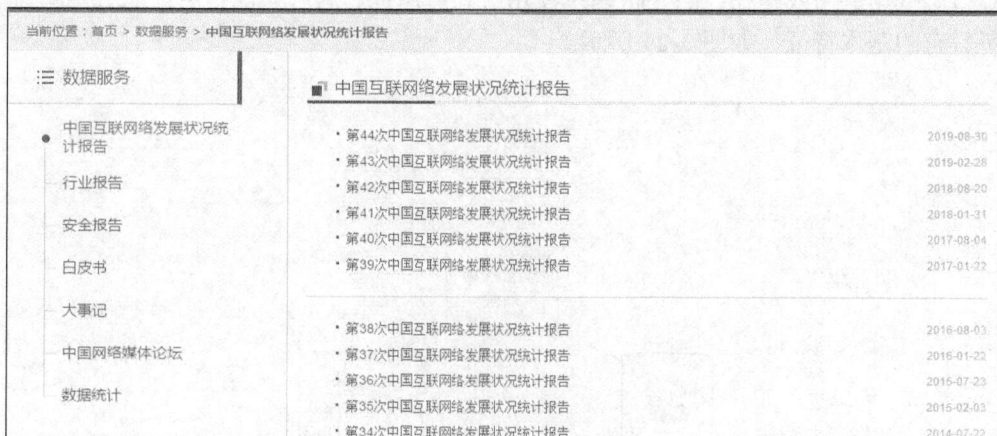

图 3-22　数据服务类别

② 进入中国互联网数据平台，获取相关网络数据，如图 3-23 所示。

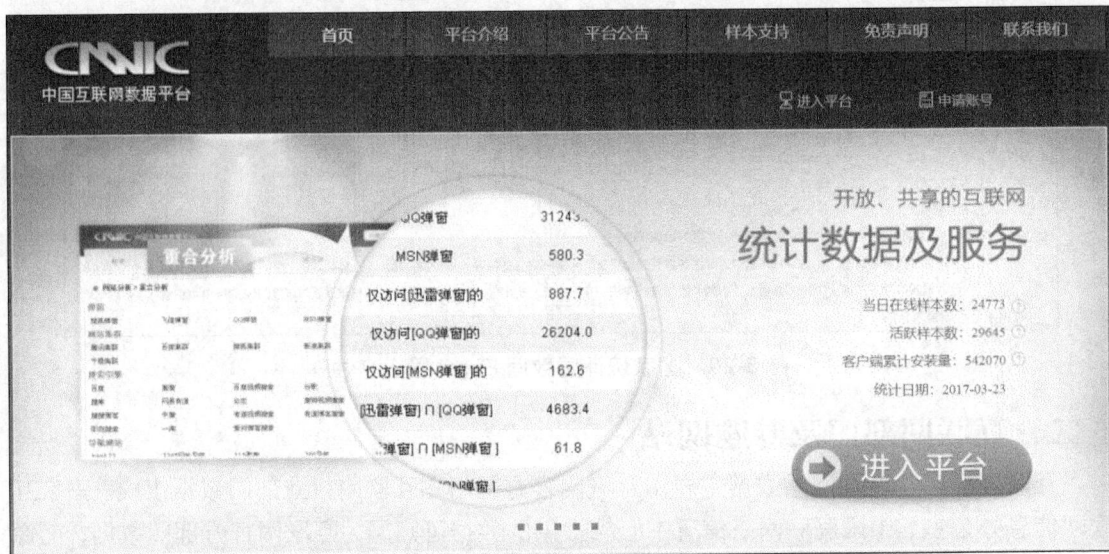

图 3-23　中国互联网数据平台

当然，也可以根据数据获取的需要直接登录中国互联网络信息中心以及相关行业部门网站或平台进行数据获取。

三、系统日志收集

许多企业或单位的业务平台每天都会产生大量日志数据。日志数据是用户访问的行为轨迹数据，进行日志数据的收集和相关的分析对了解用户偏好以及自我平台的优势、不足等具有重要意义，能够帮助运营者发现问题、分析问题和解决问题并做出更为科学的决策。目前日志数据的收集成为新媒体数据获取的重要方式，也成为企业或平台进行自我改进、自我变革、自我创新的基础和重要支撑，并能对一些相关选题的新媒体数据新闻提供丰富的数据支持。日志数据的收集通常通过日志收集系统自动完成，日志收集系统要做的事情就是实时收集业务日志数据供离线和在线的分析系统使用。高可用性、高可靠性和可扩展性是日志收集系统所具有的基本特征，如图 3-24 所示。

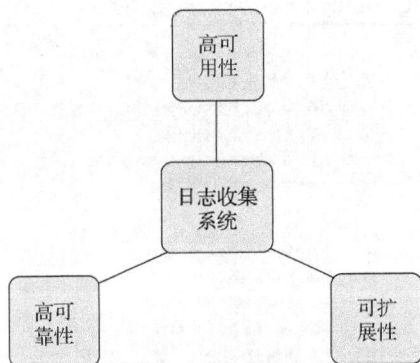

图 3-24　日志收集系统的基本特征

　　系统日志数据可以通过第三方平台获取，如 CNZZ 数据专家网站。第三方平台可以帮助统计某一网站的浏览次数、访客人数、访问数据等。运营者可以在"友盟+平台"注册 CNZZ 网站，也可以直接在 CNZZ 平台注册，然后可以针对要统计的站点获取统计代码，如图 3-25 所示；将统计代码粘贴至网站对应的位置，如图 3-26 所示；粘贴后即可获取相应的数据，如图 3-27 所示；另外，单击"下载报表"按钮，还可以获得数据的 Excel 文件，如图 3-28 所示。

图 3-25　获取统计代码

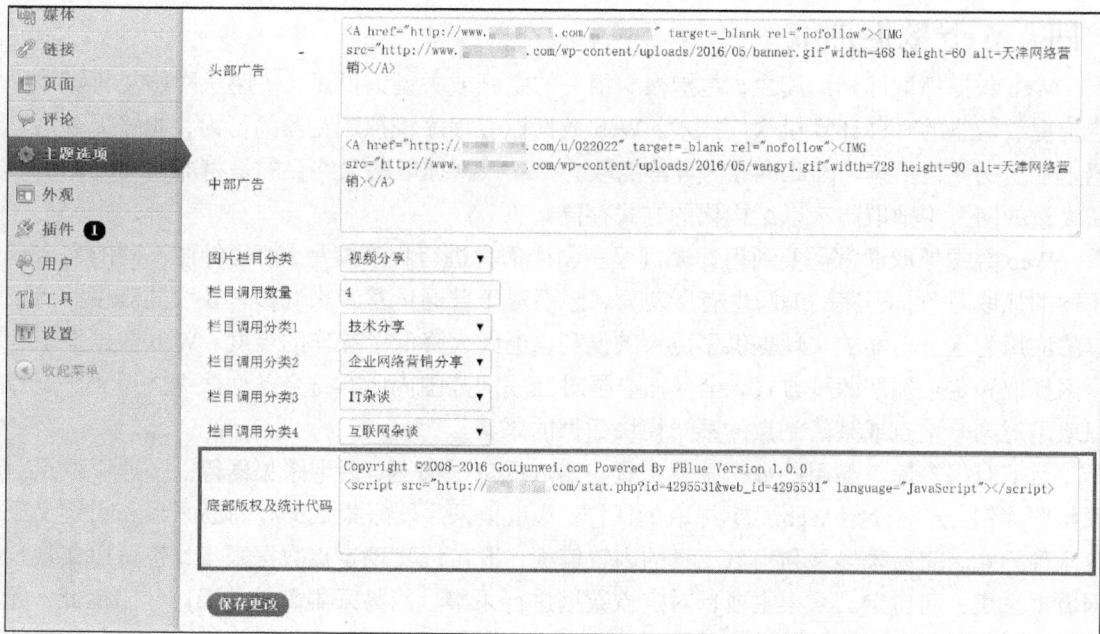

图 3-26　粘贴统计代码

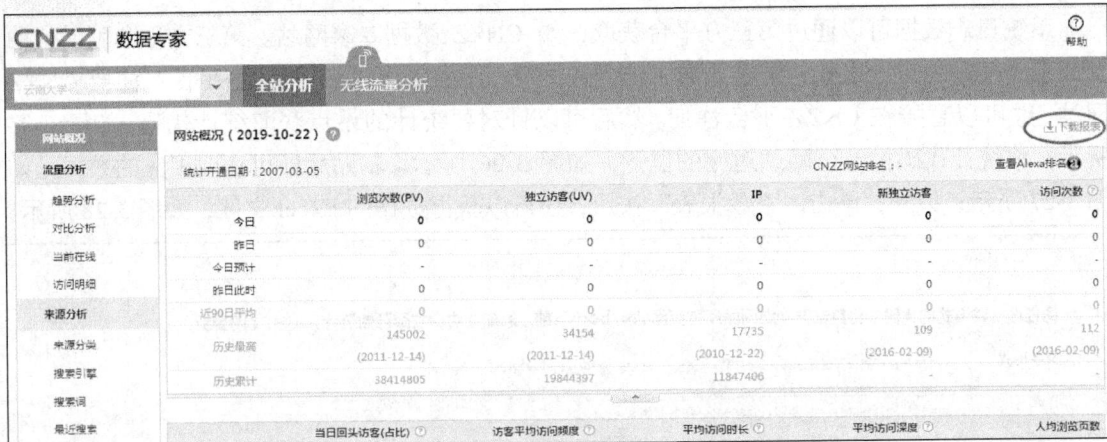

图 3-27　数据获取

图 3-28　导出 Excel 数据文件

四、Web 数据抓取

　　Web 数据抓取即网络爬虫，是指根据相关的主题或关键词批量、快速从网站及新媒体平台上提取信息的一种计算机软件技术。Web 数据抓取程序模拟浏览器的行为，能够提取浏览器上显示的任何数据，因此也称为屏幕抓取。Web 数据抓取的最终目的是将非结构化的信息从大量的网页中抽取出来以结构化的方式存储。

　　Web 数据抓取通常需要利用计算机程序设计语言进行程序编写，而且针对不同的需求和不同的抓取对象，程序的编写也有所差异，因而对于普通运营者来说具有较大的难度。而工具的应用为这一功能的实现提供了巨大的便利，也大大降低了操作的难度。Web 数据抓取有全网抓取和定点抓取两种方式，全网抓取是对互联网范围内所有符合条件数据的采集，定点抓取是对某一站点或某一站点的某一模块数据的采集。

　　目前有很多简单易用的数据采集工具，如八爪鱼采集器、后羿采集器等。下面以八爪鱼采集器为例，详细介绍 Web 数据抓取的操作。八爪鱼采集器采集数据有简易采集和自定义采集两种模式。简易采集是利用该工具的内置模板，既可以实现定点数据采集，也可以实现全网数据采集；而自定义采集主要针对定点数据进行采集。简易采集简单易操作，门槛低，无基础也可使用；自定义采集可以满足个性化需求，适合对八爪鱼采集器有一定了解、掌握八爪鱼采集器各项功能的运营者使用。

1. 简易采集

（1）定点数据采集

步骤 1：下载、安装并注册八爪鱼采集器。登录后，在首页选择热门采集模板，单击使用，如图 3-29 所示。

图 3-29　查找采集模板（一）

此外，也可以通过左侧的"新建-模板任务"选项选择所需模板，如图 3-30 所示。

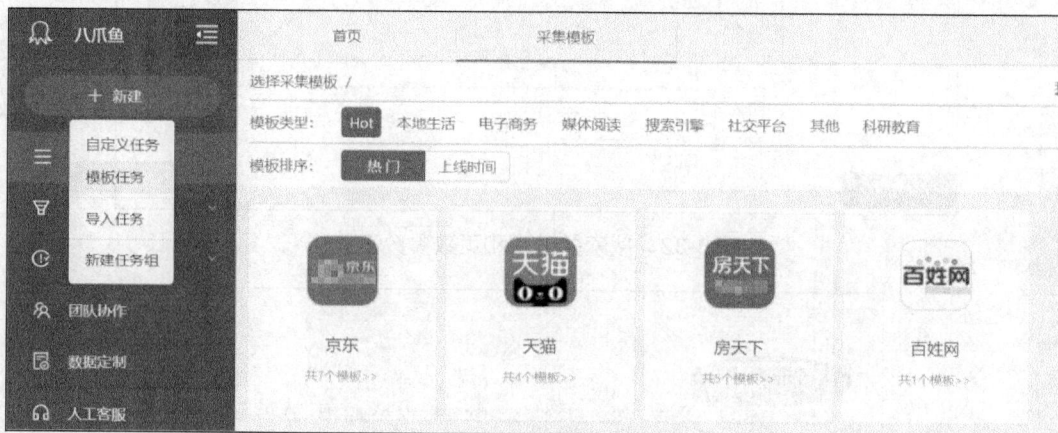

图 3-30　查找采集模板（二）

步骤 2：根据采集数据的需要，选择对应的模板。以京东手机商品数据为例，选择模板"京东-商品搜索-建议本地采集"，如图 3-31 所示。可以根据采集字段预览和示例数据判断模板是否能够满足采集需求。

步骤 3：采集参数设置。在简易采集参数中，输入搜索关键词，即输入要搜索的商品，设置采集页数，此例中输入"手机"，页数设置为"3"，如图 3-32 所示；再单击"启动本地采集"按钮，如图 3-33 所示，即可开始数据采集。

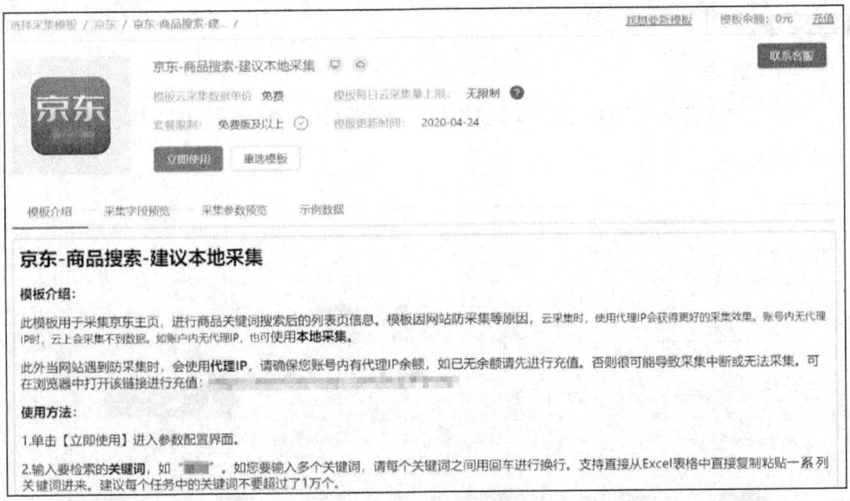

图 3-31　选择采集模板

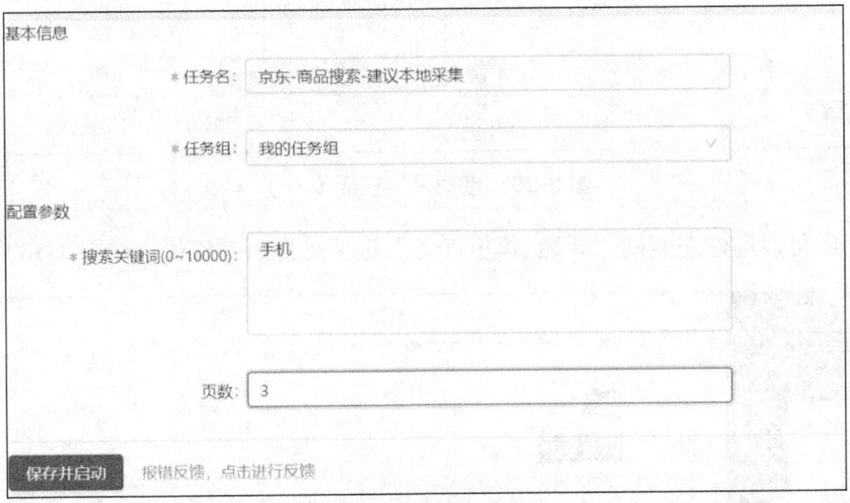

图 3-32　搜索关键词和页数参数设置

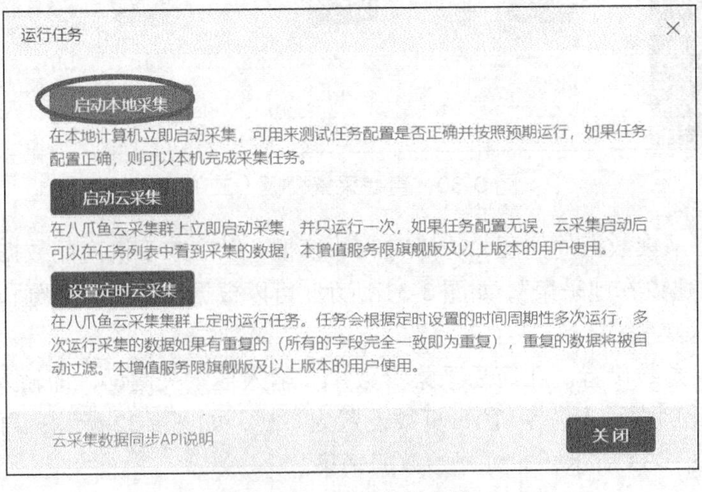

图 3-33　启动本地采集

步骤 4：导出采集数据。采集过程中，如遇重复数据，系统会自动提示是否要进行采集，运营者可按照需求决定。采集完成后，可自主选择数据导出方式，为便于后续数据分析，通常导出方式是 Excel，如图 3-34 所示，导出的 Excel 数据如图 3-35 所示。

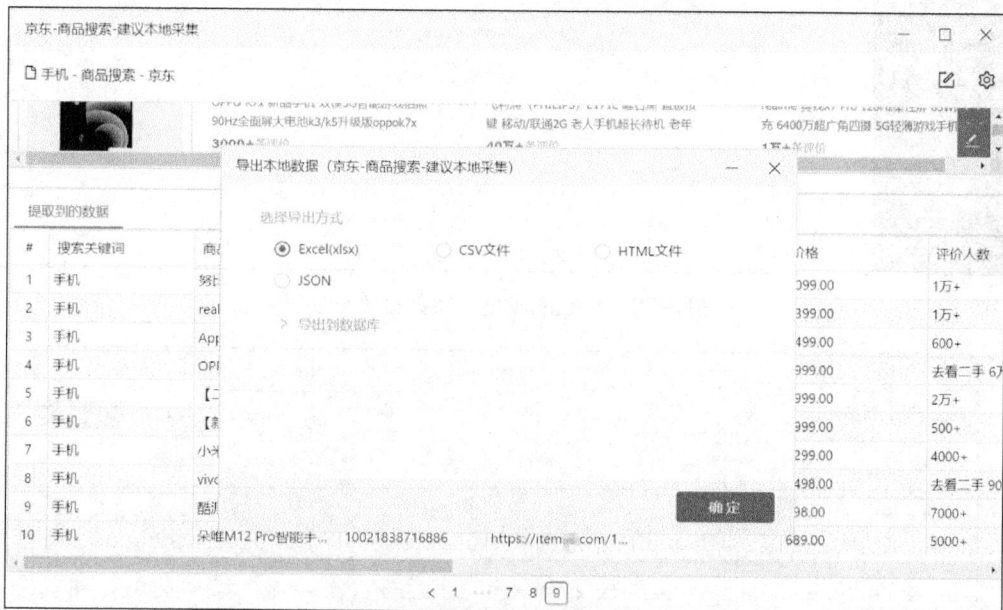

图 3-34　选择数据导出方式

图 3-35　导出的 Excel 数据

步骤 5：完成采集后也可以通过"我的任务-更多操作-查看数据-本地采集数据"操作导出数据，如图 3-36 所示，导出的本地采集数据如图 3-37 所示。

（2）全网数据采集

全网数据采集和定点数据采集操作步骤相似，只是采集模板要选择搜索引擎。八爪鱼采集器中有百度搜索引擎，利用该搜索引擎，通过关键词搜索，即可获取所需数据，并可以某种格式导出到文件中，如通常导出到 Excel 文件中。

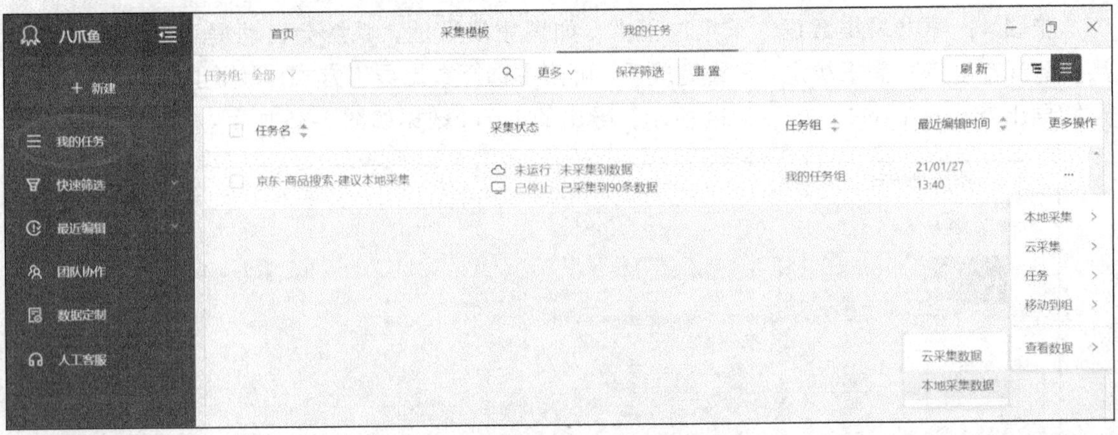

图 3-36　导出的本地采集数据（一）

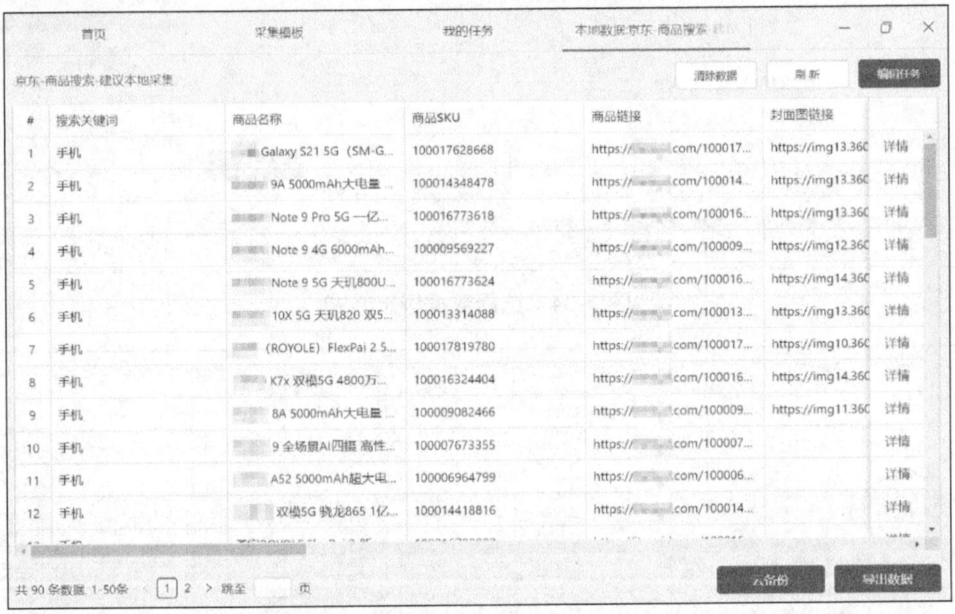

图 3-37　导出的本地采集数据（二）

2. 自定义采集

本部分以列表数据采集和列表详情页数据采集为例，演示八爪鱼采集器的自定义采集功能的典型应用。列表数据采集主要是对页面上呈现的布局结构相同的多条数据进行采集的过程，如一些专题网站上的新闻信息列表、图书信息列表、影视剧信息列表等。列表详情页数据是对列表数据的进一步补充，往往列表数据页面上无法呈现每条数据的详细信息，通常是运营者单击进入详情页，才能查看详细信息，如很多新闻专题和门户网站页面上提供了新闻标题或新闻标题与概要的列表，单击每一条新闻标题才可查看该新闻的详细信息。

（1）列表数据采集

步骤 1：以豆瓣图书列表数据采集为例，登录八爪鱼采集器。在主页搜索框输入需要抓取的网页链接（见图 3-38），单击"开始采集"按钮；或者新建自定义任务，在网址栏中输入网页链接，单击"保存设置"按钮。

图 3-38　输入网页链接

步骤 2：选中列表第一条信息，包含所有字段，单击"选中子元素"按钮，如图 3-39 所示；单击"选中全部"按钮，如图 3-40 所示；再单击"采集数据"按钮，如图 3-41 所示。在单击"选中全部"按钮时，可以根据需要对各字段名称进行重命名，或者删除某些不需要的字段，从而使数据更加简洁、明确、具体。

图 3-39　单击"选中子元素"按钮

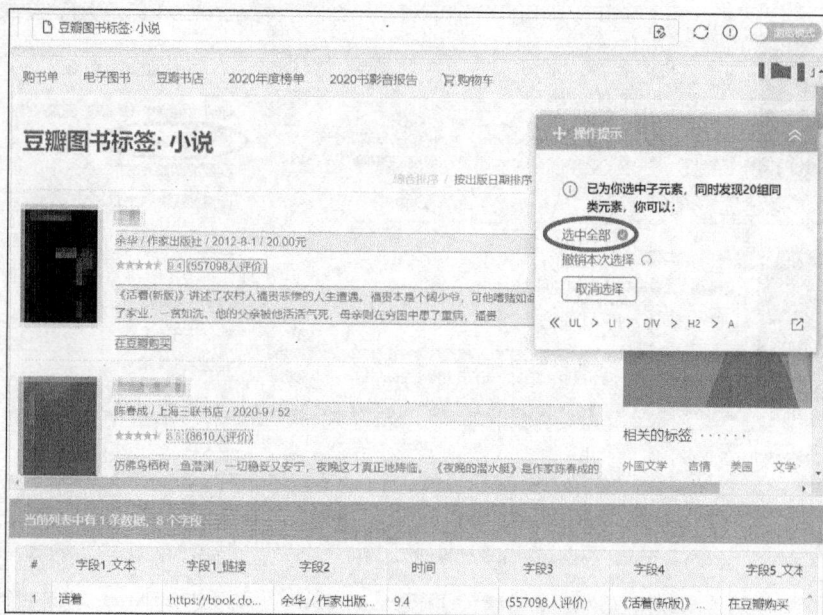

图 3-40　单击"选中全部"按钮

图 3-41　单击"采集数据"按钮

步骤 3：单击"操作提示"栏中的"设置翻页采集"按钮，如图 3-42 所示；再单击网页中的"后页"设置翻页按钮，如图 3-43 所示；单击"确定"按钮完成翻页循环，如图 3-44 所示。

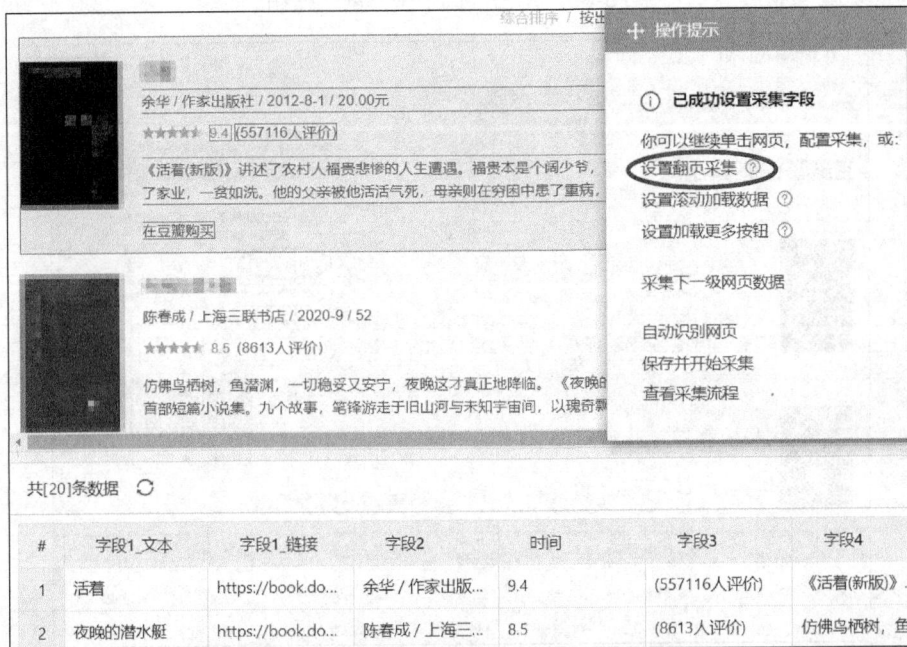

图 3-42　单击"设置翻页采集"按钮

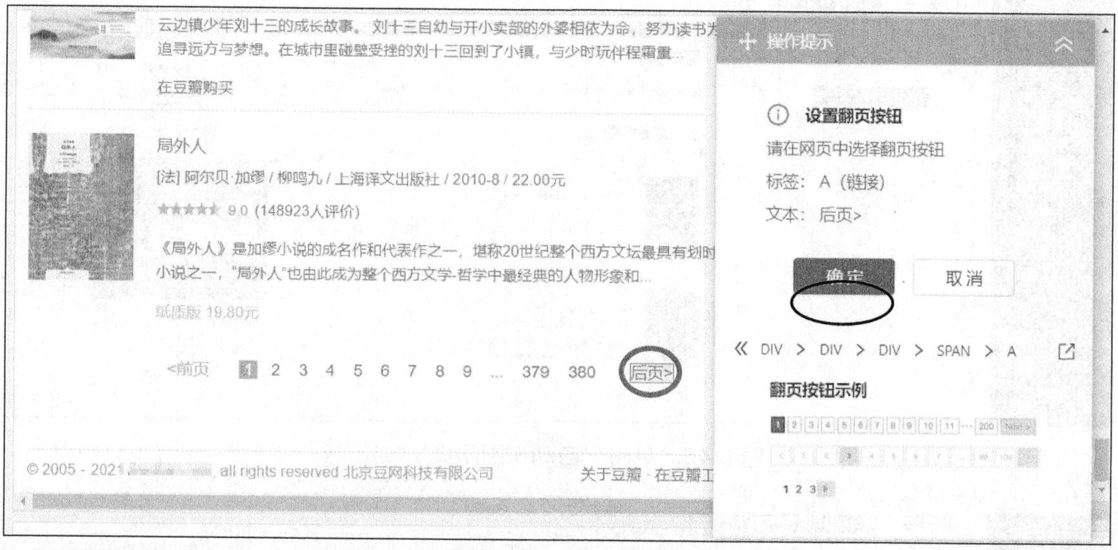

图 3-43　设置翻页按钮

图 3-44　完成翻页设置

步骤 4：单击左上角"采集"按钮，并根据需要选择导出方式，具体步骤参考简易采集，此处不赘述。

另外，八爪鱼采集器 8.0 及以后版本提供了自动识别功能，可对要采集的页面信息自动识别和采集，如在前述操作中，被采集页面调入八爪鱼采集器后，可在操作提示框中单击"自动识别网页"按钮，如图 3-45 所示；自动识别完成后，运营者可根据需要，通过"切换识别结果"选择所需数据模块，然后单击"生成采集设置"按钮，即可开始采集数据，如图 3-46 所示。该方法更为简单易用。

图 3-45 单击"自动识别网页"按钮

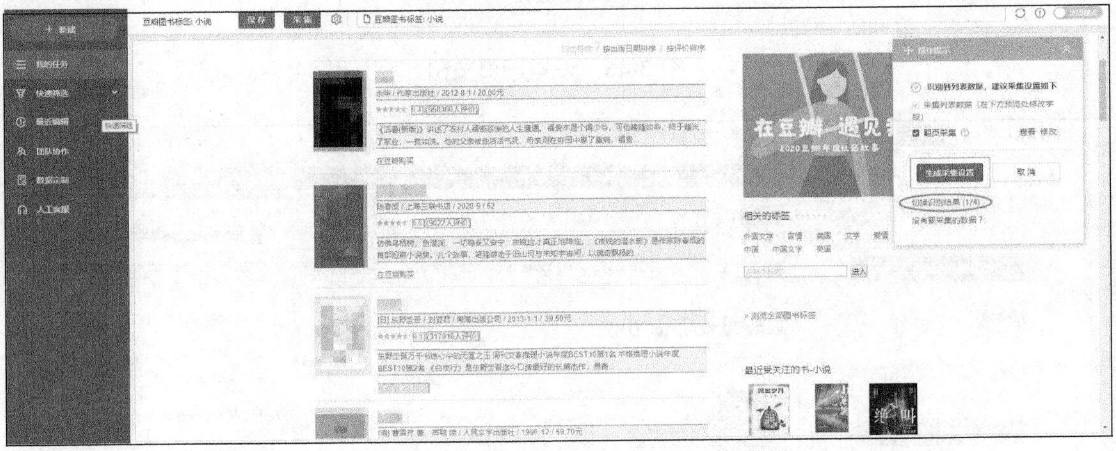

图 3-46 单击"切换识别结果"按钮和"生成采集设置"按钮

（2）列表详情页数据采集

步骤 1：打开采集页面。以中共上海市纪律检查委员会网站的宣传教育栏目为例，在主页搜索框或新建自定义任务网址框中输入网页链接，在八爪鱼采集器中打开被采集的页面。

步骤 2：设置循环翻页。在新闻列表底端单击"向右箭头"按钮（有的网页中为"下一页"或"后页"等），如图 3-47 所示；在弹出的操作提示框中单击"循环单击下一页"按钮，如图 3-48 所示。操作完成后即可设置循环翻页，相应的流程图也会在左侧栏显示。

步骤 3：创建循环列表。单击列表页面中可跳转至详情页的链接，即案例中的新闻标题（通常可单击第一个标题），然后单击"选中全部"按钮，如图 3-49 所示；再单击"循环单击每个链接"按钮即可创建循环列表，如图 3-50 所示。

步骤 4：详情页内容选择。单击列表中的新闻标题进入详情页，选择需要采集的文本，并单击"采集该元素的文本"按钮，如图 3-51 所示。也可连续单击多个要采集的元素。在采集文本时，若无法选取全部内容，如图 3-52 所示，可通过右下角的按钮扩大内容选区，如图 3-53 所示。

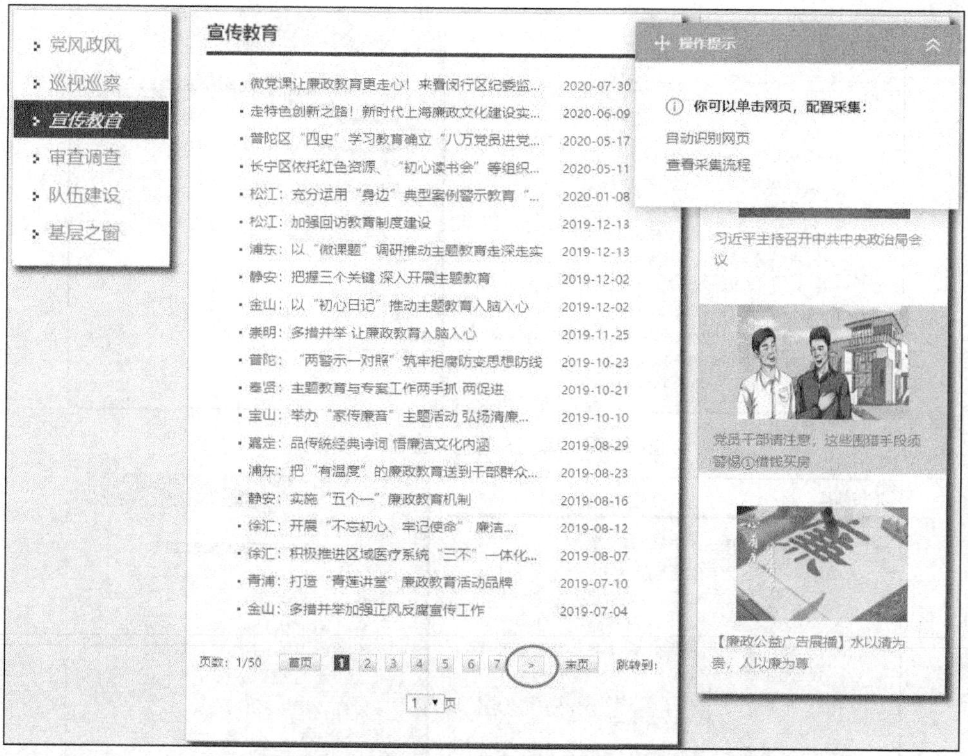

图 3-47　单击"向右箭头"按钮

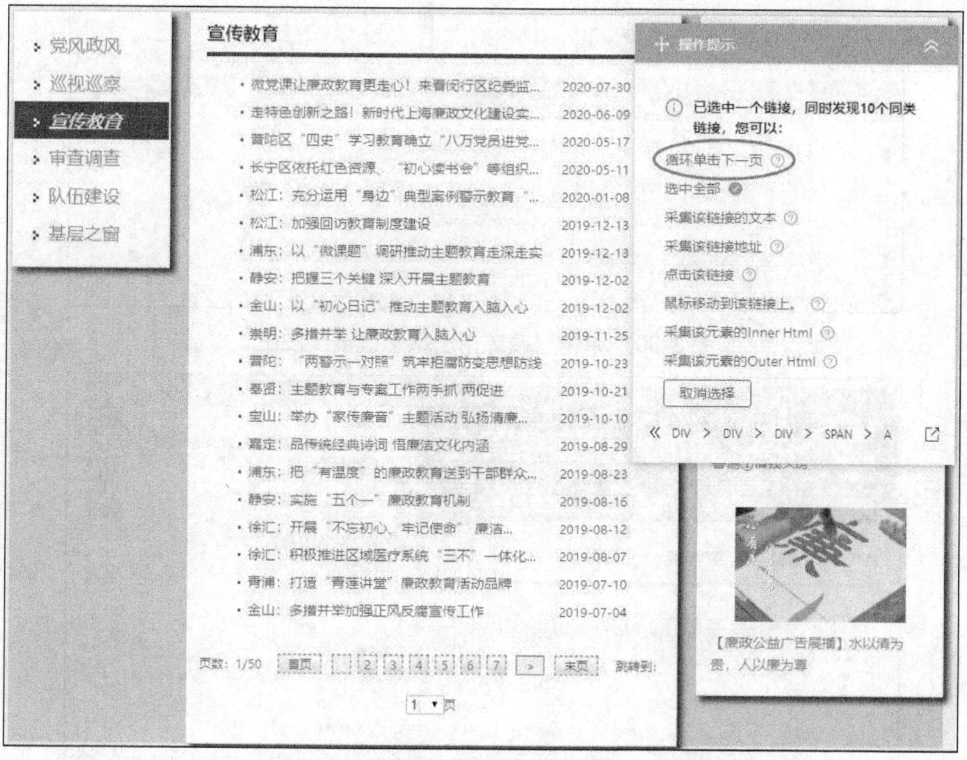

图 3-48　单击"循环单击下一页"按钮

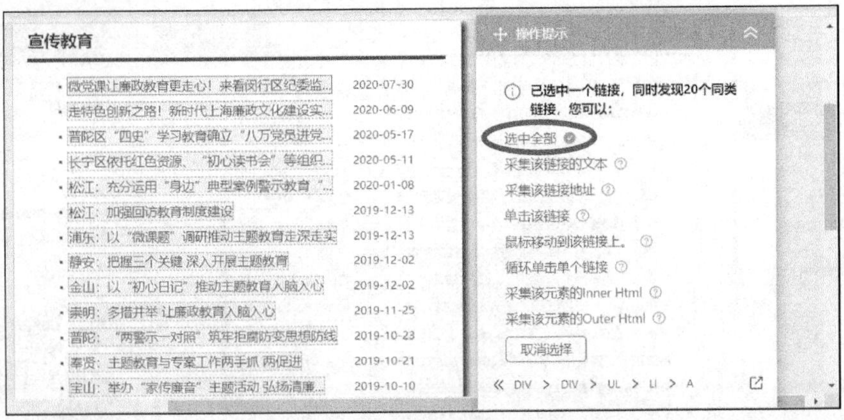

图 3-49　单击"选中全部"按钮

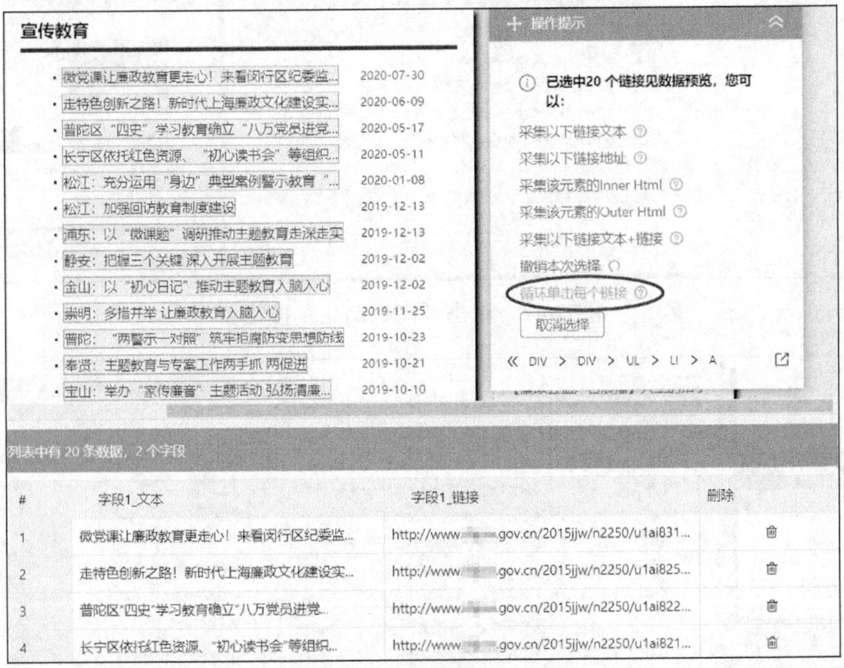

图 3-50　单击"循环单击每个链接"按钮

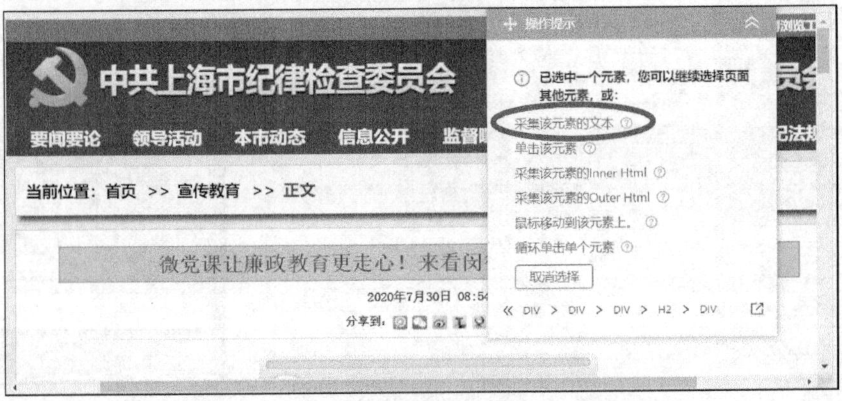

图 3-51　单击"采集该元素的文本"按钮

图 3-52　无法选取全部内容

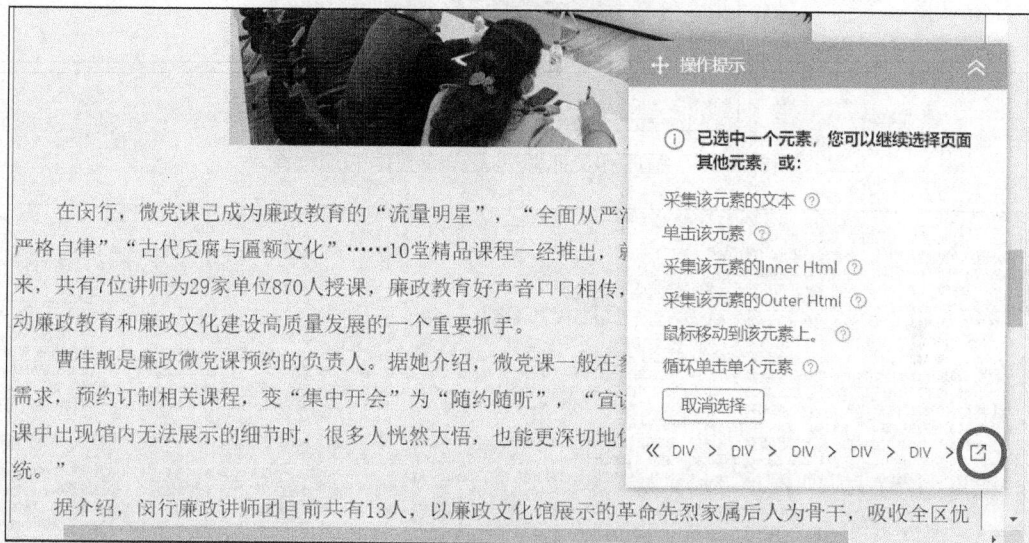

图 3-53　扩大内容选区

　　所有步骤设置完成后，页面左侧会出现相应的流程图，如图 3-54 所示。从算法和程序设计逻辑的角度来看，流程图是一个循环嵌套模式，外层是翻页循环，内层是列表循环，并且在循环中执行的是页面数据提取操作。在实际应用中，可以先设置列表循环，再设置翻页循环；也可以先设置翻页循环，再设置列表循环。本部分列表数据采集和列表详情页数据采集就是分别采用这两种设置方式，最后生成的流程图原理相同。因此，运营者也可以根据流程图的原理来判断自己的各个操作步骤和设置是否正确。

　　步骤 5：采集数据。具体步骤参考简易采集，不赘述。最后导出的 Excel 数据如图 3-55 所示，列表详情页数据采集完成。

　　另外，网页信息显示除了列表类型，还有瀑布流等其他形式，数据采集大都相似，运营者可以在八爪鱼采集器官方网站查看图文教程或视频教程进行学习。

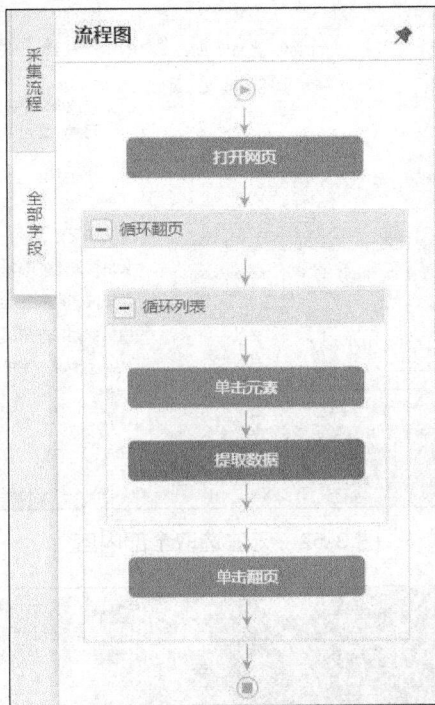

图 3-54　循环翻页抓取列表详情数据的流程图

图 3-55　导出的 Excel 数据

在新媒体数据新闻设计与制作中，数据获取是重要环节，没有充足的、有价值的数据，就很难支撑数据新闻叙事和整个新闻报道，其权威性和可信度也会大打折扣。针对一个新颖的、优秀的新闻选题，数据的匮乏往往是数据新闻制作者面临的一个重要问题。对于数据新闻选题和内容来说，在数据获取中，有些数据起直接支撑作用，而有些数据起间接支撑作用，这些都可能是新媒体数据新闻数据获取的对象，在数据新闻制作中可有选择地利用。因而，在新媒体数据新闻设计与制作中，应从多个视角、应用多种方式获取更多权威的、多样的数据。例如，除以上典型的新媒体数据获取方式以外，还可以通过网络平台、新媒体平台下载获取，通过已有新闻报道、专题报道摘录获取，通过报纸、杂志、书籍等传统媒体相关内容获取，通过官方及相关部门、企业内部资料获取，通过网络调查或线下调查获取等。

第四节　新媒体数据获取应用

新媒体数据获取具有较强的实践应用性，尤其针对具体问题或目的时，可能需要通过多种方式进行数据收集与获取。本节将以一般新媒体应用案例"分析李佳琦抖音账号运营情况"和新媒体数据新闻应用案例《中国城镇化的单身困境》，详细介绍新媒体数据获取过程。

一、"分析李佳琦抖音账号运营情况"数据获取

1．确定分析方向

李佳琦于 2018 年 12 月相继开通抖音、小红书、快手等社交账号，迅速以其专业、富有个性的推荐方式成为最能"带货"的主播之一。截至 2019 年 10 月，李佳琦抖音账号估值超过五千万元，其抖音账号极具分析价值。

分析李佳琦抖音账号运营情况。首先，要分析它的运营质量，因此需要关注其总粉丝数、获赞数，单条视频播放量、转赞评数等。其次，要分析它的营销效果，这是此账号分析中比较特殊的一点，因为李佳琦作为美妆博主、"带货"达人，对其"带货"能力的分析对广告投放等具有重要意义。最后，分析整体环境背景，如网民数、抖音使用人数、平均消费水平等，便于后期进行信息获取。

值得注意的一点是，正式进行数据处理和分析时，此阶段搜集的数据也许并不会全部被用到，但还是要尽可能多地找到相关数据，以提供更多分析依据。

2．获取数据方法

（1）第三方平台——飞瓜数据

飞瓜数据作为分析抖音账号运营情况的专业工具，拥有丰富的数据资源和强大的数据分析能力。此案例中需要的账号总体数据、商品推广数据、作品数据、粉丝数据（包括新增粉丝数、粉丝年龄分布、粉丝性别分布、粉丝地域分布）和实时数据都可以在飞瓜数据平台的数据监测功能中获取，如图 3-56 所示。通过飞瓜数据分析工具及相关数据模块可对账号进行数据分析。以李佳琦抖音账号为例，图 3-57 所示为账号总体数据页面，图 3-58 所示为商品推广数据页面，图 3-59 所示为导出的 Excel 作品数据，图 3-60 所示为粉丝数据页面，图 3-61 所示为今日实时数据页面。对于获取的数据，可以将其整理在 Excel 表格中，供后续使用。

图 3-56　飞瓜数据分析工具

图 3-57　账号总体数据页面

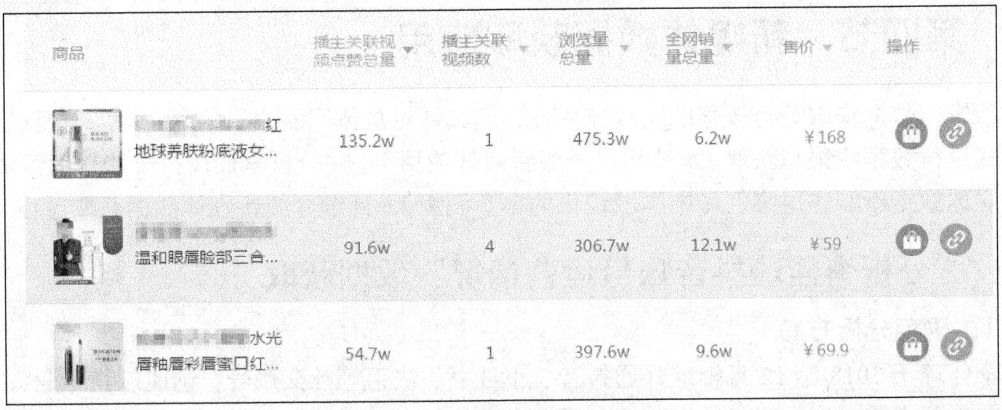

图 3-58　商品推广数据页面

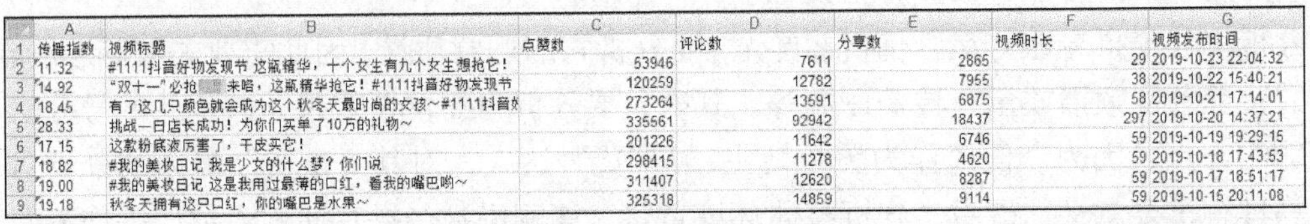

	A	B	C	D	E	F	G
1	传播指数	视频标题	点赞数	评论数	分享数	视频时长	视频发布时间
2	11.32	#1111抖音好物发现节 这瓶精华，十个女生有九个女生想抢它！	53946	7611	2865	29	2019-10-23 22:04:32
3	14.92	“双十一”必抢 来咯，这瓶精华抢它！#1111抖音好物发现节	120259	12782	7955	38	2019-10-22 15:40:21
4	18.45	有了这几只颜色就会成为这个秋冬天最时尚的女孩~#1111抖音	273264	13591	6875	58	2019-10-21 17:14:01
5	28.33	挑战一日店长成功！为你们买单了10万的礼物~	335561	92942	18437	297	2019-10-20 14:37:21
6	17.15	这款粉底液厉害了，干皮买它！	201226	11642	6746	59	2019-10-19 19:29:15
7	18.82	#我的美妆日记 我是少女的什么梦？你们说	298415	11278	4620	59	2019-10-18 17:43:53
8	19.00	#我的美妆日记 这是我用过最薄的口红，看我的嘴巴哟~	311407	12620	8287	59	2019-10-17 18:51:17
9	19.18	秋冬天拥有这只口红，你的嘴巴是水果~	325318	14859	9114	59	2019-10-15 20:11:08

图 3-59　导出的 Excel 作品数据

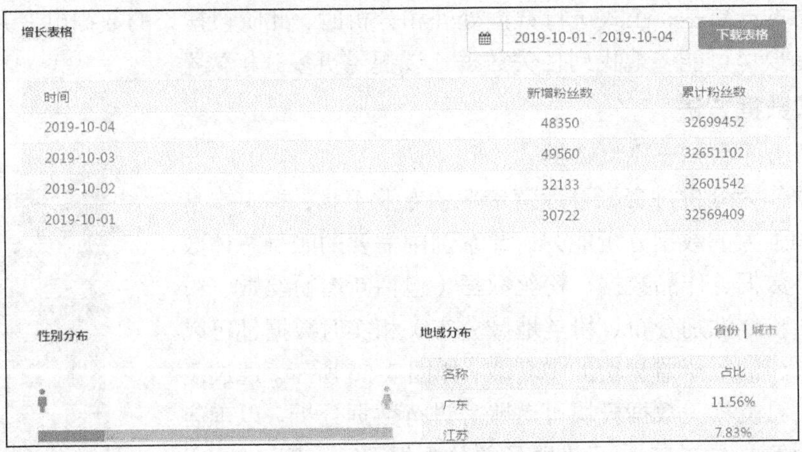

图 3-60　粉丝数据页面

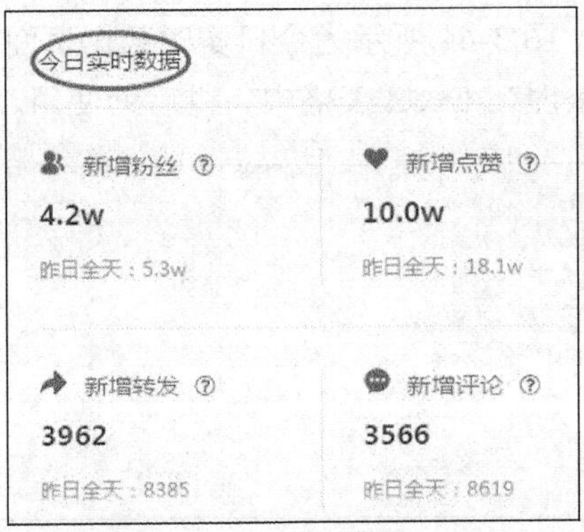

图 3-61　今日实时数据页面

（2）互联网部门及行业网站

网民规模、网民属性、短视频用户规模等数据可以从相关统计部门、互联网部门及行业网站获得，为了后续处理方便，数据新闻制作者可以将获取的数据整理在 Excel 表格中。此案例中需要的背景数据主要来自中国互联网络信息中心发布的第 47 次《中国互联网络发展状况统计报告》，相关数据分别如图 3-62、图 3-63、图 3-64 和图 3-65 所示。

◇ 截至 2020 年 12 月，我国网民规模达 9.89 亿，较 2020 年 3 月增长 8540 万，互联网普及率达 70.4%，较 2020 年 3 月提升 5.9 个百分点。

◇ 截至 2020 年 12 月，我国手机网民规模达 9.86 亿，较 2020 年 3 月增长 8885 万，网民使用手机上网的比例达 99.7%，较 2020 年 3 月提升 0.4 个百分点。

◇ 截至 2020 年 12 月，我国农村网民规模达 3.09 亿，占网民整体的 31.3%，较 2020 年 3 月增长 5471 万；城镇网民规模达 6.80 亿，占网民整体的 68.7%，较 2020 年 3 月增长 3069 万。

◇ 截至 2020 年 12 月，我国网民使用手机上网的比例达 99.7%；使用电视上网的比例为 24.0%；使用台式电脑上网、笔记本电脑上网、平板电脑上网的比例分别为 32.8%、28.2% 和 22.9%。

图 3-62　互联网用户规模

2020 年我国个人互联网应用增长较为平稳。其中，短视频、网络支付和网络购物的用户规模增长最为显著，增长率分别为 12.9%、11.2% 和 10.2%。基础类应用中，即时通信、搜索引擎保持平稳增长态势，用户规模较 2020 年 3 月分别增长 9.5%、2.6%。网络娱乐类应用中，网络直播保持快速增长，增长率为 10.2%；网络视频、网络音乐的用户规模较 2020 年 3 月分别增长 9.0%、3.6%。

图 3-63　2020 年 12 月相比 2020 年 3 月互联网各类应用增长情况

截至 2020 年 12 月，我国网络视频（含短视频）用户规模达 9.27 亿，较 2020 年 3 月增长 7633 万，占网民整体的 93.7%。其中短视频用户规模为 8.73 亿，较 2020 年 3 月增长 1.00 亿，占网民整体的 88.3%。

2018 年 6 月—2020 年 12 月网络视频（含短视频）用户规模及使用率
单位：万人

来源：CNNIC 中国互联网络发展状况统计调查　　　　2020.12

图 3-64　2018 年 6 月—2020 年 12 月网络视频（含短视频）用户规模及使用率

图 3-65　2018 年 6 月—2020 年 12 月短视频用户规模及使用率

二、新媒体数据新闻《中国城镇化的单身困境》数据获取

1．明确数据需求

在数据新闻《中国城镇化的单身困境》中，选题和内容板块确定，即明确了数据新闻的方向，也明确了数据新闻中相应的数据需求。需要注意的是，虽然整体从现状、原因、影响三个方面去收集相关数据，但在后续分析中数据可以交叉运用，从而发掘更多信息。《中国城镇化的单身困境》内容板块与数据需求如表 3-4 所示。

表 3-4　内容板块与数据需求

内容板块	数据需求
转型中的失衡（现状）	中国城镇化水平、全国城镇农村人口未婚人数、各地区未婚男女人数、各年龄人数及结构性别比等
无处安放的爱情（原因）	城乡居民人均收支情况、各地彩礼数据、人物深度访谈稿等
"剩"的代价（影响）	人口生育率、各地区住宅平均销售价格、百度搜索"大龄未婚女"指数的城市分布、以"城市大龄未婚女""农村大龄未婚男"为关键字在 Bilibili（以下简称"B 站"）、人民网、天涯论坛、微博、中国新闻网、知网等平台抓取的数据等

2．收集获取数据

（1）国家统计部门数据

在国家统计局官方网站中的普查数据和统计年鉴中能够收集到历年城镇化水平、人口生育率、各年龄人数及结构性别比等数据，这种方法降低了数据获取难度，提高了数据权威度。

（2）Web 抓取数据

除现有的数据外，在数据收集环节，还要尽可能地利用工具获取所需要的数据。在本案例中，利用八爪鱼采集器的简易采集模式，分别以"城市大龄未婚女""农村大龄未婚男"为关键字，在 B 站、人民网、天涯论坛、微博、中国新闻网、知网等平台采集包括发布时间、正文内容、评论次数等数据，将其转存入 Excel 中以便处理分析，如图 3-66 所示。

图 3-66　Web 抓取数据列表

（3）系统日志收集数据

系统日志收集可以借助第三方平台完成，借助站长工具，可以查看"城市大龄未婚女"的百度搜索指数，获得其地域分布、搜索趋势、年龄分布、兴趣分布等数据，如图 3-67 所示。

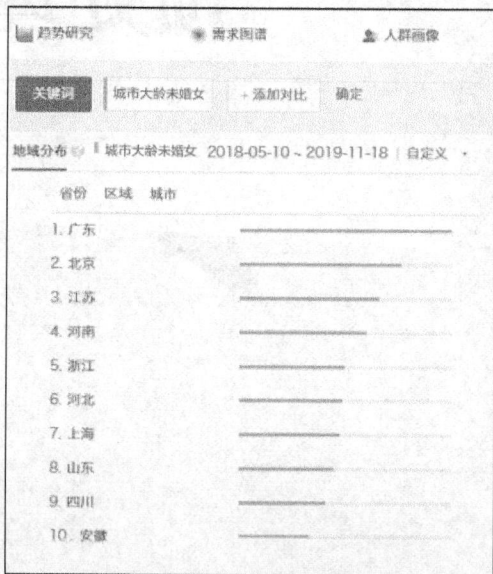

图 3-67　百度搜索指数

以上案例数据获取的思路和方式仅供参考，在新媒体数据新闻设计与制作的实际应用中，数据新闻制作者还应根据新闻选题和内容对数据的具体需求进行灵活变通，合理、巧妙地使用多种工具获取数据，以满足对数据分析和应用的需要。

思考与练习

1. 简述新媒体数据的来源渠道。
2. 简述常用的新媒体数据获取的方式。
3. 分别利用八爪鱼采集器和飞瓜数据工具对网站平台和短视频平台进行数据抓取。

第四章

新媒体数据预处理

本章概述

　　数据预处理（Data Preprocessing）是指在主要的处理和分析以前对数据进行的一些必要的加工整理，主要目标是清理异常值、纠正错误数据、统一数据格式等。在新媒体数据新闻设计与制作中，为了更好地实现数据分析与可视化，新闻制作者应对新媒体数据进行预处理。本章将对新媒体数据预处理进行阐述。首先，介绍新媒体数据可用性鉴别指标，分别是数据真实性鉴别、数据完整性鉴别和数据价值性鉴别；其次，介绍数据预处理的 4 种基本方法，包括数据清洗（缺失值处理、重复值处理和异常值发现）、数据集成（实体识别、冗余和数据值冲突问题）、数据变换（平滑、聚集、数据概化、规范化和属性构造）以及数据归约（数据立方体聚集、维归约和数值归约）；最后，以某旅游 App 的酒店客户信息数据和数据新闻《中国城镇化的单身困境》所获取数据为例，介绍数据预处理在新媒体领域，尤其是新媒体数据新闻设计与制作中的实际应用。

第一节　新媒体数据可用性鉴别指标

　　数据预处理是指在主要的数据处理以前进行的一些处理。数据预处理的主要目标是清理异常值、纠正错误数据、统一数据格式，主要方法有数据清洗、数据集成、数据变换和数据归约。这些数据处理技术在数据挖掘之前使用，大大提高了数据挖掘的质量，节约了实际挖掘所需要的时间。

　　数据预处理的前提是明确数据可用性鉴别指标，包括数据真实性、数据完整性和数据价值性，如图 4-1 所示。只有这样，数据新闻制作者才能更好地知道哪些数据是可用的，并据此进行下一步处理。

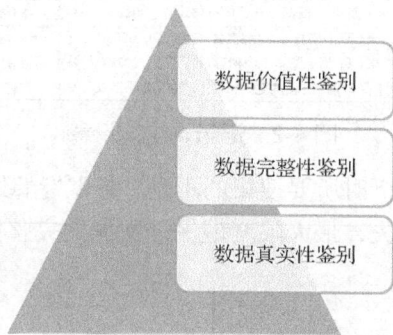

图 4-1　数据可用性鉴别指标

一、数据真实性鉴别

1. 数据来源真实

　　数据来源真实是保证数据真实的首要条件。数据来源整体可以分为官方和其他渠道（包括行业数据、抓取数据和问卷数据等）两种。一般来说，官方统计的数据相对权威，能够保证真实性，而其他渠道获取的数据则需要更认真地进行鉴别，防止利益、主观倾向等因素造成的不真实。

2. 数据细节真实

　　失之毫厘，谬以千里，统计数据中某个参数不准确，都有可能导致结果出现极大偏差，因此，对数据细节进行核实，是保证数据真实准确的重要手段。如网络问卷调查中，设置每个 IP 地址只能回答一次；纸质问卷调查中，多次核查录入数据以避免失误。

二、数据完整性鉴别

1. 记录是否完整

　　根据关系型数据库相关概念，可以把数据表中的每一行叫作一个"记录"，如图 4-2 中矩形框所示。每一个记录包含该行中的所有信息，就像在通讯录数据库中某个人全部的信息，但记录在数据库中并没有专门的记录名，常常用它所在的行数表示这是第几个记录。数据的完整性首先要求记录的完整，记录的完整在一定程度上体现数据源的完整。如对 100 个人进行问卷调查，记录的个数代表回收到的问卷数量，回收的问卷越多，则记录越多，数据越完整。

2. 字段是否完整

字段是比记录更小的单位，字段集合组成记录，每个字段描述文献的某一特征，即数据项，并有唯一的供计算机识别的字段标识符，如图 4-2 中椭圆框所示。字段是否完整关系到每一个记录中是否存在缺失值，只有字段和记录都完整，整体数据才能完整。如在问卷调查中，虽然回收了全部数量的问卷，但多份问卷回答不完整，缺少关键字段，那么整体数据的完整性不高，数据的质量也不高。

1	位置	基本信息	关注人数和发布时间	总价	单价
2	▦▦▦ · 井湾子	3室2厅 | 127平方米 | 南 | 其他 | 高楼层(共28层) | 2010年建	0人关注 / 刚刚发布	140万元	单价11024元/平方米
3	华盛世纪新城 · 喜盈门	4室2厅 | 139平方米 | 南 | 毛坯 | 低楼层(共18层) | 2009年建	0人关注 / 刚刚发布	135万元	单价9713元/平方米
4	金信阳光在线 · 井湾子	3室2厅 | 112.71平方米 | 南北 | 其他 | 低楼层(共7层) | 2007年	0人关注 / 刚刚发布	98.8万元	单价8766元/平方米
5	华盛世纪新城 · 喜盈门	4室2厅 | 138平方米 | 南 | 精装 | 低楼层(共18层) | 2009年建	0人关注 / 刚刚发布	125万元	单价9058元/平方米
6	运达中央广场 · 武广新城	4室2厅 | 229.7平方米 | 南北 | 精装 | 低楼层(共31层) | 2012年	0人关注 / 刚刚发布	558万元	单价24293元/平方米
7	中建桂苑金桂苑 · 韶山南路	3室2厅 | 140.55平方米 | 南 | 精装 | 低楼层(共17层) | 2006年建	0人关注 / 刚刚发布	126万元	单价8965元/平方米
8	茂华国际湘 · 武广新城	3室2厅 | 139.48平方米 | 南北 | 简装 | 中楼层(共11层) | 2013	0人关注 / 刚刚发布	160万元	单价11472元/平方米
9	锦湘国际星城一期 · 尚东	3室2厅 | 128平方米 | 南 | 其他 | 高楼层(共6层) | 2005年建	0人关注 / 刚刚发布	153万元	单价11954元/平方米

图 4-2 记录、字段示意

需要注意的问题：数据分析时所要搜集的不是"好""精致"而是"符合要求"的数据，这样才能尽可能减少数据的缺失，最大限度地保证数据的完整性。

三、数据价值性鉴别

1. 数据时效性分析

数据是什么时间产生的、是否还适用于现在的情况是对数据进行价值判断时必须要考虑的问题，只有确定数据产生的时间，才能更好地确定数据的时效性和适用范围。例如，要研究 2019 年青少年短视频使用情况，10 年前的相关数据显然不适用于当前的研究，数据也就失去了它的价值。

2. 数据支持性分析

数据能否有效支撑研究主题或观点是数据价值判断的一个重要方面，有些数据即使本身没有任何问题，但它不能对主题起到帮助，因而在此主题下它就是没有价值的数据。如研究主题是"了解我国青少年网络使用情况"，那么老年人网络使用情况调查数据对当前研究是没有价值的。

3. 数据全面性分析

某些数据确实可以为主题服务，但仅用这些数据不能充分说明问题，还需要有更多数据作为它的背景或者比较对象才能揭示主题。因此，全面结合特定主题下的相关数据才能最大限度地发挥数据的价值。如研究婚姻状况，仅有结婚率、离婚率数据是不够的，需要结合适婚男女性别比例、夫妻双方收入情况、文化水平等多方面数据进行分析，这样才能体现相关意义，揭示研究主题。

第二节　新媒体数据预处理方法

数据预处理方法主要包括数据清洗、数据集成、数据变换以及数据归约等，如图 4-3 所示。

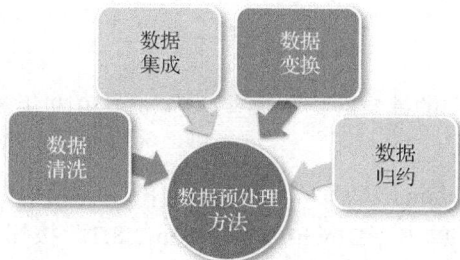

图 4-3　数据预处理方法

一、数据清洗

　　数据清洗（Data Cleaning）是发现并纠正数据文件中可识别的错误的最后一道程序，包括纠正不一致的数据、填补遗漏数据、消除异常数据以及平滑噪声数据等。与问卷审核不同，数据录入后的清洗一般由计算机而不是人工完成。

　　进行数据清洗的原因在于直接采集来的数据是"脏"的，主要体现在数据的不完整性、异常性、错误性以及冗余性。因此，数据清洗显得尤为重要，常见操作包括以下几个方面。

1. 缺失值处理

　　数据并不总是完整的，引起数据缺失的原因主要包括以下几点。

　　① 设备异常。

　　② 与其他已有数据不一致而被删除。

　　③ 有些因为误解而没有被输入。

　　④ 在输入时，有些数据因为得不到重视而没有被输入。

　　⑤ 对数据的改变没有进行日志记载。

　　⑥ 有些信息暂时无法获取，或者获取信息的成本过高。

　　⑦ 缺失值本身不存在。

　　缺失值的存在有以下影响。

　　① 数据集丢失大量信息。

　　② 数据集的不确定性增大，使得获取数据潜在规律的难度增加。

　　③ 包含空值的数据会使数据建模陷入混乱，导致输出不可靠。

　　对于缺失值的处理，主要是通过推断进行填补，大多数情况下缺失值必须手工填入（手工清洗），依据和做法主要有以下几点。

　　① 忽略该记录。

　　② 去掉属性。

　　③ 使用默认值。

　　④ 使用属性平均值。

　　⑤ 使用同类样本平均值。

　　⑥ 使用最大值、最小值或者更为复杂的概率估计或代替缺失的值。

　　⑦ 预测最可能的值。

　　下面将介绍运用 Python 中的拉格朗日插值法进行缺失值填充。数据新闻制作者仅需修改所要处理的数据路径即可。

（1）数据源

图 4-4 所示为某电商公司的销量数据，某些原因导致 2019 年 3 月 15 日的销量数据缺失。

（2）Python 填充缺失值

步骤 1：下载并安装 Python。

① 登录 Python 官网，单击"Download Python 3.8.1"按钮，如图 4-5 所示。

	A	B
1	日期	销量
2	2019/3/1	51
3	2019/3/2	2618.2
4	2019/3/3	2608.4
5	2019/3/4	2651.9
6	2019/3/5	3442.1
7	2019/3/6	3393.1
8	2019/3/7	3136.6
9	2019/3/8	3744.1
10	2019/3/9	6607.4
11	2019/3/10	4060.3
12	2019/3/11	3614.7
13	2019/3/12	3295.5
14	2019/3/13	2332.1
15	2019/3/14	2699.3
16	2019/3/15	
17	2019/3/16	3036.8
18	2019/3/17	865
19	2019/3/18	3014.3
20	2019/3/19	2742.8
21	2019/3/20	2173.5
22	2019/3/21	3161.8
23	2019/3/22	3023.8
24	2019/3/23	2998.1
25	2019/3/24	2805.9
26	2019/3/25	2383.4
27	2019/3/26	2620.2

图 4-4 某电商公司的销量数据

图 4-5 Python 官网

② 根据计算机系统配置情况选择相应安装包。如果是 Windows 64 位操作系统，可以选择以下安装包，如图 4-6 所示。

Version	Operating System	Description	MD5 Sum	File Size	GPG
Gzipped source tarball	Source release		e18a9d1a0a6d858b9787e03fc6fdaa20	23949883	SIG
XZ compressed source tarball	Source release		dbac8df9d8b9edc678d0f4cacdb7dbb0	17829824	SIG
macOS 64-bit installer	Mac OS X	for OS X 10.9 and later	f5f9ae9f416170c6355cab7256bb75b5	29005746	SIG
Windows help file	Windows		1c33359821033ddb3353c8e5b6e7e003	8457529	SIG
Windows x86-64 embeddable zip file	Windows	for AMD64/EM64T/x64	99cca948512b53fb165084787143ef19	8084795	SIG
Windows x86-64 executable installer	Windows	for AMD64/EM64T/x64	29ea87f24c32f5e924b7d63f8a08ee8d	27505064	SIG
Windows x86-64 web-based installer	Windows	for AMD64/EM64T/x64	f93f7ba8cd48066c59827752e531924b	1363336	SIG

图 4-6 Windows 64 位操作系统安装包

③ 下载后，勾选"Add Python 3.8 to PATH"，选择"Install Now"选项完成安装，如图 4-7 所示。

步骤 2：安装配置。

① 按住"Windows+R"组合键，在"运行"对话框中输入"cmd"，如图 4-8 所示，单击"确定"按钮，打开管理员界面，如图 4-9 所示。

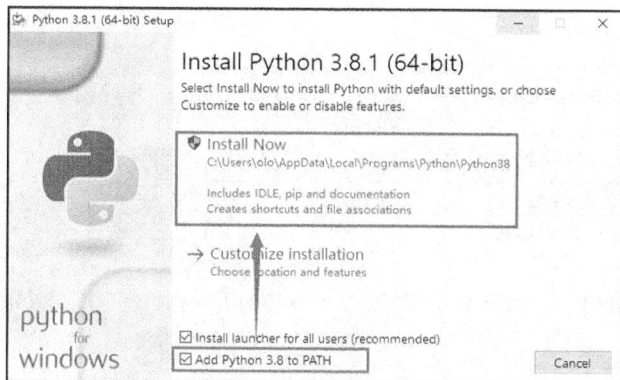

图 4-7　安装 Python

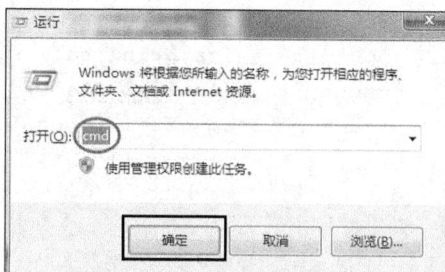

图 4-8　运行对话框

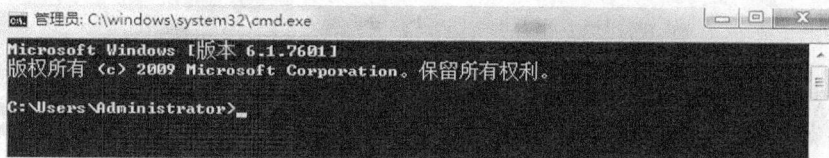

图 4-9　管理员界面

② Python 3.8.1 默认安装路径一般为 C:\Users\Administrator\AppData\Local\Programs\ Python>cd Python38，在管理员界面输入 cd 找到默认安装路径后，在 Python 的 Scripts 文件夹下使用 "pip install" 安装包，具体代码如图 4-10 所示。

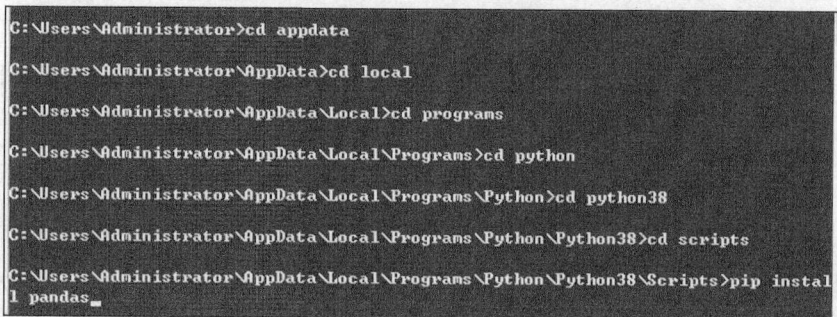

图 4-10　安装配置代码

③ 安装配置过程中不能断网，安装配置成功后会有 "Successfully" 的提示，如图 4-11 所示。

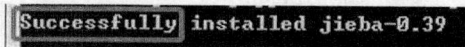

图 4-11　安装配置成功提示

步骤 3：根据处理需要修改代码。

将所要处理的数据文件放在桌面，并将以下代码中的标红部分替换为自己所要处理的数据文件名。单击 "Run→Run Module" 运行代码，成功后会在桌面生成处理后的文件，文件名如绿色字体所示。

```
#-*- coding: cp936 -*-
#拉格朗日插值代码
import pandas as pd #导入数据分析库 Pandas
from scipy.interpolate import lagrange #导入拉格朗日插值函数
inputfile = 'catering_sale.xls' #输入数据路径
outputfile = 'sales2.xls' #输出数据路径
data = pd.read_excel(inputfile) #读入数据
print (data)
data[u'销量'][(data[u'销量'] < 400) | (data[u'销量'] > 5000)] = None #过滤异常
值，将其变为空值
print (data)
##temp=[]
#自定义列向量插值函数
#s 为列向量，n 为被插值的位置，k 为取前后的数据个数，默认为 5
def ployinterp_column(s, n, k=5):
    #y = s[list(range(n-k, n)) + list(range(n+1, n+1+k))] #取数
    y=s[list(range(n-k, n))+ list(range(n+1, n+1+k))]##前后五个的 index
    print ('y',y),y.notnull(),
##  print 'y2',y2#range(n-k,n),list(range(n-k, n))
    y = y[y.notnull()] #剔除空值
    print ('y2',y)
    return lagrange(y.index, list(y))(n)  #插值并返回插值结果
#逐个元素判断是否需要插值
for i in data.columns:##取值为 u'日期', u'销量'
    for j in range(len(data)):##len(data)为 201
    ##第一次 i 与 j 日期 1 第一次 data[i] 0    2015-03-01
    if (data[i].isnull())[j]: #如果为空即插值。##即 data[u'销量'].isnull()是否有空
            data[i][j] = ployinterp_column(data[i], j)
data.to_excel(outputfile) #输出结果，写入文件
print ('y')
```

右侧标注：红色字体（指向 'catering_sale.xls'）、蓝色字体（指向 'sales2.xls'）

打开生成的新文件，缺失值填充结果如图 4-12 所示。

2. 重复值处理

数据库中属性值相同的记录被认为是重复的记录，通过判断记录间的属性是否相同来检测记录是否相等，相等的记录合并为一条记录（合并/清除）。本部分内容将介绍运用 Excel 删除重复数据的三种方法。

（1）VLOOKUP 函数快速查询删除重复值

VLOOKUP 函数是 Excel 中的一个纵向查找函数，功能是按列查找，当查询到这个值时会返回对应的值，查询不到重复的值就会显示错误值。

图 4-13 中，需要核对剩余库存单号中是否还有已经出库的单号，如果有，需要将其筛选出来并删除，以便动态更新库存信息。

	A	B	C
1		日期	销量
2	0	2019-03-01 00:00:00	-291.4
3	1	2019-03-02 00:00:00	2618.2
4	2	2019-03-03 00:00:00	2608.4
5	3	2019-03-04 00:00:00	2651.9
6	4	2019-03-05 00:00:00	3442.1
7	5	2019-03-06 00:00:00	3393.1
8	6	2019-03-07 00:00:00	3136.6
9	7	2019-03-08 00:00:00	3744.1
10	8	2019-03-09 00:00:00	4275.255
11	9	2019-03-10 00:00:00	4060.3
12	10	2019-03-11 00:00:00	3614.7
13	11	2019-03-12 00:00:00	3295.5
14	12	2019-03-13 00:00:00	2332.1
15	13	2019-03-14 00:00:00	2699.3
16	14	2019-03-15 00:00:00	4156.86
17	15	2019-03-16 00:00:00	3036.8
18	16	2019-03-17 00:00:00	865
19	17	2019-03-18 00:00:00	3014.3
20	18	2019-03-19 00:00:00	2742.8

图 4-12 缺失值填充结果

步骤 1：选中 B2 单元格，在"公式"选项卡里单击"插入函数"按钮，如图 4-14 所示；弹出"插入函数"对话框，在"或选择类别"下拉列表中选择"全部"，选择 VLOOKUP 函数，单击"确定"按钮，如图 4-15 所示。

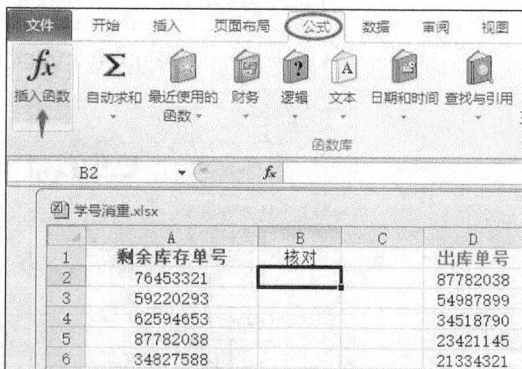

图 4-13　需要核对的剩余库存单号和出库单号数据

图 4-14　插入函数

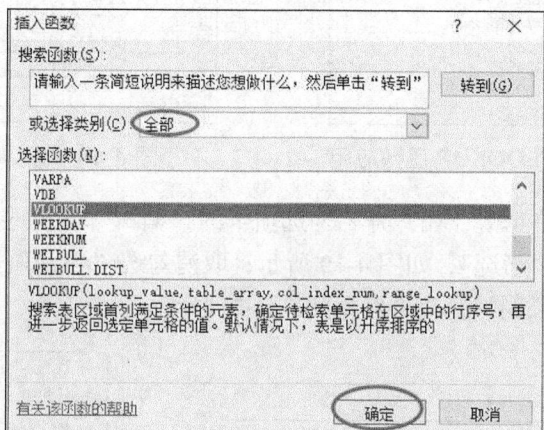

图 4-15　选择 VLOOKUP 函数

步骤 2：在弹出的"函数参数"对话框中设置参数，如图 4-16 所示。第一行的 Lookup_value 参数是需要查找的值，为 A2 单元格；第二行的 Table_array 是需要核对的源数据区域，选中 D 列；第三行的 Col_index_num 是满足条件的单元格在数组区域 Table-array 中的列序号，首列序号设置为 1，这样当数据区域中有这个值的时候，它会自动返回；Range_lookup 为查找精度，参数设置为 0 是精确查找。对于参数的设置，当单击每一行时，下方都会出现提示信息可供参考。参数设置完成后单击"确定"按钮。

步骤 3：拖曳 B2 单元格右下方的填充柄填充至 B20 单元格，如图 4-17 所示。拖曳查找结果如图 4-18 所示，可见 B5、B12 和 B18 单元格中为三个重复单号。

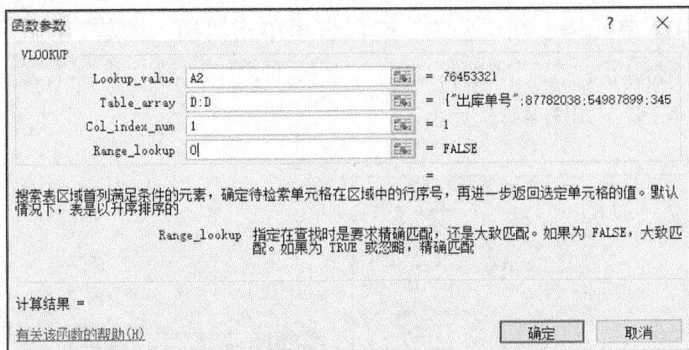

图 4-16　VLOOKUP 函数参数设置

图 4-17　VLOOKUP 函数应用

图 4-18　查找结果

步骤 4：选中 B1 单元格，在"开始"选项卡的"编辑"组里选择"排序和筛选"选项卡，在下拉列表中选择"筛选"，如图 4-19 所示；取消勾选"#N/A"的筛选条件，如图 4-20 所示；将重复的筛选结果删除，筛选结果如图 4-21 所示。

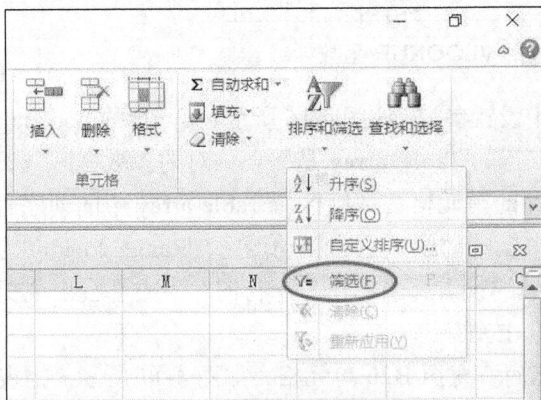

图 4-19　选择筛选功能

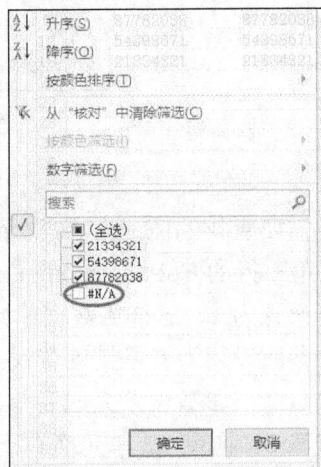

图 4-20　取消勾选筛选条件

图 4-21　筛选结果

（2）COUNTIF 函数简单查询删除重复值

COUNTIF 函数是 Excel 中对指定区域中符合指定条件的单元格计数的函数。以下将仍以上述要处理的数据为例，阐释应用 COUNTIF 函数进行查询删除重复值的方法。

步骤 1：在数据表格中选中 B2 单元格，在"公式"选项卡中单击"插入函数"按钮，在"插入函数"对话框中选择 COUNTF 函数，如图 4-22 所示。单击"确定"按钮。

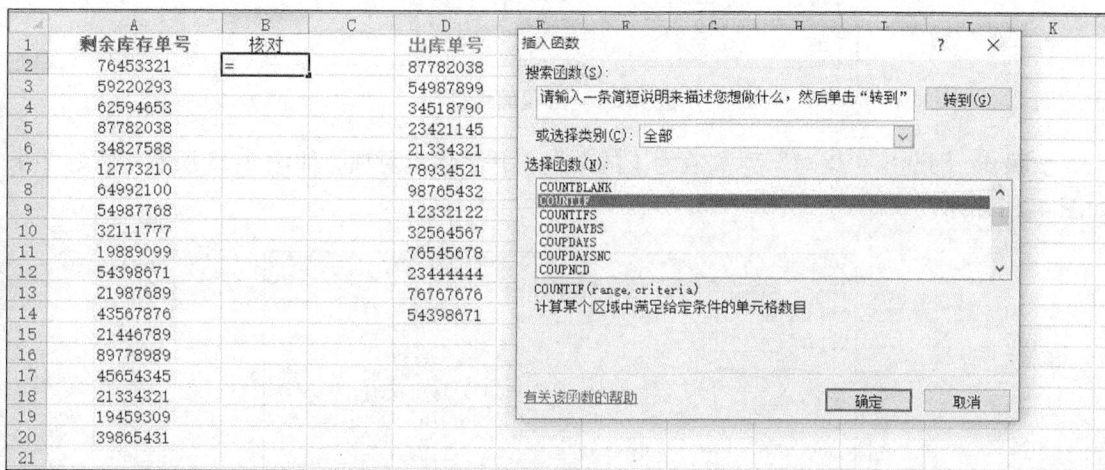

图 4-22　选择 COUNTIF 函数

步骤 2：在弹出的"函数参数"对话框中设置参数，如图 4-23 所示。第一行的 Range 参数要计算其中非空单元格数目的区域，选中 D 列；第二行的 Criteria 参数是以数字、表达式或文本形式定义的条件，设置为 A2 单元格。参数设置完成后单击"确定"按钮。

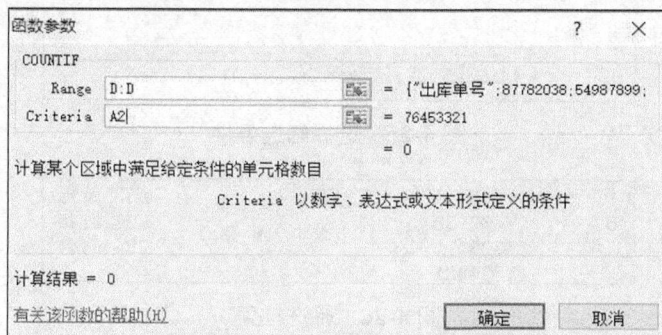

图 4-23　设置 COUNTIF 函数参数

步骤 3：拖曳 B2 单元格右下方的填充柄填充至 B20 单元格，可见 B5、B12 和 B18 单元格为三个重复单号，在"核对"列的数值为 1，如图 4-24 所示。

图 4-24 重复值查找

步骤 4：筛选出"核对"列数值为 1 的结果，并删除重复项，如图 4-25 所示。筛选结果如图 4-26 所示。

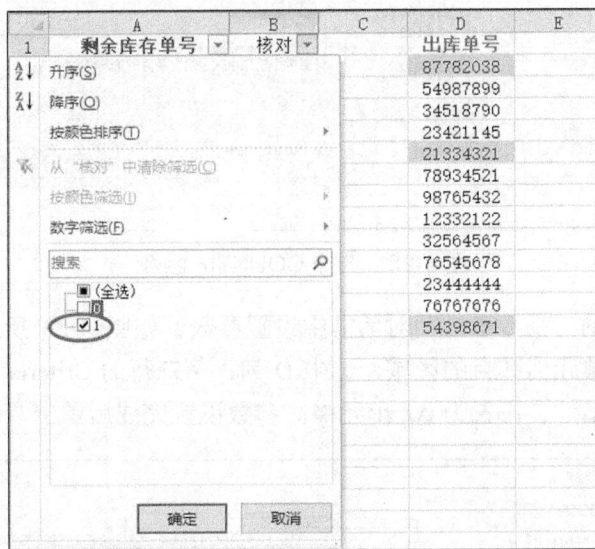

图 4-25 选择筛选条件

	剩余库存单号 ▼	核对 ▼		出库单号
5	87782038	1		23421145
12	54398671	1		23444444
18	21334321	1		

图 4-26 筛选结果

（3）条件格式快速核对删除重复值

步骤 1：选中要核对的数据区域，单击"开始"选项卡中的"条件格式"，选择"突出显示单元格规则"中的"重复值"，如图 4-27 所示。

图 4-27 使用条件格式工具

步骤 2：在弹出的"重复值"对话框里为重复值的单元格设置格式，如图 4-28 所示。

步骤 3：重复值单元格格式设置结果如图 4-29 所示，可以删除突出显示的三个带有底色的单元格的重复值。

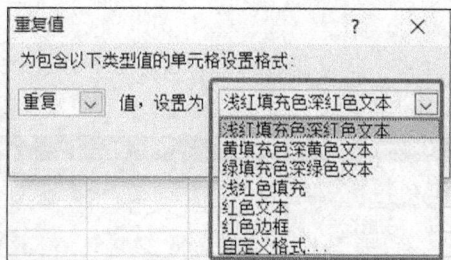

图 4-28 设置重复值单元格格式

图 4-29 重复值突出显示结果

3. 异常值发现

数据清洗中的异常值常用画箱形图（Box-plot）这一方法发现。箱形图又称盒须图、盒式图或箱线图，是一种用作显示一组数据分散情况资料的统计图，因形状如箱子而得名。箱形图的绘制方法：首先，找出一组数据的上边缘、下边缘、中位数和两个四分位数；其次，连接两个四分位数画出箱体；最后，将上边缘和下边缘与箱体连接，中位数在箱体中间。箱形图如图 4-30 所示。

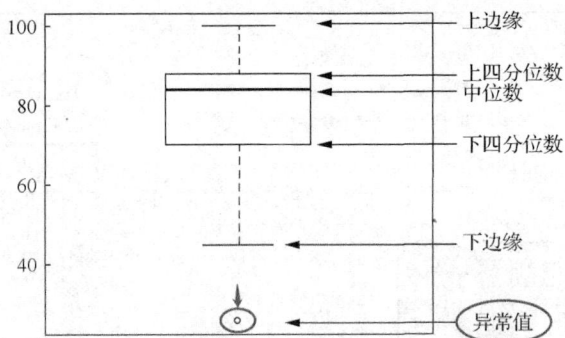

图 4-30　箱形图

箱形图可以通过多种软件制作，如 Tableau、Excel 等，为了更为简单地理解和应用，本部分内容介绍如何使用 Excel 2016 来制作箱形图，从而快速发现异常值。

本部分要分析的是某电商网站 2019 年 3 月 1 日至 2019 年 8 月 31 日（半年）的销量的异常值，具体操作步骤如下。

步骤 1：打开 Excel，选中"销量"列的数据，如图 4-31 所示；单击"插入"选项卡里"图表"组右下角的按钮，如图 4-32 所示。

	A	B
1	日期	销量
2	2019/3/1	51
3	2019/3/2	2618.2
4	2019/3/3	2608.4
5	2019/3/4	2651.9
6	2019/3/5	3442.1
7	2019/3/6	3393.1
8	2019/3/7	3136.6
9	2019/3/8	3744.1
10	2019/3/9	6607.4
11	2019/3/10	4060.3
12	2019/3/11	3614.7
13	2019/3/12	3295.5
14	2019/3/13	2332.1
15	2019/3/14	2699.3
16	2019/3/15	
17	2019/3/16	3036.8
18	2019/3/17	865
19	2019/3/18	3014.3
20	2019/3/19	2742.8
21	2019/3/20	2173.5
22	2019/3/21	3161.8
23	2019/3/22	3023.8
24	2019/3/23	2998.1
25	2019/3/24	2805.9
26	2019/3/25	2383.4

图 4-31　选中数据列

图 4-32　选择插入图表功能

步骤 2：在弹出的"插入图表"对话框的"所有图表"选项卡中选择"箱形图"，如图 4-33 所示。

步骤 3：生成的箱形图如图 4-34 所示。结果显示，箱形图中超过上下边缘的 5 个销售额数据可能为异常值。结合具体业务可以把 4 060.3、865 归为正常值，将 51、6 607.4、9 106.44 归为异常值。

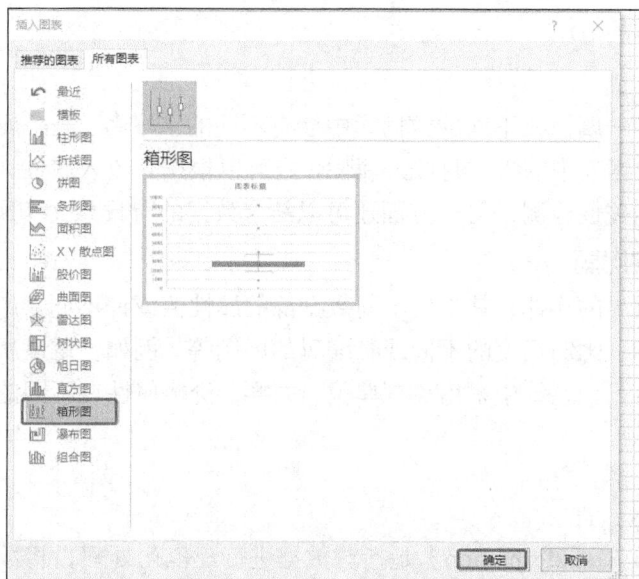

图 4-33　选择"箱形图"

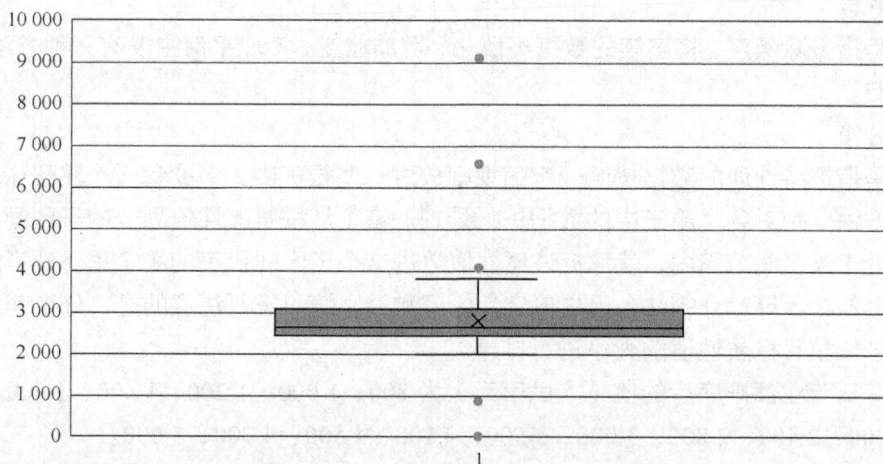

图 4-34　箱形图中显示的异常值

二、数据集成

数据集成（Data Integration）是指将多个数据源中的数据整合到一个一致的存储空间中，用以解决数据的分布性和异构性问题。其意义在于联通信息孤岛，共享信息。在企业数据集成领域，目前通常采用联邦式、基于中间件模型和数据仓库等方法构建集成的系统。数据集成的关键是要建立统一的数据规范结构。在数据集成中主要有以下三大问题需要解决。

1．实体识别问题

通过元数据（Metadata）可以确定一个数据库中的 customer_id 和另一个数据库中的 cust_number 指的是同一实体。元数据又称中介数据、中继数据，是指关于数据的数据，主要是描述数据属性的信息，用来支持如指示存储位置、查找历史数据、查找资源、记录文件等功能，相当于实体的 ID。

2．冗余问题

数据冗余是指同一属性在不同的数据库中会有不同的字段名。一个属性可以由另一个表导出。如一个客户数据表中的平均月收入属性，它可以根据月收入属性计算出来。数据处理者一方面可以通过相关性检测，另一方面还可以结合数据的背景意义和所在情境进行判断。

3．数据值冲突问题

对于一个现实世界的实体，其来自不同数据源的属性值或许不同。产生数据值冲突的原因主要有表示的差异、比例尺度的不同或者编码的区别等。例如，重量属性在一个系统中采用公制单位，而在另一个系统中采用英制单位。同样，价格属性在不同的地区采用不同的货币单位。

三、数据变换

数据变换（Data Transformation）是指对数据进行规范化处理，将数据转换或统一成适合挖掘的形式。数据变换包括平滑、聚集、数据概化、规范化和属性构造 5 种途径。

1．平滑

平滑是指去除噪声、将连续的数据离散化、增加粒度。实现平滑主要有三种方法：分箱、聚类和回归。

（1）分箱

分箱是指把待处理的数据按照一定的规则放进一些箱子中，考察每一个箱子中的数据，采用某种方法分别对各个箱子中的数据进行处理。箱子是按照属性值划分的子区间，如果一个属性值处于某区间范围内，就称把该属性值放进这个子区间代表的箱子里。分箱的方法主要有等深分箱法、等宽分箱法、用户自定义区间和最小熵。需要注意的是，分箱前数据处理者要对记录集按目标属性值的大小进行排序。

例：每日营业额排序后的值（人民币元）为 800、1 000、1 200、1 400、1 500、1 800、2 000、2 300、2 400、2 800、3 000、3 500、4 100、4 500、4 700、5 000。

等深分箱法又称统一权重法，是按记录行数分箱，每箱具有相同的记录数，每箱记录数称为箱的深度，也称箱的权重，这是最简单的一种分箱方法。

此例中设定箱子的深度为 4，分箱的结果如下。

箱 1：800、1 000、1 200、1 400。

箱 2：1 500、1 800、2 000、2 300。

箱 3：2 400、2 800、3 000、3 500。

箱 4：4 100、4 500、4 700、5 000。

等宽分箱法又称统一区间法，使数据集在整个属性值的区间上平均分布，即每个箱子的区间范围是一个常量，称为箱子的宽度。

此例中设定箱子的宽度为 1 000 元人民币，分箱的结果如下。

箱 1：800、1 000、1 200、1 400、1 500、1 800。

箱 2：2 000、2 300、2 400、2 800、3 000。

箱 3：3 500、4 100、4 500。

箱 4：4 700、5 000。

用户自定义区间是指用户根据需要自定义区间，当用户明确希望观察某些区间范围内的数据分布时，这种方法可以方便地帮助用户达到目的。

此例中将营业额划分为 1 000 元以下、1 000～2 000 元、2 000～3 000 元、3 000～4 000 元、4 000 元以上几组，分箱的结果如下。

箱 1：800。

箱 2：1 000、1 200、1 400、1 500、1 800、2 000。

箱 3：2 300、2 400、2 800、3 000。

箱 4：3 500。

箱 5：4 100、4 500、4 700、5 000。

熵的概念最初来源于热力学领域，通常被用来描述信息的不确定性。信息越不确定，熵就越大；反之熵就越小。利用熵的原理进行数据分箱属于有监督分箱的一种方法。若原始数据为自变量，则：①因变量为分类变量，可取值为 $1, 2, \cdots, J$。令 p_{ij} 表示第 i 个分箱内因变量取值为 j 的观测的比例，$i=1, 2, \cdots, K$，$j=1, 2, \cdots, J$；那么第 i 个分箱的熵值为 $\sum_{j=1}^{J}(-p_{ij} \times \log_2 p_{ij})$。如果第 i 个分箱内因变量各类别的比例相等，即 $p_{i1} = p_{i2} = \cdots = p_{ij} = 1/J$，那么第 i 个分箱的熵值达到最大值；如果第 i 个分箱内的因变量只有一种取值，即某个 p_{ij} 等于 1 而其他类别的比例等于 0，那么第 i 个分箱的熵值达到最小值。②令 r_i 表示第 i 个分箱的观测数占所有观测数的比例，那么总熵值为 $r_i \sum_{i=1}^{K} \sum_{j=1}^{J}(-p_{ij} \times \log_2 p_{ij})$。需要使总熵值达到最小，也就是使分箱能够最大限度地区分因变量的各个类别。由于最小熵的计算较复杂，在实际中应用较少，在此不再举例说明。

下面介绍如何对每个箱子中的数据进行平滑处理。

① 按平均值平滑：即对同一箱中的数据求平均值，用平均值代替该箱子中的所有数据。

② 按边界值平滑：即用距离最近的边界值代替箱子中的每一个数据。

③ 按中位数平滑：即用同一箱的中位数代替该箱子中的所有数据。

例：按价格排序后的数据（美元）：4、8、9、15、21、21、24、25、26、28、29、34，将其用等深分箱法分箱，其平滑处理结果如表 4-1 所示。

表 4-1　分箱平滑处理结果

箱号	等深分箱法				按平均值平滑				按边界值平滑				按中位数平滑			
箱 1	4	8	9	15	9	9	9	9	4	4	4	15	8.5	8.5	8.5	8.5
箱 2	21	21	24	25	23	23	23	23	21	21	25	25	22.5	22.5	22.5	22.5
箱 3	26	28	29	34	29	29	29	29	26	26	26	34	28.5	28.5	28.5	28.5

需要注意，用边界值平滑时，要先确定两个边界，然后依次计算除边界值外的其他值与两个边界的距离，将与其他值距离最小的边界确定为平滑边界值。具体计算如下。

箱 1：两个边界为 4、15；第二个数 8 与两个边界的距离分别为 |8-4|=4、|8-15|=7，所以

选 4 作为平滑边界值；第三个数 9 与两个边界的距离分别为|9-4|=5、|9-15|=6，所以选 4 作为平滑边界值；故箱 1 最终结果为（4 4 4 15）。

箱 2：两个边界为 21、25；第二个数 21 与两个边界的距离分别为|21-21|=0、|21-25|=4，所以选 21 作为平滑边界值；第三个数 24 与两个边界的距离分别为|24-21|=3、|24-25|=1，所以选 25 作为平滑边界值；故箱 2 最终结果为（21 21 25 25）。

箱 3 计算方法同上，此处不赘述。

（2）聚类

聚类是指将物理或抽象对象的集合分为不同的簇，找出并清除落在簇之外的值（孤立点），以此来发现异常数据。簇是一组数据对象的集合，同一簇内的所有对象具有相似性，不同簇间对象具有较大差异性，因此聚类简单来说就是取相对比较集中的值，相对分散的值忽略不计，如图 4-35 所示。

（3）回归

回归是指发现两个变量之间的变化模式，通过使数据适合一个函数来平滑数据，即利用拟合函数对数据进行平滑。回归包括线性回归和非线性回归。线性回归也称简单回归，是利用直线建模，将一个变量看作另一个变量的线性函数，如 $y=ax+b$，其中 a、b 称为回归系数，利用最小二乘法可求得 a、b 的值。在 Excel、SPSS 等软件中都可以很容易地实现线性回归及多种回归分析，如图 4-36 所示。

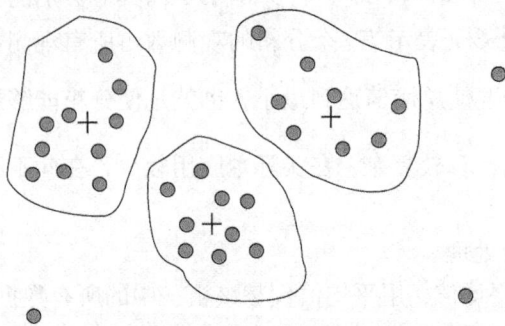

图 4-35　聚类

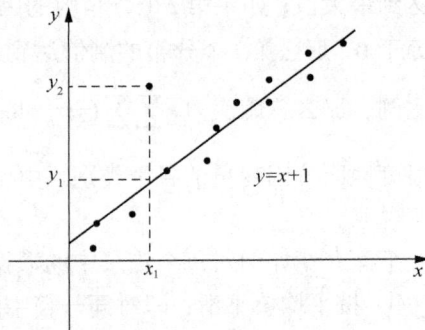

图 4-36　线性回归

2. 聚集

聚集是指对数据进行汇总，例如在 Excel 中可以通过 SUM、COUNT 等函数实现。应用中如每班学生数可以进行求和操作以获得每个专业或每个学院学生总数。

3. 数据概化

数据概化是指用更高层次、更抽象的概念来取代低层次或数据层的数据对象。例如：街道属性就可以泛化到更高层次的概念——城市、国家；对于数值型属性，如年龄属性（20 岁、40 岁、60 岁），也可以映射到更高层次概念——青年、中年和老年。

4. 规范化

规范化是指将数据按比例进行缩放，使之落入一个特定的区域，以消除数值型属性因大小不一而造成的挖掘结果的偏差。数据规范化的主要作用有两个：一是去掉量纲，使指标之间具有可比性；二是将数据限制在一定区间，使运算更为便捷。规范化包括最小-最大规范化、零均值规范化和小数定标规范化。

（1）最小-最大规范化

最小-最大规范化也称离差标准化，是对原始数据的线性变换，将数值映射到[0,1]，转化公式如下。

$$X_{norm} = \frac{X - X_{min}}{X_{max} - X_{min}}$$

例：假设属性 income 的最大值与最小值分别是 98 000 元与 12 000 元，如果要利用最小-最大规范化方法将属性 income 的值映射到 0 至 1 的范围内，那么属性 income 中的 73 600 元将被转化为 0.716 $\left(\dfrac{73\,600 - 12\,000}{98\,000 - 12\,000} \right)$。

最小-最大规范化保留了原来数据中存在的关系，但若遇到超过目前属性[X_{min}, X_{max}]取值范围的数值，将会引起系统出错。

（2）零均值规范化

零均值规范化也称标准差规范化，指根据属性 A 的均值和偏差来对 A 进行规范化，是目前常用的规范化方法，常用于以下两种情况：一是属性的最大值与最小值未知，二是使用最小-最大规范化时出现异常数据。转化公式如下。

$$z = \frac{x - \mu}{\sigma}$$

其中，μ 为均值，σ 为标准差。

例：假设属性 income 的均值与标准差分别是 54 000 元与 16 000 元，使用零均值规范化方法将 73 600 元的属性 income 值映射为 1.225 $\left(\dfrac{73\,600 - 54\,000}{16\,000} \right)$。

（3）小数定标规范化

小数定标规范化是指通过移动属性 A 值的小数点，将属性 A 的值映射到[-1,1]，用小数的科学表示法达到规范化的目的。其中，移动的小数点位数取决于属性值绝对值的最大值。转化公式如下。

$$X_{norm} = \frac{X}{10^{j}}$$

其中，j 为使 max（$|X_{norm}|$）<1 成立的最小值。

例：假设属性 A 的取值范围是从-986 到 917，那么属性 A 绝对值的最大值为 986。采用十基数变换规范化方法将属性 A 的每个值除以 1 000（即 j=3）即可，因此-986 的映射为-0.986。

5. 属性构造

属性构造是指利用已有属性集构造新的属性，并加入现有属性集合中以帮助挖掘更深层次的模式知识，提高挖掘结果准确性。例如：根据宽、高属性可以构造一个新属性——面积。

▋四、数据归约

数据归约（Data Reduce）是指在尽可能保持数据原貌的前提下，最大限度地精简数据量（完成该任务的必要前提是理解挖掘任务和熟悉数据本身内容，详见本书第二章）。数据归约得到的数据比原数据小得多，但可以产生与原数据相同或基本相同的分析结果，提高挖掘效率。常见的数据归约方法包括数据立方体聚集、维归约和数值归约等。

1．数据立方体聚集

数据立方体聚集指的是将 n 维数据聚集为 $n-1$ 维数据立方体。其中，数据立方体是数据的多维建模和表示，由维（属性）和事实（数据）组成。原数据与聚集后的数据分别如图4-37和图4-38所示。

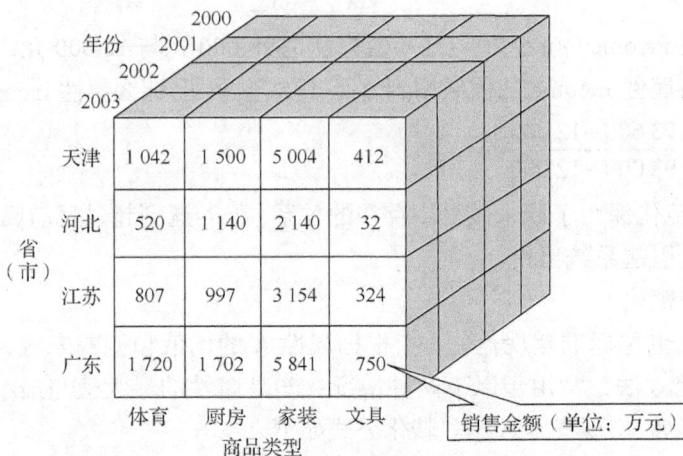

图 4-37　原数据

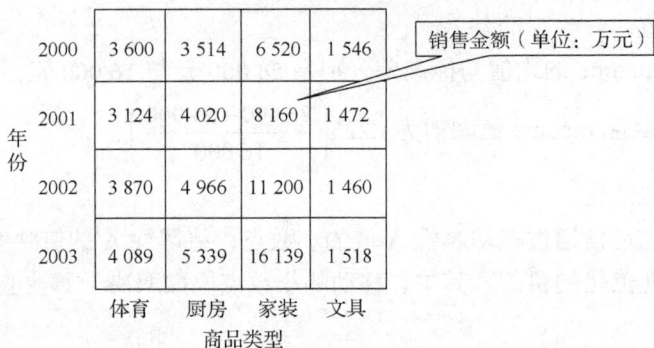

图 4-38　聚集后的数据

例：图4-39是某商场2017—2019年每季度的销售数据，要求对数据进行聚集，使结果数据汇总每年的总销售额而不是每季度的总销售额。

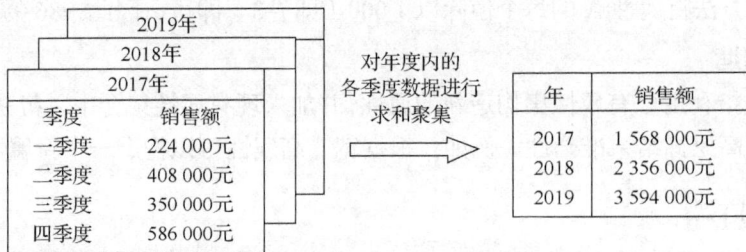

图 4-39　数据聚集示例

在此，需要注意的是，聚集后数据量明显减少，但没有丢失分析任务所需的信息。

2. 维归约

维归约是指去掉无关的属性，减少数据挖掘处理的数据量。维归约的目标是找出最小的属性子集并确保新数据子集的概率分布尽可能接近原来数据集的概率分布。如挖掘网民是否愿意购买视频软件 VIP 的分类规则时，网民的电子邮箱很可能与挖掘任务无关，应该可以去掉。

维归约的重点是选择相关属性的子集，这里主要介绍三种方法：逐步向前选择、逐步向后删除和决策树归纳。其中，逐步向前选择和逐步向后删除可以结合使用。

（1）逐步向前选择

逐步向前选择是从一个空属性集（作为属性子集初始值）开始，每次从原来属性集合中选择一个当前最优的属性添加到当前属性子集中，直到无法选择出最优属性或满足一定阈值约束为止。

（2）逐步向后删除

逐步向后删除是从一个全属性集（作为属性子集初始值）开始，每次从当前属性集合中选择一个当前最差的属性并将其从当前属性子集中删除，直到无法选择出最差属性或满足一定阈值约束为止。

（3）决策树归纳

利用决策树的归纳方法对初始数据进行分类归纳，获得一个初始决策树，所有没有出现在这个决策树的属性均认为是无关属性，因此将这些属性从初始属性集合中删除，就可以获得一个较优的属性子集。

例：初始属性集合为 $\{A_1, A_2, A_3, A_4, A_5, A_6\}$，归约后属性集合为 $\{A_1, A_4, A_6\}$，如图 4-40 所示。

3. 数值归约

数值归约是指用较小的数据表示数据，或采用较短的数据单位，或者用数据模型代表数据，减少数据量。数值归约常用的方法有直方图、聚类、抽样、参数回归法、离散化与概念分层。聚类和参数回归法具体内容参考上文，下面主要介绍直方图、抽样、离散化与概念分层。

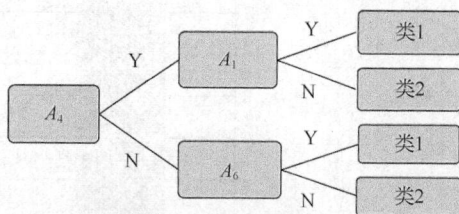

图 4-40　决策树归纳

（1）直方图

直方图是以组距为底边，以频数为高度的一系列连接起来的矩形图。一个属性 A 的直方图就是根据属性 A 的数据分布将其划分为若干不相交的子集或桶，这些子集或桶沿水平轴显示，其高度（或面积）与该子集或桶所代表的数值平均（出现）频率成正比。如果每个桶仅代表单个属性值/频率对，则该桶称为单桶。通常桶表示给定属性的一个连续区间。

例：下面是某网上书店图书的单价（按人民币取整）从小到大排序的结果。

3 3 6 6 6 9 9 11 11 11 11 14 14 14 21 21 21 21 21 21 21 21 21 25 25 25 25 25 25 25 25 25 30 30 30 30 30 34 34 34 34 34 38 38 41 41 41

图 4-41 所示为使用单桶的价格直方图，每个单桶代表一个值/频率对。

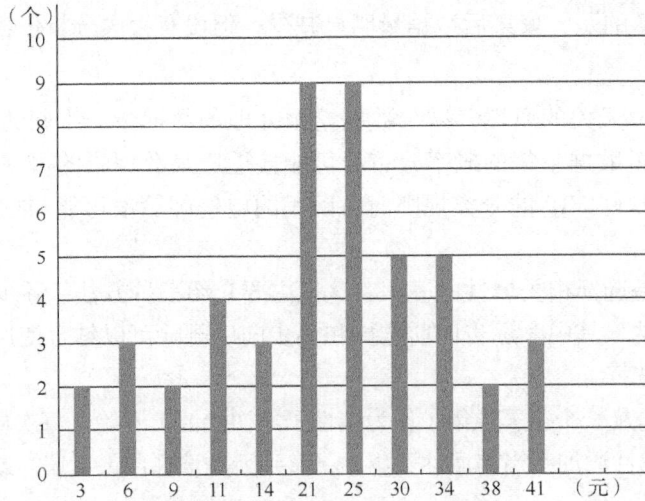

图 4-41　单桶价格直方图

为了进一步压缩数据，通常让每个桶代表给定属性的一个连续值域。图 4-42 中每个桶代表长度为 13 元（人民币）的价值区间。

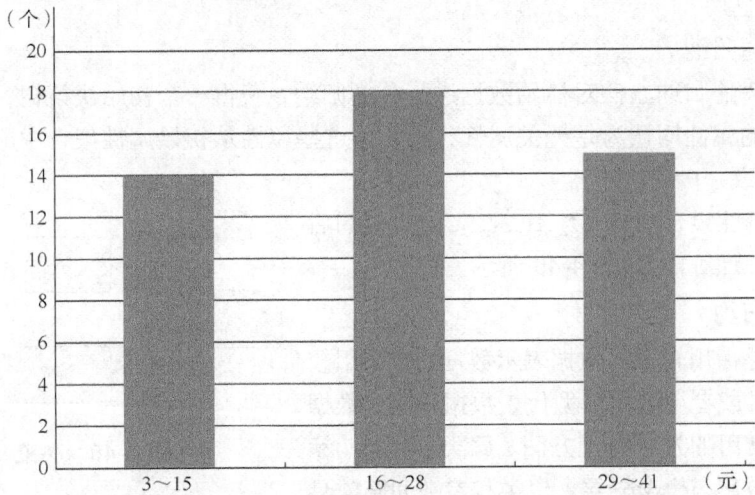

图 4-42　价格等宽直方图

（2）抽样

采用抽样方法进行数值归约，获取样本的花费与样本 n 而不是数据总体 N 成正比，因此可以节省时间，降低难度。抽样方法主要介绍不放回简单随机抽样、放回简单随机抽样、分层抽样和聚类抽样 4 种，分别如图 4-43、图 4-44、图 4-45 所示。

一般来说，随机抽样是指简单随机抽样，它是最基本、适用范围最广、最能体现随机原则的方法。简单随机抽样又分为不放回简单随机抽样和放回简单随机抽样。不放回简单随机抽样是指每次随机抽取个体后不放回总体中，下一次从剩余的个体中再随机抽取。放回简单随机抽样是在逐个抽取个体时，将每次被抽到的个体放回总体中后，再进行下次抽取的抽样方法。

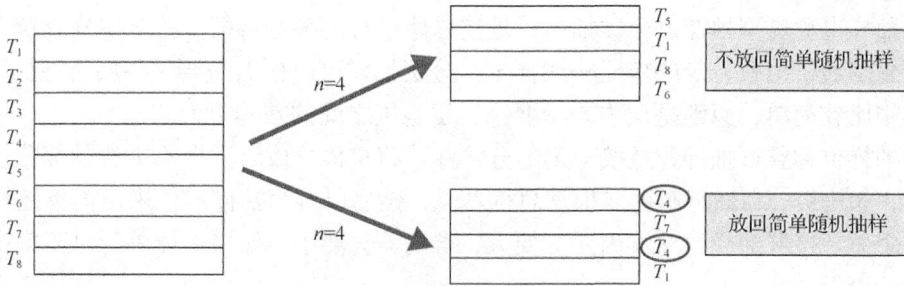

图 4-43　简单随机抽样

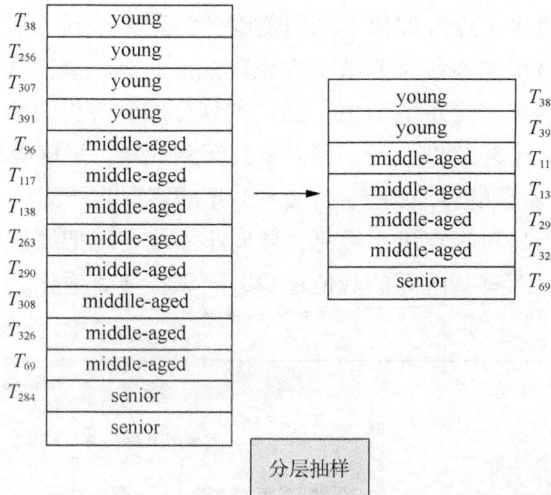

图 4-44　分层抽样

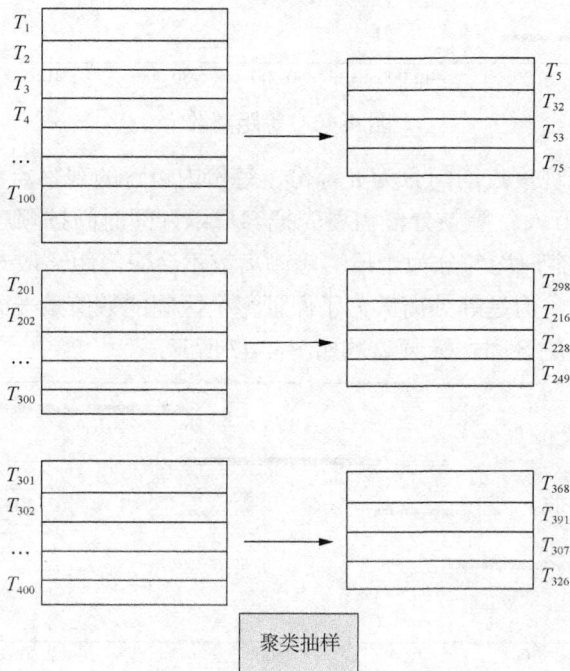

图 4-45　聚类抽样

分层抽样也称类型抽样、分类抽样，是按总体已有的某些特征，将总体分成若干层，再从各层中分别随机抽取一定的单元构成样本。分层抽样可以根据需要对各层特性加以比较，管理和实施比较简单，原则是层内差异要小，层与层之间的差异要大。

聚类抽样也称整群抽样，是按一定的分群标准将总体分成若干个不重叠的部分，每个部分为一群，如班级、自然行政区。根据总样本量，然后以群为抽样单位采用简单随机抽样的方法抽取个体。整群抽样要求群内差异要大，群间差异要小。如果抽样单元过于集中，则误差会较大。

（3）离散化

离散化是指通过将属性（连续取值）域值范围分为若干区间，来帮助消减一个连续（取值）属性的取值个数。常用的离散化方法有等距离散法、等频离散法和聚类离散法。

等距离散法是指将连续型变量的取值范围均匀划分成 n 等份，每份的间距相等。例如，客户订阅刊物的时间是一个连续型变量，可以从几天到几年。采取等距切分可以把 1 年以下的客户划分为一组，1～2 年的客户为一组，2～3 年的客户为一组……依此类推，组距都是一年。等距离散法的缺点是对噪点过于敏感，倾向于不均匀地把属性值分布到各个区间，导致有些区间的数值极多，而有些区间的数值极少，严重损坏离散化之后建立的数据模型。等距离散如图 4-46 所示。

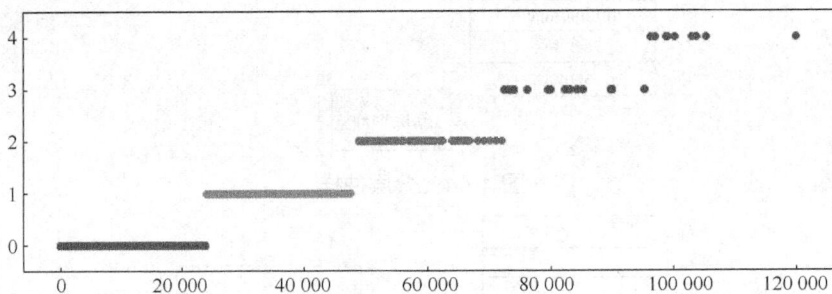

图 4-46　等距离散

等频离散法是指把观察点均匀分为 n 等份，每份内包含的观察点数相同。上述例子中，设该杂志客户共有 5 万人，等频分段需要先把客户以订阅时间按顺序排列，排列后可以按5 000 人一组，把全部客户均匀分为十段。等频离散不会像等距离散一样，出现某些区间数值极多或者极少的情况。但是等频离散为了保证每个区间的数值量一致，很有可能将原本相同的两个数值分进不同的区间。等频离散如图 4-47 所示。

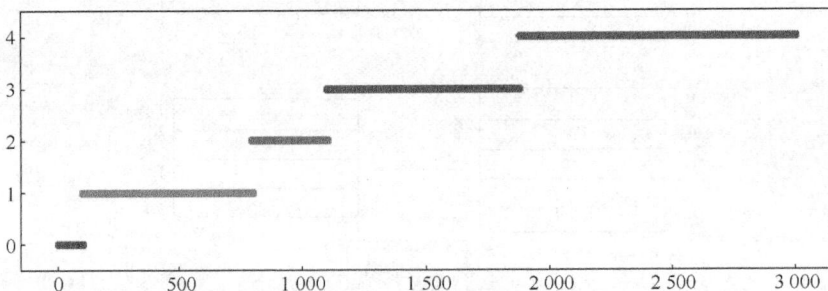

图 4-47　等频离散

聚类离散法包括两个过程：一是选定聚类算法将连续属性值进行聚类，处理聚类之后得到 k 个簇；二是将在同一个簇内的属性值作为统一标记。聚类离散也需要用户指定簇的个数，从而决定产生的区间数。聚类离散如图 4-48 所示。

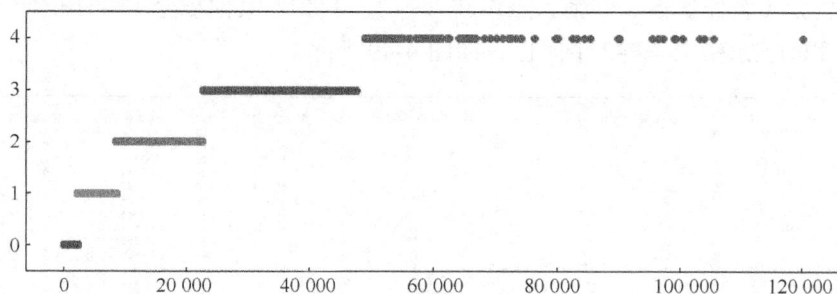

图 4-48　聚类离散

（4）概念分层

概念分层定义了一组由低层概念集到高层概念集的映射。它允许在各种抽象级别上处理数据，从而在多个抽象层上发现知识。用较高层次的概念（如年龄属性：young、middle-aged、senior）替换低层次的概念（如年龄的数值），以此来减少取值个数。虽然一些细节在数据泛化过程中消失了，但这样获得的泛化数据大多更易于理解，更有意义。因此，在消减后的数据集上进行数据挖掘效率会更高。

概念分层结构可以用树来表示，树的每个节点代表一个概念。对于数值数据，其概念分层可以根据数据分布分析自动地构造，如用分箱、直方图、聚类、基于熵的离散化等技术生成数值概念分层。对于类别数据，可以通过指定属性之间的包含关系、对数据进行分组（聚合）或根据属性值的个数与数据语义产生分层。

第三节　新媒体数据预处理应用

本节内容将以"某旅游 App 的酒店客户信息"数据，以及新媒体数据新闻应用案例《中国城镇化的单身困境》所获取数据，介绍数据预处理在新媒体领域的实际应用。

一、"某旅游 App 的酒店客户信息"数据预处理

在该案例中，数据预处理为实现以下三个目标做铺垫。

① 对客户进行分类。

② 分析不同客户类别的特征，比较不同客户类别的价值。

③ 对不同价值的客户类别提供个性化服务，制订相应的营销策略。

（一）数据源介绍

抓取 2012 年 3 月 31 日至 2014 年 3 月 31 日两年内有入住记录的所有客户的详细数据，共计 1 279 条。其中包含会员号、入会时间、第一次入住日期、性别、会员卡级别、工作地城市、工作地所在省份、工作地所在国家、年龄、调查截止日期、入住次数、总基本积分、

第一年精英资格积分、第二年精英资格积分、第一年总入住消费、第二年总入住消费、最后一次入住时间、季度平均入住次数、季度平均入住累计积分、调查开始时间至第一次入住时间时长、最后一次入住时间至调查截止时间时长、平均入住时间间隔、入住最长时间间隔、第 1 年其他积分（合作伙伴、促销、旅游转入等）、第 2 年其他积分（合作伙伴、促销、旅游转入等）、积分兑换次数等 42 个属性，如图 4-49 所示。

图 4-49　某旅游 App 数据

（二）数据预处理

1．缺失值处理

在 Excel 中选择"开始"→"样式"→"条件格式"→"新建规则"→"只为包含以下内容的单元格设置格式"→"空值"→"格式"→"确定"，如图 4-50 所示。

空值主要集中在性别、工作地城市、工作地所在省份、工作地所在国家与年龄 5 个属性，如图 4-51 所示。由于类别属性类缺失值填充难度大，且原始数据量大，故对其所在记录采取丢弃处理。

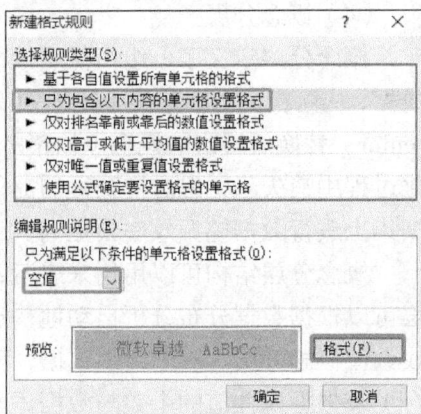

图 4-50　缺失值格式规则设置

图 4-51　缺失值处理

2. 重复值处理

将会员号作为每条记录的唯一标识，查询会员号是否有重复值。

3. 异常值处理

用条件格式查找工作地城市和工作地所在省份中的异常值：对于无法识别的异常值进行丢弃；对于可以修正的异常值，比如已知工作地城市，可以对工作地所在省份的异常数据修正。

4. 数据概化

将 42 个属性概化为客户基本信息、入住信息以及积分信息三大属性，在 Excel 中对数据进行有效分类，如图 4-52 所示。

客户基本信息							
会员号	入会时间	性别	会员卡级别	工作地城市	工作地所在省份	工作地所在国家	年龄

（a）客户基本信息

入住信息							
季度平均入住次数	第1年入住次数比率	第2年入住次数比率	第一年总入住消费（元）	第二年总入住消费（元）	平均入住时间间隔（天）	入住最长时间间

（b）入住信息

积分信息							
第2年其他积分	总其他积分	第一年精英资格积分	第二年精英资格积分	总精英积分	积分兑换次数	平均折扣率	第2年非入住积分总和	非

（c）积分信息

图 4-52 数据概化

5. 聚集

利用 SUM（求和）函数，根据第一年总入住消费和第二年总入住消费计算两年总入住消费，如图 4-53 所示。

第一年总入住消费（元）	第二年总入住消费（元）	总入住消费（元）
116350	125500	241850
124560	130702	255262
112364	76946	189310
120500	114469	234969
82440	114971	197411

图 4-53 数据聚集

6. 维归约

由于原始数据中属性太多，结合案例中数据预处理的三大目标，采用逐步向后删除法，去掉与其不相关、弱相关或者冗余的属性。例如：针对客户的地理信息，仅保留工作地城市属性，删除工作地所在省份和工作地所在国家两个冗余属性；针对入住信息，删除第一次入住日期、最后一次入住时间、第一年入住次数、第二年入住次数、季度平均入住次数等属性；针对积分信息，删除第一年入住积分、第二年入住积分、第二年入住总累计积分、季度平均入住累计积分、第一年其他积分、第二年其他积分、第一年精英资格积分、第二年精英资格积分等属性。结果如图4-54所示。

A	B	C	D	E	F	G	H	I	J	K	L	M	N	O	P	Q
客户基本信息						入住信息				积分信息						截止信息
会员号	入会时间	性别	会员卡级别	工作地城市	年龄	总入住次数	总入住消费（元）	最后一次入住时间距调查截止时间时长（天）	平均入住时间间隔（天）	总入住积分	总其他积分	总精英积分	积分兑换次数	平均折扣率	总累计积分	调查截止日期
21189	2008/8/22	男	5	Los Angeles	64	23	241860	97	27.86363636	337314		34890	11	1.090069565	372204	2014/3/31
39546	2009/4/10	男	6	奥阳	48	152	255262	5	4.78807947	273844	22704	42265	27	0.970667895	338813	2014/3/31
56972	2008/2/10	男	6	广州	64	92	189310	79	7.043956044	313338	2460	27323	10	0.967692483	343121	2014/3/31
44924	2006/3/22	男	6	乌鲁木齐市	46	101	234969	1	7.19	248864	12320	37689	20	0.965346635	298873	2014/3/31
22631	2010/4/9	女	6	温州市	60	73	197411	3	10.11111111	301864	9500	39834	7	0.962070222	351198	2014/3/31
31645	2010/7/6	女	6	温州	53	64	145625	15	11.33333333	204955	0	47052	13	0.708010153	251907	2014/3/31
68877	2010/11/18	女	6	PARIS	34	43	160637	22	16.83333333	298321	500	39018	1	0.989658044	337839	2014/3/31

图 4-54　维归约

7. 属性构造

RFM模型是衡量客户价值和客户创利能力的重要工具和手段，其中 R（Recency）代表最近一次消费，F（Frequency）代表消费频率，M（Monetary）代表消费金额，如图 4-55 所示。

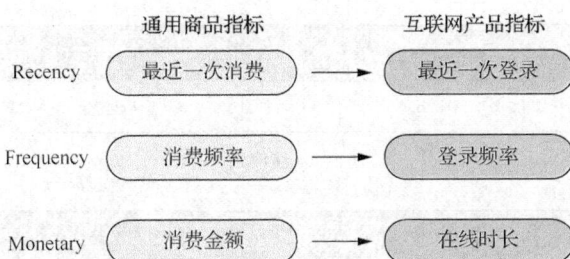

图 4-55　属性构造

在 RFM 模型基础上，结合在线酒店行业特殊情境，本案例拟构造以下属性。

R=最后一次入住时间至调查截止时间时长。

F=总入住次数。

M=总入住消费。

D=平均折扣率。

L=调查截止日期-入会时间。

至此，数据预处理阶段任务完成。

二、新媒体数据新闻《中国城镇化的单身困境》数据预处理

数据预处理是数据分析和挖掘的基础，也是新媒体数据新闻设计与制作的重要环节，本部分内容将利用本章数据预处理方法对第三章中数据新闻应用案例《中国城镇化的单身困境》收集获取的数据进行预处理。

（一）数据可用性鉴别

首先，来自国家统计局的官方数据相对权威，而《人民日报》、百度指数和凤凰网等数据权威性较弱，需要进行交叉验证。

其次，在本数据新闻中，具备城乡、性别、婚姻状况、年龄等属性的数据更具价值，能更好地发现问题、服务主题。但需要注意的是，数据新闻的本质是数据驱动，因此一定是数据先行，而不是"主题先行"。换言之，是通过数据预处理和数据分析来发现问题、揭示主题，而不是在主题强烈的导向和框架下"修整"数据。

最后，本数据新闻的主题是"中国城镇化的单身困境"，仅靠婚姻状况数据难以说明城镇化与单身的问题。因此，从数据的全面性出发，各地的房价数据、彩礼数据和受教育程度数据等也具有重要价值。

（二）数据清洗

1．缺失值处理

本数据新闻中的缺失值主要体现在媒体平台对"大龄未婚男女"的评价方面，如图 4-56 所示，中国新闻网有关"城市大龄未婚女"的相关报道虽然还存在链接，但是标题和正文已经被删除。对于此类缺失数据，只能将所在的整条记录删除。

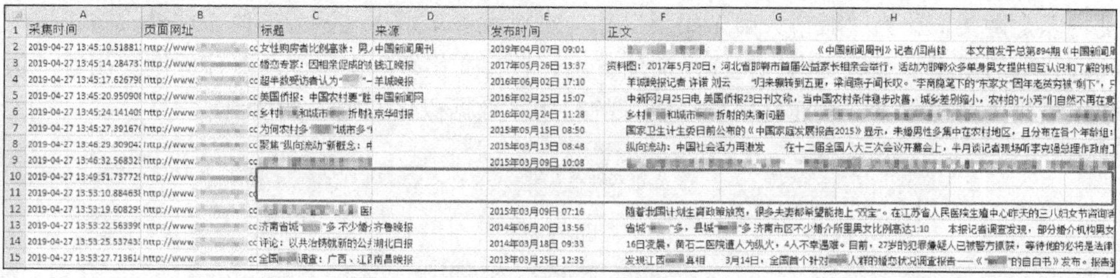

图 4-56　缺失值记录删除

而对于微博中有关"城市大龄未婚女"的内容，如图 4-57 所示，缺失的是发布来源、转发数、评论数等数据，而核心数据"微博内容"还在，因此该记录虽然存在缺失值，但仍可以保留用作分析。

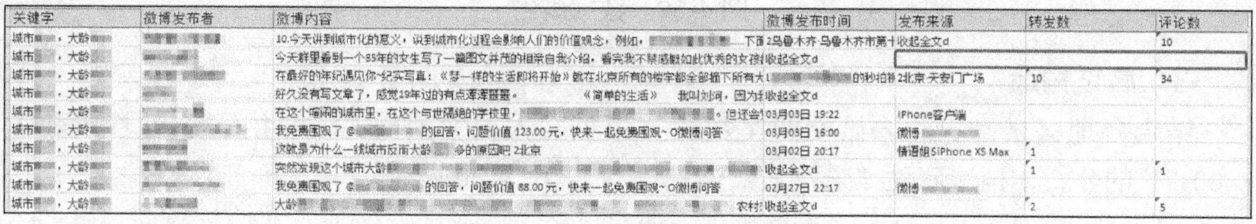

图 4-57　缺失值记录保留

2．重复值处理

本数据新闻中的重复值主要体现在各地彩礼数据中，在收集的《人民日报》和凤凰网关于各地彩礼数据的报道中，发现某地区 2017 年的彩礼数据相同，对于重复值予以合并。

（三）数据变换

1．聚集

运用 Excel 中的 COUNTIF 函数，根据"发布时间"条件对各媒体各年度有关"城市大龄未婚女"和"农村大龄未婚男"的报道次数求和，结果如图 4-58 所示。

	A	B	C	D	E	F	G	H
1	B站		天涯论坛		中国知网		中国新闻网	
2	年份	报道次数	年份	报道次数	年份	报道次数	年份	报道次数
3	2008		2008	10	2008		2008	2
4	2009		2009	222	2009		2009	12
5	2010		2010	1	2010	2	2010	2
6	2011		2011		2011	2	2011	
7	2012		2012	18	2012	2	2012	4
8	2013		2013		2013	2	2013	
9	2014		2014	19	2014	1	2014	8
10	2015		2015	1	2015	5	2015	4
11	2016		2016	28	2016	17	2016	6
12	2017	1	2017	19	2017	7	2017	2
13	2018	7	2018		2018	5	2018	
14	2019	5	2019		2019	4	2019	2
15	数据来源 通过网络爬虫抓取各大平台内容条数与发布时间情况							

图 4-58　各媒体各年度有关"城市大龄未婚女"和"农村大龄未婚男"的报道次数

2．数据概化

为方便数据分析，本数据新闻将年龄在 28 岁以上的单身女性概化为"大龄未婚女"，将年龄在 30 岁以上的单身男性概化为"大龄未婚男"。在此基础上，加入城乡维度的数据，分别将以上两类概化为"城市大龄未婚女"和"农村大龄未婚男"两大群体。此外，将工资性收入、生活用品及服务支出、交通及通信支出、教育文化娱乐支出以及医疗保健支出等 5 项数据概化为资源数据，从而比较城乡资源的差距。数据概化如图 4-59 所示。

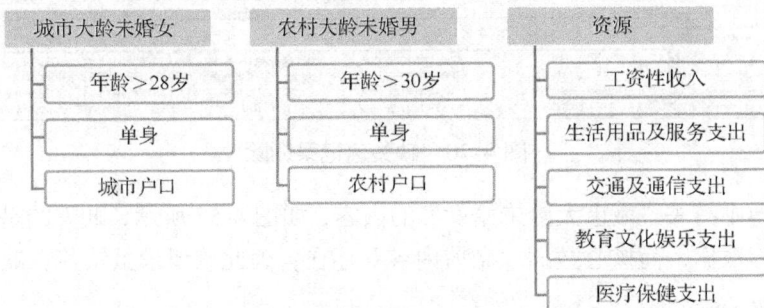

图 4-59　数据概化

3．属性构造

结合各地区未婚男和未婚女两类数据，根据"人口性别比=（男性人数÷女性人数）×100%"的公式，构造属性"未婚人口性别比"，如图 4-60 所示。

	A	B	C	D	E	F
1	2017年各地区未婚男女人数（单位：人）抽样比：0.824%					
2	地区	未婚总人口	未婚男	未婚女	未婚人口性别比	
3	全国	177158	104688	72470	144.4570167	
4	北京	3599	1979	1620	122.1604938	
5	天津	2563	1542	1021	151.0284035	
6	河北	7519	4236	3283	129.0283277	
7	山西	5315	3264	2051	159.141882	
8	内蒙古	2951	1601	1350	118.5925926	
9	辽宁	5385	2945	2440	120.6967213	
10	吉林	2665	1567	1098	142.7140255	
11	黑龙江	4258	2476	1782	138.9450056	
12	上海	3102	1767	1335	132.3595506	
13	江苏	8558	4844	3714	130.4254173	
14	浙江	6881	4487	2394	187.4269006	
15	安徽	6826	4244	2582	164.3687064	

图 4-60　"未婚人口性别比"属性构造

（四）维归约

为分析其他因素对"城市大龄未婚女"和"农村大龄未婚男"的影响，本数据新闻从数据的完整性和时效性出发，以 2017 年作为时间标准，选取 2017 年的全国未婚男女人口数、城市未婚男女人口数、农村未婚男女人口数、各地区未婚人口性别比、各年龄段人口性别比、城乡资源差距数据、各地彩礼数据等，并去掉其他时间段的无关数据属性。

思考与练习

1. 简述新媒体数据可用性鉴别的指标。
2. 简述新媒体数据预处理包括哪些类别以及各类别的处理方法。
3. 利用新媒体数据预处理的方法对本章应用案例中的数据进行预处理。

第五章

新媒体数据分析

本章概述

    新媒体数据分析是指运用适当的统计分析方法对收集的大量新媒体数据进行分析，将它们加以汇总理解，以求最大化地开发数据的功能、发挥数据的作用。新媒体数据分析是新媒体数据新闻可视化呈现的前提，也是实现可视化叙事和深度剖析新闻主题的关键，数据分析的情况直接影响数据新闻的质量和效果。本章将首先介绍新媒体数据分析在新闻内容创作、数据营销推广以及网络舆情监测三大领域的作用。其次，阐述新媒体数据分析的四大类别，分别是流量分析、销售分析、内容分析和执行分析。再次，剖析新媒体数据分析的三大误区，分别是要全部不要抽样、要混杂不要精确、要相关不要因果。最后，以"某旅游 App 的数据"为例，综合运用相关性分析、贡献度分析、平均分析、矩阵分析等新媒体数据分析方法进行数据分析；以数据新闻《中国城镇化的单身困境》所获取数据为例，进行对比分析、预测分析、词频分析、文本情感分析等，帮助读者在实践中领悟每种分析方法的适用情境。

第一节　新媒体数据分析作用

新媒体数据分析是指运用适当的统计分析方法对收集的大量新媒体数据进行分析，将它们加以汇总理解，以求最大化地开发数据的功能，发挥数据的作用。从宏观来说，新媒体数据分析无论对政府还是企业，都具有重要意义。而在传媒领域，总的来说，新媒体数据分析主要在以下三大领域发挥作用。

一、新闻内容创作

1. 新闻选题创新

传统的新闻选题多是新闻工作者依据传统的新闻价值准则进行选择确定。而数据分析可以挖掘出以往人们发现不了的新颖的选题角度和方向，从科学统计的视角提供新闻线索。

2. 内容深度专业

数据分析为专题新闻深度报道和新媒体数据新闻提供了丰富的数据来源和科学的数据支撑，这对社会、财经、体育、突发类自然灾害等新闻的报道有重要意义。在自媒体日益发展的今日，数据分析可以有效成为专业媒体的利刃和优势，帮助其向智库媒体转型。

3. 效果评估准确

效果评估主要分为两大类：一是评估新闻的传播效果和路径，包括对新闻的阅读量、转发量、点赞量、评论量、传播平台等数据的分析；二是评估读者特征，包括对读者的年龄、性别、职业、兴趣的分析。新闻工作者可以根据准确、及时的效果评估进一步提升新闻制作水平，优化传播路径，制作质量更高的新闻作品。

二、数据营销推广

1. 目标用户锁定

对产品而言，用户运营是最本质的问题，用户有哪些、用户的喜好是什么、用户的痛点在哪里等是值得关注的问题。新媒体运营者可以通过品牌官网、品牌公众号等了解到用户性别、地域、年龄、购物偏好、评价等数据，这有助于产品方锁定自身用户，获取新用户，维护老用户。

2. 精准场景推送

随着移动通信、空间定位、大数据等多种信息技术的发展，基于位置的服务（Location Based Services，LBS）越来越多应用到营销领域，商家可以利用移动互联网络服务平台获取用户位置相关信息，并对数据进行更新和交互，从而为用户提供相应服务。例如，美团可根据用户位置推荐附近商家。

3. 营销成本控制

新媒体数据分析有助于控制营销成本，根据目标用户的常用 App、支付方式、消费金额等数据，优化广告投放渠道，实现精准营销，节约推广成本。

4. 营销方案评估

营销方案是根据企业的营销目标，通过设计和规划企业产品、服务、创意、价格、渠道、促销，从而实现个人和组织的交换过程的行为。但营销方案执行效果需要通过数据进行评估。可以运用逆向工程思维，通过最终完成数据，反推出方案中目标的可行性；也可以分析过程数据，及时发现方案制订后在执行过程中遇到的问题，作为下次制订营销方案的参考。在评估营销方案中常用的数据包括目标达成率、最终销售额、过程异常数据以及失误率等。

▌三、网络舆情监测

1．展现舆情传播路径

对舆情传播的分析，首先，可以展现当前舆情所处的阶段，是在潜伏期、爆发期、蔓延期、缓解期、反复期、消退期的哪一个阶段。其次，了解舆情事件的传播渠道分布。最后，还可以预判舆情未来的传播走势，为进一步的监测应对提供支撑。

2．反映舆情话题热度

话题分析包括网民观点分析和媒体观点分析两个方面。数据分析有助于展现话题的关键词分布情况以及话题倾向性分布情况。对舆情话题进行聚类可以了解网民和媒体对该舆情事件的关注焦点。

3．揭示网民情感态度

媒体和网民对网络舆情事件的情感倾向是涉事单位关注的核心内容。在早期网络舆情事件中，网民的情感态度一般是爱憎分明，但是随着近年来事件本身和传播环境的愈发复杂、舆论话语权的不断分散，尤其是网民理性与感性的较量，网民的情感态度愈发复杂。因此，通过科学专业的媒体数据分析揭示网民复杂多样的情感态度对网络舆情监测有着重要作用。

✺ 第二节　新媒体数据分析类别

按照数据分析功能可以分为流量分析、销售分析、内容分析和执行分析四大类，如图 5-1 所示。

图 5-1　新媒体数据分析类别

▌一、流量分析

流量分析即网站或网店流量分析，通过对访问量、UV 量、访问时间、跳出量、跳出率、交互率等流量数据进行分析，数据分析者可以评估网站运营的基础情况。随着智能手机的普及，越来越多的用户开始利用手机打开网页，因此现阶段流量分析的重点是移动端流量数据分析，包括报名表单访问量、H5 访问量、微网站流量、微网站跳出率等。图 5-2 所示为常见的流量分析指标。

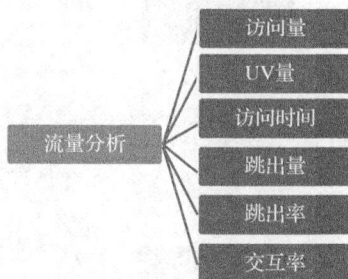

图 5-2 常见的流量分析指标

1. 访问量

访问量（Page View，PV）即页面浏览量或点击量，用户每一次对网站中的任一网页访问均被记录一次。用户打开一个页面就是 1 个 PV，这通常是衡量一个网络新闻频道或网站甚至一条网络新闻的主要指标。访问量取决于对不同统计平台时间间隔的定义。例如，某用户访问 1 次后，隔 5 小时再次访问，如果设置时间间隔为 5 小时，则访问量为 2，否则访问量是 1；也有每访问 1 次，访问量就加 1。经常看到的网络平台的访问量就是所有用户对同一页面或功能多次访问的累积量。

2. UV 量

独立访客（Unique Visitor，UV）即唯一身份访问者，是指通过互联网访问、浏览某个页面的自然人。它是基于 Cookies 技术，如果是同一个 IP，但用不同的浏览器，就会出现不同的 Cookies，则 UV 量就会增加。而如果终端设置了禁用 Cookies，UV 量就会减少。这就可能会出现访客数大于或小于 IP 数的情况。

3. 访问时间

访问时间即停留时间，分为页面停留时间和网站整体停留时间。

4. 跳出量

跳出量即访问某页面后，不再访问深层或其他相关页面的用户的数量。

5. 跳出率

跳出率即用户访问一个页面后离开网站的次数与进入该页面的访问数的百分比。

6. 交互率

交互率反映用户的交互行为，包括转、评、赞等行为。

二、销售分析

销售分析即对互联网产生的下单数量、支付比例、二次购买比例等进行分析，寻找当前互联网销售的问题。需要强调的是，销售分析不局限于网上消费分析，消费者线上预定线下消费，即 O2O（Online to Offline）也可算作销售分析的范畴。销售分析方法主要分为以下几类，如图 5-3 所示。

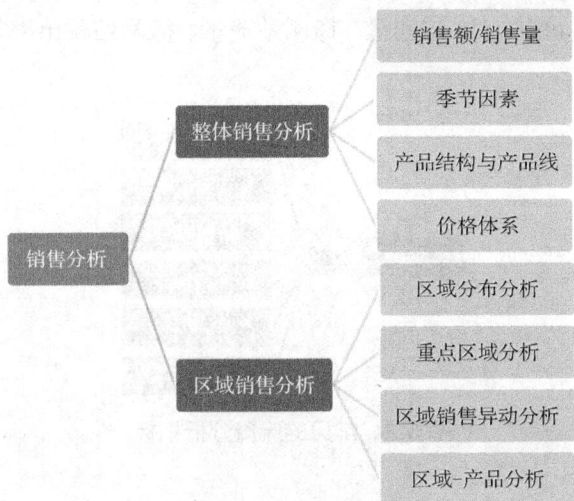

图 5-3　销售分析方法

1．整体销售分析

（1）销售额/销售量

分析近几年的总体销售额、销售量，与行业标准相比较，从而分析企业的业绩状况，判断企业的业绩变化类型。通过对销售额和销售量的增长趋势的把握，数据分析者可以找出客户增长或减少的本质；如果销售额的增长大于销售量的增长，说明增长主要来源于产品平均价格的提高，反映了市场平均价格的提高或者客户产品结构的升级，也就是结构性增长。

（2）季节因素

依据行业销售淡旺季规律，将行业销售淡旺季规律与销售数据中的销售进程进行对比，分析淡旺季发展规律，为客户提供渠道压货规划及生产运作规划。

（3）产品结构与产品线

通过总体产品结构分析，了解整体产品结构分布和重点产品表现。从产品结构看主导产品和产品成长合理性、企业的利润源和销售量是否对应，初步判断企业未来产品规划的调整方向。

（4）价格体系

通过总体价格结构分析，数据分析者可以了解企业的优势价位区间，提供价格结构调整的合理性建议。

2．区域销售分析

（1）区域分布分析

企业的销售区域分布可以反映企业市场分布的合理性、企业的区域布局与整体战略目标的一致性，以及明确下一阶段企业区域布局的规划方向。

（2）重点区域分析

可以从重点区域的产品比重、区域内市场分布、价格区间分布等元素发现市场存在的问题。

（3）区域销售异动分析

发现存在异动的产品或区域，并分析异动发生的原因。

（4）区域–产品分析

从区域内的产品动态来看区域内产品的组成变化，即区域内的产品适应性，从而发现潜力产品、老化产品等。

三、内容分析

1. 内容特点

（1）碎片化

新媒体信息传播的即时性、海量性使得能够引起人们注意力的信息更加稀缺。完整的信息被分解为信息片段。因此，进行内容分析时如何对信息进行有效整合成为关键。

（2）丰富性

新媒体是一种集动画、声音、视频等具有交互性的多种形式的媒体。新媒体的内容不仅有结构化数据，还有非结构化数据。传统的内容分析大多聚焦在数值型数据的分析上，未来，对音频和短视频的内容分析更加重要。

（3）非线性

新媒体内容的非线性主要体现在超链接（Hyperlink）上，就是指按内容链接。超链接在本质上属于一个网页的一部分，它是一种同其他网页或站点之间进行连接的元素。这种非线性的模式一方面打破了新媒体内容的整体性，比如常见的新媒体文章都是题文分离的，用户只有先点击标题才能阅读全文；另一方面其构筑了一个较大的信息图谱，有助于不同内容的多样链接，即发散思维。因此，在内容分析中，应关注超链接。

2. 内容分析要点

内容分析要点如图 5-4 所示。

（1）标题

标题是内容的精华和凝练，概括了内容的核心要点。在"题文分离"的新媒体时代，标题成了一张重要的名片和一把流量的钥匙，决定了后续文章的跳转率。标题的分析主要包括字数、词性、标点符号、句式以及包含的热点词汇等方面的分析。

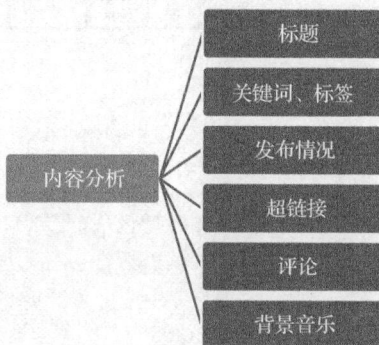

图 5-4 内容分析要点

本部分内容主要介绍运用"易撰"自媒体工具进行标题分析。易撰是一个新媒体内容创作服务平台，提供数据采集、分析，以及内容编辑、创作等多种功能，帮助用户更好地进行新媒体内容分析和制作。

① 搜索"易撰"，进入易撰平台页面并登录，单击"质量检测"选项，进行标题检测，如图 5-5 所示。

② 选择"爆文数据"选项卡中的"编辑器"模块，该模块包括了"标题生成""热门标题""标题学院"等关于标题创作、检测分析的功能标签，如图 5-6 所示。在"标题生成"页面中用户能够通过关键词输入随机生成包含相关关键词的标题。在"热门标题"页面中可以通过选择热门领域和热门标签搜索热门的标题。在"标题学院"页面可以根据对标题的句式分析，查询相关匹配数据和生成标题。这三种功能所匹配出的标题都可以进行"一键使用"并编辑。

图 5-5　单击"质量检测"选项

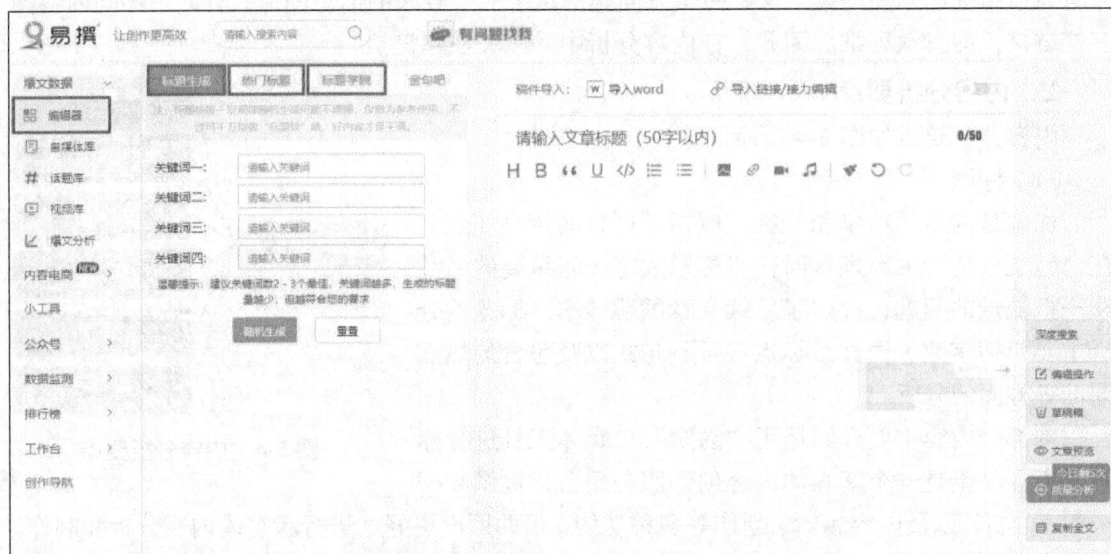

图 5-6　选择"爆文数据"选项卡中的"编辑器"模块

③ 以"标题生成"功能标签为例，用户输入关键词后，单击"随机生成"按钮，即可生成相关标题，然后进行"一键使用"并编辑，从而创作出优秀的标题，并可通过"质量分析"功能对标题进行检测，如图 5-7 所示。

④ "易撰"的标题"质量分析"功能能够对标题的情感描述、段落样式、违禁词等进行分析，从而判断是否存在违规风险和敏感信息等，如图 5-8 所示。

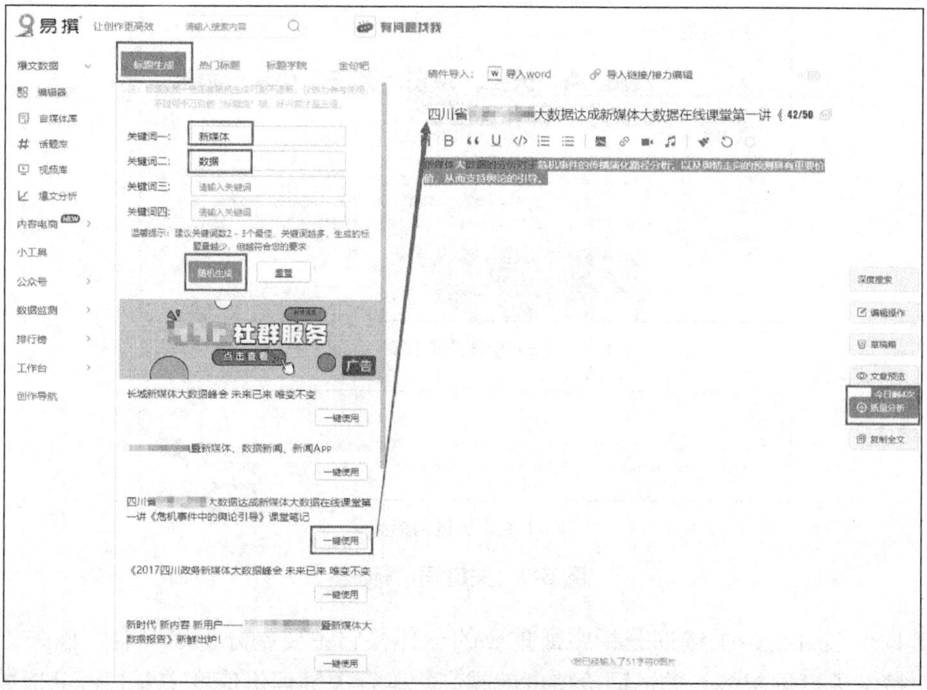

图 5-7　通过关键词进行标题生成

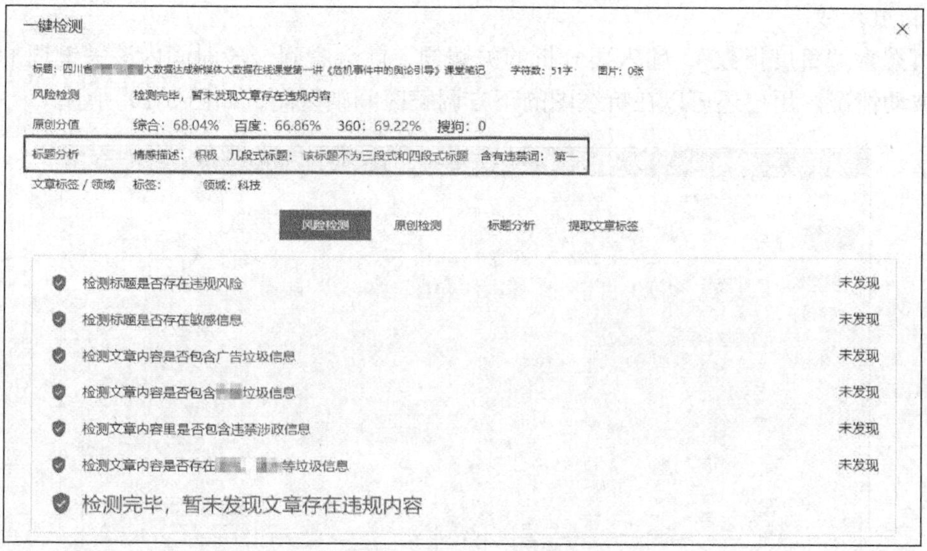

图 5-8　标题分析结果

（2）关键词、标签

关键词（Keywords）是用户希望了解的内容的具体名称用语。关键词搜索是网络搜索主要索引方法之一。对关键词的分析在搜索引擎优化（Search Engine Optimization，SEO）中有重要作用。标签与关键词很相近。以今日头条中的一则文章为例，如图 5-9（a）所示。在文末有一个标签的符号 ，下方的"京东商城""天猫""苏宁电器"等就属于关键词或标签，如图 5-9（b）所示。

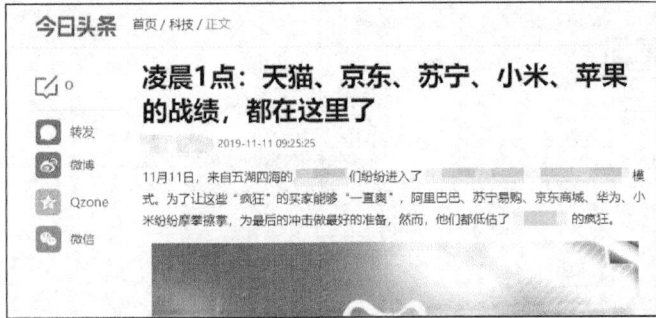

（a）今日头条文章

（b）文末关键词标签

图 5-9　关键词、标签

关键词价值分析是关键词分析中最重要的一环，它主要是分析用户搜索该关键词的次数。用户搜索关键词越多，关键词价值度就越高。确定关键词价值度主要有百度指数、百度关键词规划师以及百度下拉列表三种方法。

① 百度指数。

网页搜索"百度指数"，输入要分析的关键词，就会看到一段时间内该关键词的"搜索指数"波动情况。用户还可以在折线图的下方调整时间轴区间，如图 5-10 所示。

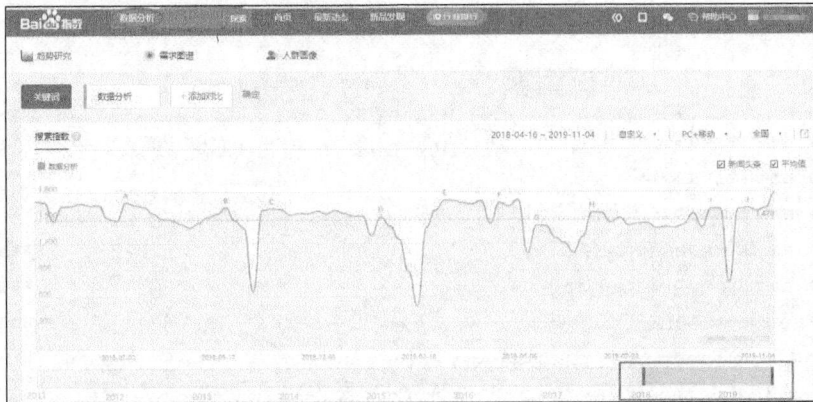

图 5-10　百度指数

百度"搜索指数"的计算以网民在百度的搜索量为数据基础，以关键词为统计对象，科学分析并计算各个关键词在百度网页搜索中搜索频次的加权数。根据数据来源的不同，搜索指数分为 PC 搜索指数和移动搜索指数。搜索指数含义如图 5-11 所示。

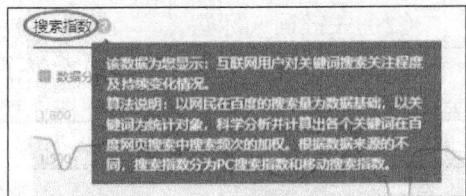

图 5-11　搜索指数含义

② 百度关键词规划师。

该方法适用于企业进行关键词优化和分析。搜索"百度推广"并注册账号，过程比较复杂。输入关键词即可查看搜索数据，如图 5-12 所示。

③ 百度下拉列表。

在百度的搜索框中输入要查询的关键词，百度的下拉列表中会出现相关词汇，如图 5-13 所示。用户可以借鉴并调整关键词。

图 5-12　百度关键词规划师

图 5-13　百度下拉列表

对于关键词的分析还有关键词竞争度指标。关键词竞争度是指关键词的竞争人数与竞争难度。本部分将介绍 4 种分析关键词的竞争度的方法。

① 看收录。

看收录就是在搜索引擎中搜索该关键词，之后会显示搜索相关结果的数量。这个数字越大，则关键词的竞争度就越高。"新媒体"一词的搜索相关结果为 79 400 000 个，而"新媒体数据"一词的搜索相关结果为 7 510 000 个，如图 5-14 和图 5-15 所示。由此可见，"新媒体"的竞争度高于"新媒体数据"。

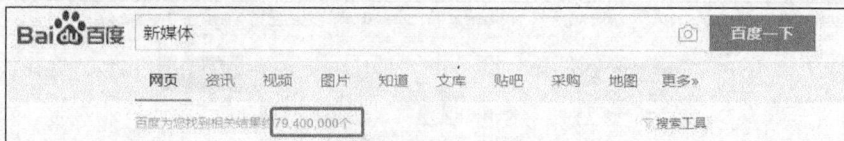

图 5-14　百度收录"新媒体"数量

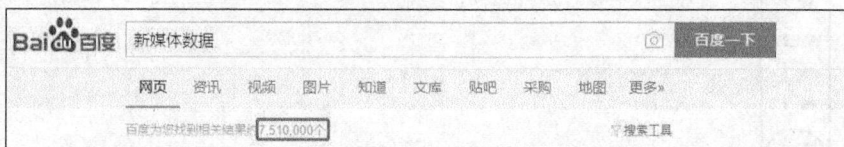

图 5-15　百度收录"新媒体数据"数量

下面提供一个根据搜索结果数量判断关键词竞争难度的等级表，如表 5-1 所示。

表 5-1　关键词竞争难度等级

搜索结果数量 N/个	竞争难度等级
N<50 万	弱词
50 万≤N<100 万	中等偏弱的词
100 万≤N<300 万	中等词
300 万≤N<500 万	强词
N≥500 万	高难度词

② 看匹配。

看匹配是指看关键词是否和标题匹配。如果排在前面的网页的标题中含有关键词（一般为红色字体），这就说明关键词的竞争难度比较大，如图 5-16 所示。因为关键词返回结果匹配的原则是优先匹配标题。反之，如果一个关键词搜索结果与页面描述匹配，那么该关键词的竞争难度就相对较小，如图 5-17 所示。

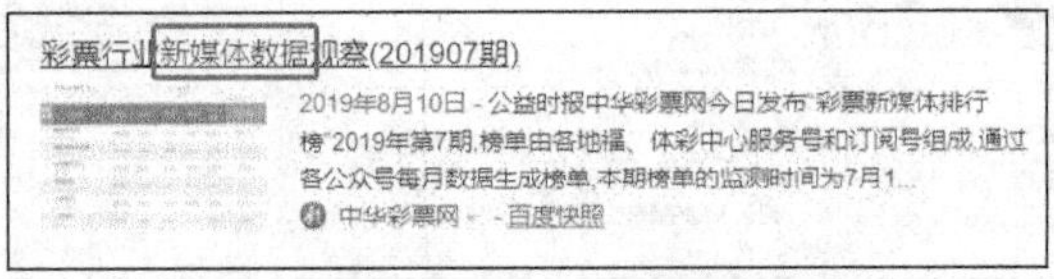

图 5-16　关键词竞争难度大

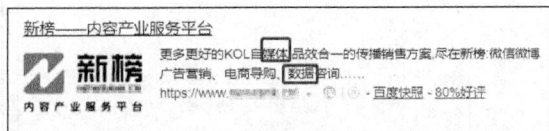

图 5-17　关键词竞争难度小

③ 看权重。

看权重是指在搜索关键词之后，看结果显示前几页网站的权重。用户可以通过“权重综合查询-站长工具”查询网站权重。一般来说，如果首页被权重为 4 以上的网站“霸占”，那么该关键词的竞争难度就很大。例如，在“权重综合查询”界面中输入中国知网的网址，如图 5-18 所示，可见其在百度 PC、百度移动、360PC 以及 360 移动的权重都在 4 以上，仅在神马和头条中的权重低于 4，说明中国知网属于比较权威的网站，如果关键词出现在该网站的标题或者页面描述中，用户一般倾向于单击中国知网查看。

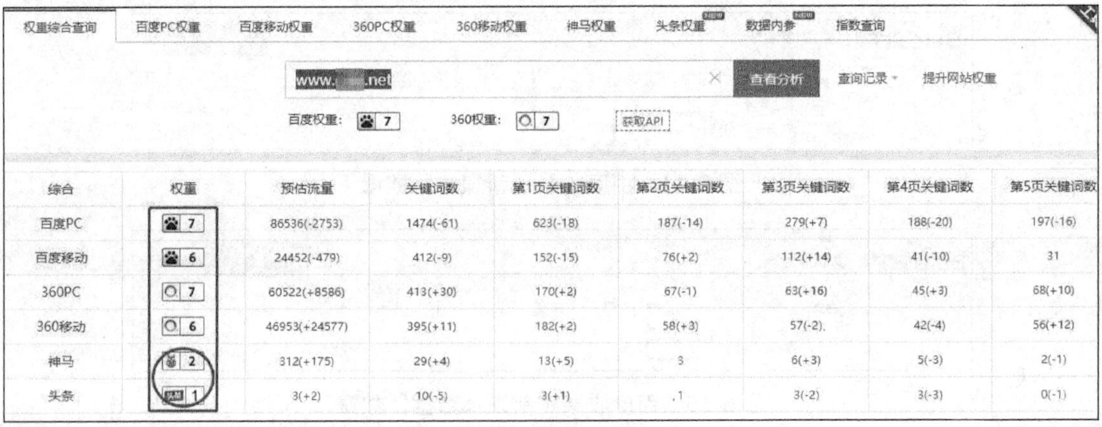

综合	权重	预估流量	关键词数	第1页关键词数	第2页关键词数	第3页关键词数	第4页关键词数	第5页关键词数
百度PC	7	86536(-2753)	1474(-61)	623(-18)	187(-14)	279(+7)	188(-20)	197(-16)
百度移动	6	24452(-479)	412(-9)	152(-15)	76(+2)	112(+14)	41(-10)	31
360PC	7	60522(+8586)	413(+30)	170(+2)	67(-1)	63(+16)	45(+3)	68(+10)
360移动	6	46953(+24577)	395(+11)	182(+2)	58(+3)	57(-2)	42(-4)	56(+12)
神马	2	312(+175)	29(+4)	13(+5)	3	6(+3)	5(-3)	2(-1)
头条	1	3(+2)	10(-5)	3(+1)	1	3(-2)	3(-3)	0(-1)

图 5-18　网站权重分析

④ 看词性。

在 SEO 中,"灰色关键词"是指比较敏感的关键词,如和医药、赌博等行业有关的关键词。这样的词会被搜索引擎识别与禁止。

（3）发布情况

发布情况主要包括微信公众号阅读量、微博头条转发量、今日头条文章推荐量等数据,该类数据一般可以直接登录账号后台查看,并且平台都会直接呈现分析好的数据。对于已经构建了新媒体矩阵(即在多个平台拥有软文发布账号)的公司而言,统计多个平台的内容发布数据是一件较为烦琐的事情。本部分将以"简媒"为例,介绍如何分析新媒体矩阵的内容发布情况。

"简媒"是一个新媒体一键发布的运营平台。注册该平台的用户可以进行账号授权,绑定多个新媒体内容发布平台账号,如图 5-19 所示。绑定成功后可以在账号绑定列表中查看,如图 5-20 所示。

图 5-19　新媒体内容发布平台

图 5-20　账号绑定列表

用户可以单击左侧的"文章管理"按钮查看在已绑定的所有平台上发布的文章、未发布的文章,还可以设置定时发布。用户单击文章列表的"展开数据"按钮,就可以看到该篇文章的发布平台、推荐量、阅读量、转发量、评论数、收藏数、点赞数以及更新日期等数据,可以单击原文链接查看,还可以再次发布,如图 5-21 所示。

新媒体数据新闻

图 5-21　文章管理

（4）超链接

一般来说，网站的超链接都会以蓝色或其他颜色字体标出以示区分。对超链接的分析主要体现在两大方面：一是对超链接本身的分析，包括分析链接的载体和链接的目标地址两大部分；二是对超链接和其所在文章内容之间关系的分析。超链接分析要点如图 5-22 所示。

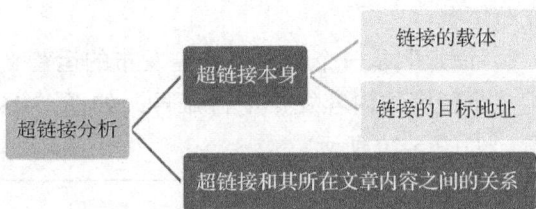

图 5-22　超链接分析要点

以人民网的一则报道《人工智能融得更深用得更广》为例，从超链接的载体来看，该文章中主要有三种类型的超链接。第一种超链接的载体是相关文章，如图 5-23 所示；第二种超链接的载体是网址，如图 5-24 所示；第三种超链接的载体是视频，如图 5-25 所示。

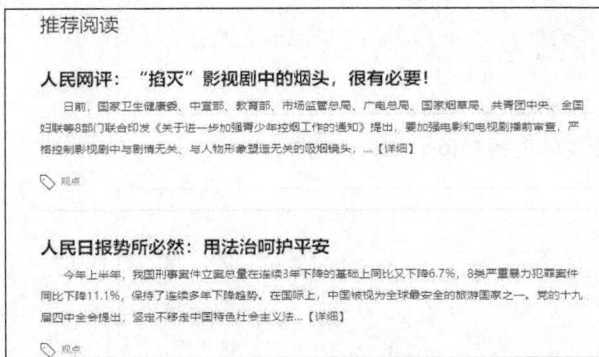

图 5-23　文章超链接

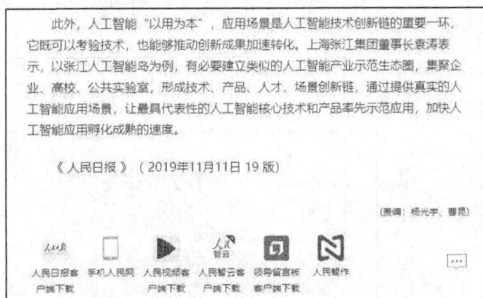

图 5-24　网址超链接

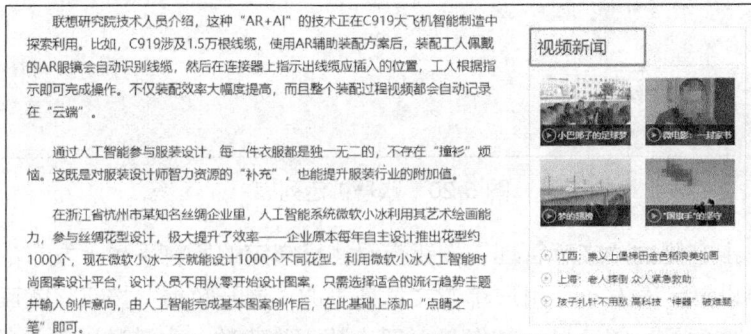

图 5-25　视频超链接

从超链接的目标地址来看，用户可以通过网址来获取相关信息。从上述文章网址中，可以得到该超链接指向的内容属于人民网的《观点》栏目，而且发布时间为 2019 年 11 月 8 日等基本信息。从超链接与文章内容的关系来看，这三种超链接和文章内容的联系并不紧密，属于网站内容的拓展阅读。

（5）评论

新媒体的交互性决定了媒介内容不仅包括创作者创作的内容，还有用户生成内容，因此，评论分析显得更加重要，对于评论数据，通常可以利用八爪鱼采集器获取，八爪鱼采集器中预设了很多平台对象可供评论数据采集。评论分析主要包括对评论质量和评论源的分析，如图 5-26 所示。

① 回复数：评论的回复数量，对评论有效性的影响最大。评论的回复数越多，内容创作者就能从更多角度去了解用户的态度。

② 长度：评论长度能够体现信息的相关性和完整性，评论越长，所含信息越多。

③ 时效性：表示评论发表日期至今的时间差，用来判断信息的时效性和及时性。一般而言，越新的评论，则越有效。

④ 评论极性：表示评论者对内容的总体评价与整体感知，分为正向、中性和负向。

⑤ 评论者等级：表示评论者的资信度，能反映其专业水平和可信程度。

⑥ 评论者信息披露：表示个人身份曝光程度，能反映信息的真实性及其来源的可靠性。

（6）背景音乐

随着移动短视频的迅速发展，以抖音、快手为代表的短视频内容创作者生产了众多短视频内容。短视频主要由画面、背景音乐和说明文字构成。其中，同样的画面内容配上不同的背景音乐，可能会产生不同的效果。背景音乐有时会成为短视频的亮点，赋予其"二次创作"的惊喜。对背景音乐的分析可以帮助短视频内容创作者追踪热门音乐榜单，激发创作灵感，制作出高质量的短视频作品。背景音乐分析如图 5-27 所示。

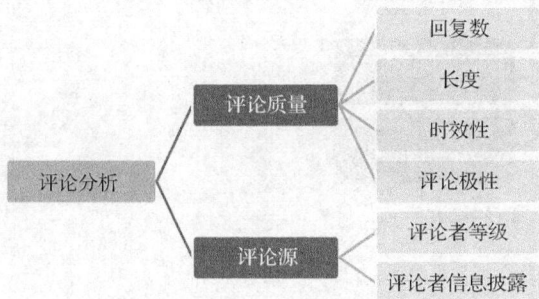

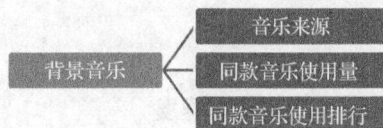

图 5-26　评论分析　　　　　　图 5-27　背景音乐分析

① 音乐来源：指短视频背景音乐的出处。以抖音为例，在短视频右下角转动的唱片标志会显示音乐来源，如图 5-28 所示。

② 同款音乐使用量：指使用同一款背景音乐的人数，在图 5-28 中，是由《人民日报》发布的一则有关北京冬奥会吉祥物"冰墩墩"的短视频，点击唱片标志时提示"该声音不可用"，这是由于发布者设置了同款音乐使用权限。在其他情况下，内容创作者点击短视频右下角的唱片标志，会弹出页面，如图 5-29 所示，该页面会显示同款音乐使用人数。

图 5-28　音乐来源

图 5-29　同款音乐使用人数

③ 同款音乐使用排行：指按照使用同款音乐的短视频的点赞数降序排列的榜单。在图 5-29 中，在同款音乐排行榜中还标注了点赞量前三名的短视频。

四、执行分析

执行分析即对团队成员的日常执行工作的评估，包括分析文章撰写速度、客服响应速率等。工作是否有效率，可以通过分析执行数据来判断，如图 5-30 所示。

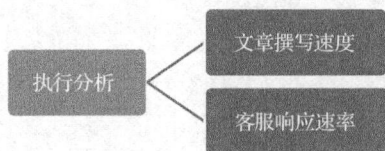

图 5-30　执行分析

1. 文章撰写速度

文章撰写速度是指文章的总量与从文章选题确定到文章发布之间所用时间的比。新媒体信息传播的即时性要求网站的文章撰写人员要提升文章撰写速度，提高时效性。

2. 客服响应速率

新媒体不仅要注重产品的推广和运营，还要提供让客户满意的服务。新媒体在线的虚拟性更加要求网站提供周到细致的客服。客服响应速率包括客服回复率、店铺接待压力、客服对产品的熟悉度以及客服的打字速度等因素。而客服平均响应时间是衡量客服质量的重要标准，它是指从客户咨询到客服回应的每一次的时间差均值，这个数值越小，表明客服响应越及时。

第三节　新媒体数据分析误区规避

随着大数据时代的来临，新媒体数据分析也在经历一场深入的思维变革。被誉为最早洞见大数据时代发展趋势的数据科学家之一的维克托·迈尔·舍恩伯格教授在《大数据时代：生活、工作与思维的大变革》一书中提出传统数据分析注重抽样性、精确性和因果性的原则已经不再适用于大数据时代的新媒体数据分析，而这也正是新媒体数据分析中应规避的误区。

一、要全部不要抽样

要全部不要抽样是指要从小数据时代的随机采样过渡到大数据时代的总体分析。19世纪以来，当面临大量数据时，社会都依赖采样分析。但是采样分析是信息缺乏时代和信息流通受限制的模拟数据时代的产物。它本身存在许多固有的缺陷，其成功依赖于采样的绝对随机性，一旦采样过程中存在任何偏差，分析结果就会相差甚远。以前人们通常把这看成理所当然的限制，但是现在强大的运算能力让人们意识到，这其实是一种人为的限制。与局限在小数据范围相比，"样本=总体"让人们看到了一些以前的样本无法揭示的细节信息。

二、要混杂不要精确

数据的混杂性一方面是指数据类型的多样性，另一方面是指数据的不精确性。

1. 数据类型的多样性

新媒体数据分为结构化数据、半结构化数据以及非结构化数据三大类型，如表 5-2 所示。其中，结构化数据是指可以用关系型数据库表示和存储，表现为二维形式的数据，如网络媒体统计数据（阅读、粉丝、浏览数据等）、网络媒体资源元数据。半结构化数据是结构化数据的一种形式，它并不符合关系型数据库或其他数据表的形式关联起来的数据模型结构，但是包含相关标记，用来分割语义元素以及对记录和字段进行分层，如网络媒体资源描述、支撑数据（HTML 网页数据、XML 文件数据）。非结构化数据就是没有固定结构的数据，如各种文档、图片、视频、音频等网络媒体资源内容数据。据统计，只有 5% 的数据是结构化数据且能适用于传统数据库。如果不能接受数据的混杂性，剩下 95% 的半结构化和非结构化数据都无法被利用。传统的数据分析多注重分析结构化数据，而如今，对于半结构化和非结构化数据的分析挖掘日益重要。

表 5-2　新媒体数据类型

数据类型	举例
结构化数据	网络媒体统计数据（阅读、粉丝、浏览数据等）、网络媒体资源元数据
半结构化数据	网络媒体资源描述、支撑数据（HTML 网页数据、XML 文件数据）
非结构化数据	各种文档、图片、视频、音频等网络媒体资源内容数据

2. 数据的不精确性

接受数据的不精确性是因为在大数据时代，人们关注的通常是趋势和方向，在海量数据中，个别数据的不精确一般不会影响某种趋势和方向。而且数据类型的多样性有时决定了数据的不精确性，比如对短视频内容的检索和分析。

三、要相关不要因果

相关关系是指量化两个数据值之间的数理关系，建立在相关关系分析法基础上的预测是大数据的核心。相关关系强是指当一个数据值增加时，另一个数据值很有可能也会随之增加。比如，谷歌通过搜索规律预测流感趋势，在一个特定的地理位置，越多人通过谷歌搜索特定的词条，该地区就有更多人患了流感。相反，相关关系弱就意味着当一个数据值增加时，另一个数据值几乎不会发生变化。例如，分析个人的鞋码和幸福的相关关系，会发现两者几乎没有关联。

人类天生对因果关系拥有执着的追求。"打破砂锅问到底"的传统让人们在做事时不断思考前因后果。然而，著名的哲学家休谟就对因果性提出了质疑。一个事物的原因之前必定还有原因，即探讨所谓的"终极因果"。此外，人的行为是矛盾、复杂和不协调的，在相对环境下的习性就是人类行为的大数据，这个数据的非理性色彩更加浓厚。因此，我们应更多地关注"是什么"而非"为什么"。

零售超市沃尔玛通过对购物行为进行大数据分析，发现男性客户在购买婴儿尿片时常常会搭配几瓶啤酒，以犒劳自己，于是营销人员就尝试将啤酒和尿片摆放在一起进行促销，最后大大提升了啤酒和尿片的销量。在这个成功的营销案例中，人们不需要考虑啤酒为什么要和尿片放在一起，它们之间有什么因果关系，也不用去分析为什么男性客户购买尿片后要买啤酒，人们关注的是通过数据分析得出的男性客户的行为特征，由此找到了啤酒和尿片之间的强相关性。

第四节　新媒体数据分析方法

一、对比分析法

对比分析法是把客观事物加以比较，以达到认识事物的本质和规律的目的并做出正确评价的方法。对比分析法通常是把两个相互联系的指标数据进行比较，从数量上展示和说明研究对象规模的大小、水平的高低、速度的快慢以及各种关系是否协调。对比分析包括绝对数比较和相对数比较两种形式。绝对数比较是利用绝对数进行对比，从而寻找差异的一种方法。相对数比较包括结构相对数、比例相对数、比较相对数、强度相对数、计划完成程度相对数和动态相对数比较。下面详细介绍相对数比较的具体方法。

1. 结构相对数比较

结构相对数比较是指将同一总体内的部分数值与全部数值对比求得比重，用以说明事物的性质、结构或质量。如淘宝商家统计购买者的地域分布，统计各个地方购买者的占比情况，结构相对数可以利用饼图进行比较，如图 5-31 所示。

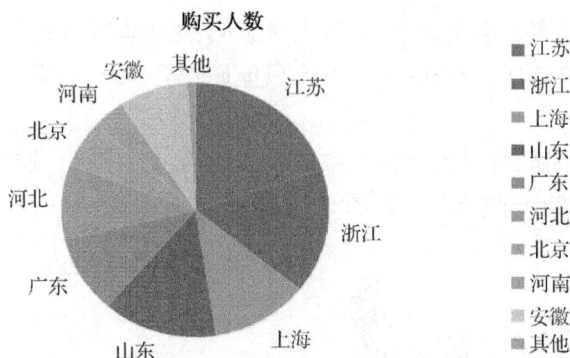

图 5-31　结构相对数比较

2. 比例相对数比较

比例相对数比较是指将同一总体内不同部分的数值对比，表明总体内各部分的比例关系。如将 1 000 万元广告费用分别投放到百度（100 万元）、今日头条（100 万元）、微博（300 万元）、微信（200 万元）、爱奇艺（300 万元）平台，则平台广告投入的比例关系为 1 : 1 : 3 : 2 : 3。

3. 比较相对数比较

比较相对数比较是指将同一时期两个性质相同的指标数值对比，说明同类现象在不同空间条件下的数量对比关系。如对新媒体矩阵中的一文多发进行效果评估，比较同一时刻不同分发平台同一篇文章的阅读量。

4. 强度相对数比较

强度相对数比较是指将两个性质不同但有一定联系的总量指标对比，用以说明现象的强度、密度和普遍程度。如"双十一"人均网上购物支出用"元/人"表示，淘宝直播间每分钟购物链接点击人数用"人/分"表示等。

5. 计划完成程度相对数比较

计划完成程度相对数比较是指某一时期实际完成数与计划数对比，用以说明计划完成程度。例如，在 Tableau 中可以通过制作标靶图来实现实际值和计划值的对比。

6. 动态相对数比较

动态相对数比较是指将同一现象在不同时期的指标数值对比，用以说明发展方向和变化的速度。如同一档节目在不同时段的收视率变化，将微博粉丝本月增长数与上月增长数进行对比等。

二、分组分析法

分组分析法是指通过统计分组的计算和分析，认识所要分析对象的不同特征、不同性质及相互关系。分组分析法是在分组的基础上，对现象的内部结构或现象之间的依存关系从定性或定量的角度做进一步分析研究，以便寻找事物发展的规律，正确地分析问题和解决问题。

分组时必须遵循两个原则：穷尽原则和互斥原则。穷尽原则是指应使总体中的每一个单位都有组可归，或者说各分组的空间应足以容纳总体所有的单位。互斥原则是指在特定的分组标志下，总体中的任何一个单位只能归属于某一个组，不能同时或可能归属于几个组。

例如：新媒体运营团队可以统计粉丝中各年龄段的组成占比，按照年龄段划分的粉丝数量比例就是分组分析法的一种结果，如图 5-32 所示。

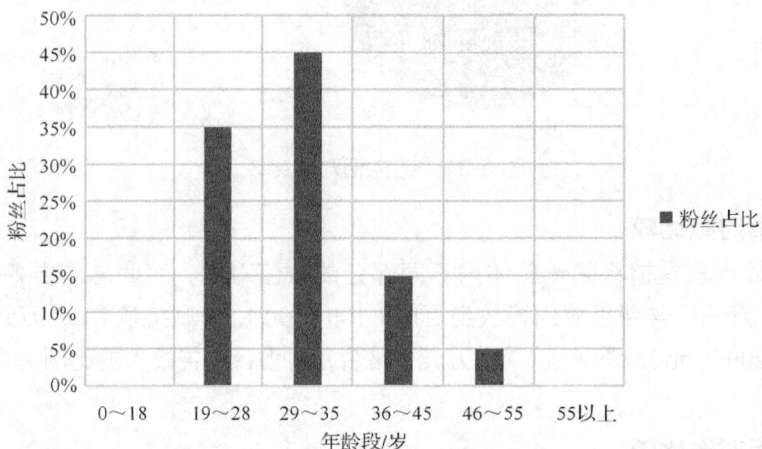

图 5-32　分组分析

三、平均分析法

平均分析法就是用平均数来衡量总体在一定时间和地点条件下某数据的一般水平的方法。平均数比总量指标更具说服力，更能帮助运营者预测发展趋势和规律。平均分析法的分析指标包括数值平均数和位置平均数，数值平均数又包括算术平均数、调和平均数和几何平均数，其中最常用的是算术平均数，算术平均数=总体各数据的总和÷数据个数。位置平均数又包括众数和中位数，众数直观地反映了总体的集中趋势，中位数代表了现象的一般水平。平均分析法的具体类别如图 5-33 所示。

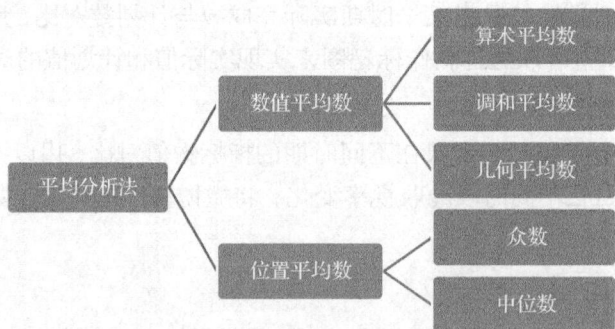

图 5-33　平均分析法的具体类别

计算平均数的函数主要有简单算术平均数 AVERAGE、中位数 DEDIAN 和众数 MODE，下面以算术平均数为例介绍如何在 Excel 中应用此类函数。具体操作步骤如下。

步骤 1：单击"插入函数"按钮，选择需要的函数，此处选择"AVERAGE"函数，单击"确定"按钮，如图 5-34 所示。

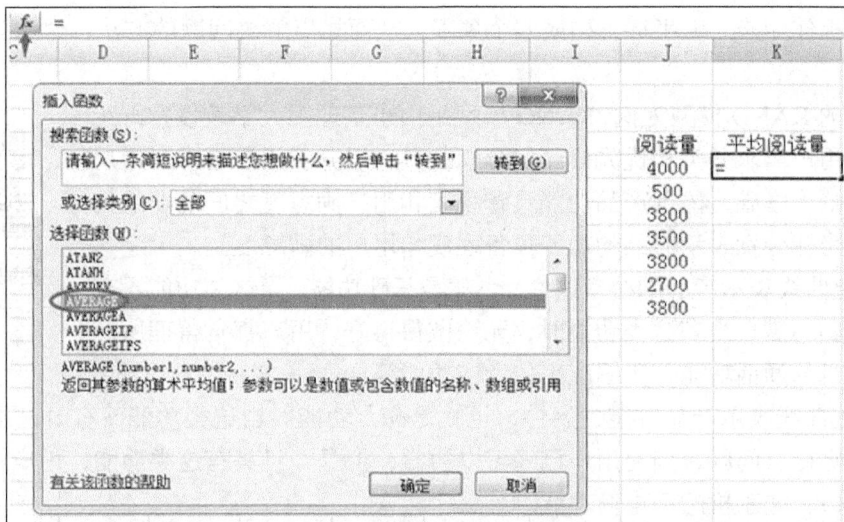

图 5-34　插入函数

步骤 2：在"函数参数"对话框的"Number1"文本框中，选择要计算的区域，单击"确定"按钮，即可获得所求结果。参数设置和计算结果分别如图 5-35 和图 5-36 所示。

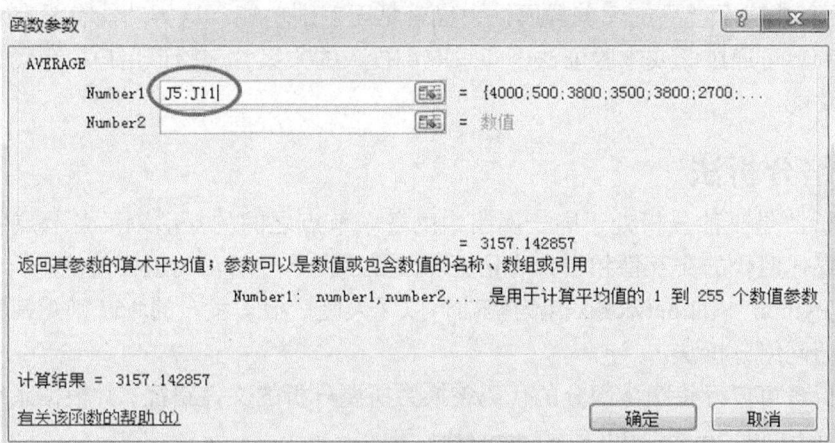

图 5-35　参数设置

图 5-36　平均数计算结果

四、矩阵分析法

矩阵分析法是一种定量分析数据的方法，是指以数据的两个重要指标作为分析依据，并将这两个指标作为横、纵坐标，构成四个象限，从而找出解决问题的方法，为运营者提供数据参考。

以经典的 KANO 模型为例，KANO 模型是由东京理工大学教授狩野纪昭发明的对用户需求分类和优先排序的分析工具，以分析用户需求对用户满意度的影响为基础，体现产品功能具备程度和用户满意度之间的非线性关系。横纵坐标分别表示产品的功能具备程度和用户的满意度。

扫码看 KANO
模型图

① 红色曲线表示产品的必备属性，也就是基础功能。当这类功能没有时，用户极其不满；当有这类功能时，无论做得再好，用户都觉得理所应当。比如手机的通话功能、美图应用的滤镜功能等。

② 橙色曲线表示产品的魅力属性，也就是亮点功能。当这类功能没有时，用户并不会不满意或者觉得有问题，因为用户已经习以为常；但是一旦具有这类功能，用户就会惊喜，甚至赞不绝口。如手机的手电筒功能。

③ 绿色直线表示产品的期望属性，也就是期望功能。这类功能要多多益善，与用户的期望值成正比。比如空调的节能和除湿功能。

④ 黑色直线表示产品的反向属性，也就是反向功能。这类功能越多用户越讨厌，如浏览视频前的弹窗广告。

⑤ 蓝色直线表示产品的无差异属性，也就是无差别功能。这类功能有没有对用户的感受都没有影响。可通过低成本验证法，即采取小投入的方案，来验证用户、市场，再决定要不要做这个功能。

五、网络分析法

网络分析法是一种分析处于同一网络中的各个节点之间的互动以及各节点的权重关系的方法。新媒体时代的交互性和去中心化更加凸显了网络分析法的重要价值。

下面以 Python 中的 networkx 包为基础，以《人民日报》发布的 157 则短视频标题文字为语料，介绍网络分析法。

数据分析者可自行将粗体部分的代码替换为所要分析的文件路径，并根据系统提示分别安装所需的 jieba 包、matplotlib 包和 networkx 包。

（1）清空格

```
#encoding=utf-8
f1=open('rmrb.txt','r')
w=open('rmrb_nospace.txt','w')
fr=''.join(f1.readlines())
s2=''.join(fr.split())
w.write(s2+'\n')
w.close()
```

（2）分词

```
#encoding=cp936
import jieba
import codecs#设置码值转换
import jieba.posseg as pseg#带有词性的切词包
```

```
f=codecs.open('rmrb_nospace.txt','r')
wfile= codecs.open('rmrb_seg.txt','w',encoding='gb18030')
for line in f:
            words =pseg.cut(line)
            seg_list=[]
            for w in words:
             if w.flag.startswith('n') and len(w.word)>1:seg_list.
Append(w.word)
            elif w.flag =='v' and len(w.word)>1 :seg_list.Append(w.word)
##              elif w.flag=='eng':#seg_list.Append(w.word)
##                  if w.word.lower() in eng:seg_list.Append(w.word.lower())
            elif w.flag=='vn':seg_list.Append(w.word)
            elif w.flag=='b':seg_list.Append(w.word)
            print (len(seg_list))
            wfile.write( '/'.join(seg_list))
            wfile.write('\n')
wfile.close()
```

（3）词频统计

```
#encoding=cp936
import jieba
import codecs
import jieba.posseg as pseg


f=codecs.open('rmrb_seg.txt','r')
w=codecs.open('rmrb_freq_words.txt','w')
line=f.readline()
line=line.strip('\n').split('/')#先去末尾的换行符，随后用/分隔出各个词
freq_dict={}#用于计算词频
for item in line:
            if item not in freq_dict.keys():
                            freq_dict[item] = 1
            else:
                            freq_dict[item] += 1

d2=sorted(freq_dict.items(), key=lambda d:d[1], reverse=True)#按照词频降排序
for item in d2:
            a,b=item
            w.write(a+'\t'+str(b)+'\n')
w.close()
```

（4）只保留词的共现情况

```
#encoding=cp936
import codecs
f2=codecs.open('rmrb_freq_words.txt','r')#encoding='utf8')
wordlist=[]
for line in f2.readlines():
     line=line.strip('\n').split('\t')
```

```
        wordlist.Append(line[0])
f1=codecs.open('rmrb_seg.txt','r')#,encoding='utf8')
w=open('rmrb_seg_coword.txt','w')
for line in f1.readlines():
    line=line.strip('\n').split('/')
    print (len(line))
    temp=[]
    for item in line:
        if item in wordlist:
            #print item
            temp.Append(item)
    if len(temp)>=1:
        print ('temp',len(temp))
        for item2 in temp:
            w.write(item2+'/')
        w.write('\n')
f1.close()
f2.close()
w.close()
```

（5）构造关系网

```
#encoding=cp936
import codecs
f2=codecs.open('rmrb_seg_coword.txt','r')#encoding='utf8')
w=open('wordNetwork.txt','w')
for line in f2.readlines():
    wordlist=[]

    line=line.strip('/\n').split('/')
    for item in line:
        wordlist.Append(item)
    #print wordlist
    for item1 in wordlist:
        for item2 in wordlist:
            if item1!=item2:
                #print item1,item2
####        for i in range(len(wordlist)):
####            for j in range(len(wordlist)):
######              if i<j:
####                    w.write(wordlist[i]+':'+wordlist[j]+'\n')
                w.write(item1+':'+item2+'\n')
w.close()
```

（6）画网络关系图

先将上一步生成的 wordNetwork 文档转换为 UTF-8 编码格式，再运行以下代码。

```
# coding = utf8
from pylab import *
import networkx as nx
```

```
import codecs

matplotlib.rcParams['font.sans-serif'] = ['SimHei']
matplotlib.rcParams['font.family']='sans-serif'
g=nx.Graph()

f=codecs.open('wordNetworkutf8.txt','r',encoding='utf8')
line=f.readline()
for line in f.readlines():
                    line=line.strip('\r\n').split(':')
                    g.add_edge(line[0],line[1])
#pos=nx.spring_layout(g)
print (len(g.nodes()))###屏幕输出网络节点数目
pos = nx.shell_layout(g)
#pos = nx.circular_layout(g)
nx.draw(g,pos,with_labels=True)
plt.show()
```

六、相关性分析法

相关性分析是指分析连续变量之间线性相关程度的强弱，并用适当的统计指标表示出来的过程。大数据时代，数据间的相关关系比因果关系更加重要。在新媒体营销中，可以通过比较两个商品的相关关系强弱来选择是否进行组合销售。

下面介绍运用 Excel 中的 CORREL 函数进行相关性分析。CORREL 函数的功能是返回单元格区域 Array1 和 Array2 之间的相关系数，从而确定两种属性之间的关系。

例如，对某在线服装店的服装销售数据进行相关性分析，主要分析服装 A 分别与服装 B 到服装 J 之间的相关关系，从而确定服装 A 与哪种服装搭配销售会更加畅销，具体操作步骤如下。

步骤 1：将服装 A～服装 J 在 2019 年 10 月 1 日—2019 年 10 月 6 日的销售数据导入 Excel 中，如图 5-37 所示。

	A	B	C	D	E	F	G	H	I	J	K
1	日期	服装A	服装B	服装C	服装D	服装E	服装F	服装G	服装H	服装I	服装J
2	2019/10/1	17	6	8	24	13	13	18	10	10	27
3	2019/10/2	11	15	14	13	9	10	19	13	14	13
4	2019/10/3	10	8	12	13	8	3	7	11	10	9
5	2019/10/4	9	6	6	3	10	9	9	13	14	13
6	2019/10/5	4	10	13	8	12	10	17	11	13	14
7	2019/10/6	13	10	13	16	8	9	12	11	14	10

图 5-37 销售数据

步骤 2：选中 C8 单元格，在"公式"选项卡中单击"插入函数"按钮，选择 CORREL 函数。弹出"函数参数"对话框。在"Array1"中输入"$B$2:$B$7"，从而保证每次进行相关系数计算时，都是运用服装 A 的销售数据。在"Array2"中输入"C2:C7"，即服装 B 的销售数据，单击"确定"按钮，如图 5-38 所示。

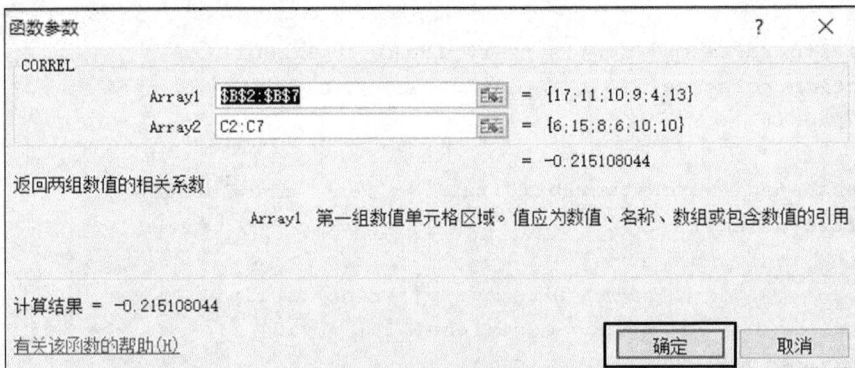

图 5-38　参数设置

步骤 3：在 C8 单元格中生成服装 A 与服装 B 销量的相关系数，拖曳 C8 单元格右下方的填充柄填充 D8～K8 单元格，得出服装 A 分别与服装 B 到服装 J 销量的相关系数，如图 5-39 所示。

	A	B	C	D	E	F	G	H	I	J	K
1	日期	服装A	服装B	服装C	服装D	服装E	服装F	服装G	服装H	服装I	服装J
2	2019/10/1	17	6	8	24	13	13	18	10	10	27
3	2019/10/2	11	15	14	13	9	10	19	13	14	13
4	2019/10/3	10	8	12	13	8	3	7	11	10	9
5	2019/10/4	9	6	6	3	10	9	9	13	14	13
6	2019/10/5	4	10	13	8	12	10	17	11	13	14
7	2019/10/6	13	10	13	16	8	9	12	11	5	9
8			-0.21511	-0.27273	0.821327	0.044137	0.323976	0.140652	-0.34017	-0.49443	0.524731

图 5-39　相关系数计算结果

步骤 4：相关系数 r 的取值范围为 $[-1,1]$。其中：$[-1,0)$ 表示负相关，数值越小，负相关程度越高；0 表示没有相关关系；$(0,1]$ 表示正相关，数值越大，正相关程度越高。由结果可得，服装 A 与服装 D 的相关系数最高，约为 0.82。因此，店铺的运营者可以将服装 A 与服装 D 搭配销售，激发消费者购买更多的服装。

▋七、贡献度分析法

贡献度分析又称帕累托分析，它的原理是帕累托法则，又称 80/20 定律。例如，对一个公司来讲，80%的利润常常来自 20%畅销的产品。而随着互联网的发展，长尾理论日益凸显价值。它是指只要产品的存储和流通的渠道足够宽广，需求不旺或销量不佳的产品所共同占据的市场份额可以和少数热销产品所占据的市场份额相匹敌甚至更大，即众多小市场汇聚成可产生与主流市场相匹敌的市场能量。贡献度分析的意义就在于通过找到贡献了 80%利润的产品界限，帮助运营者区分热销产品和长尾产品，从而制订有针对性的销售策略。贡献度分析的公式如下。

$$贡献度=累积贡献数÷总数×100\%$$

以某家在线图书销售店铺为例，图 5-40 所示是该店铺 10 种图书名和盈利额。将数据导入 Excel 中，并按照盈利额从大到小排列，进行贡献度计算。具体操作步骤如下。

步骤 1：先运用求和公式计算盈利总额，如图 5-41 所示。在 Excel 中构建累积求和公式计算累积盈利额，具体做法是从下到上依次选中 C11:C2 单元格区域，在编辑栏内输入公式“=SUM（B$2:B11）”，如图 5-42 所示。按“Ctrl+Enter”组合键，结果自动计算完成，如图 5-43 所示。

	A	B
1	图书名	盈利额
2	A1	9173
3	A2	5729
4	A3	4811
5	A4	3594
6	A5	3195
7	A6	3026
8	A7	2378
9	A8	1970
10	A9	1877
11	A10	1782

图 5-40　图书名及盈利额

	A	B
1	图书名	盈利额
2	A1	9173
3	A2	5729
4	A3	4811
5	A4	3594
6	A5	3195
7	A6	3026
8	A7	2378
9	A8	1970
10	A9	1877
11	A10	1782
12		37535

图 5-41　计算盈利总额

COUNTIF　=SUM(B$2:B11)

A	B	C	D	E
图书名	盈利额			
A1	9173			
A2	5729			
A3	4811			
A4	3594			
A5	3195			
A6	3026			
A7	2378			
A8	1970			
A9	1877			
A10	1782	$2:B11)		

图 5-42　累积求和公式

C11　=SUM(B$2:B11)

A	B	C	D	E
图书名	盈利额			
A1	9173	9173		
A2	5729	14902		
A3	4811	19713		
A4	3594	23307		
A5	3195	26502		
A6	3026	29528		
A7	2378	31906		
A8	1970	33876		
A9	1877	35753		
A10	1782	37535		

图 5-43　累积求和结果

步骤 2：在 C1 单元格中输入“累积盈利”，在 D1 单元格中输入“贡献度”，在 D2 单元格中输入公式“=C2/$B$12”计算贡献度，如图 5-44 所示。之后拖曳 D2 单元格右下方的填充柄到 D11 单元格，完成所有贡献度计算，结果如图 5-45 所示。

COUNTIF　=C2/$B$12

	A	B	C	D
1	图书名	盈利额	累积盈利	贡献度
2	A1	9173	9173	=C2/$B$12
3	A2	5729	14902	
4	A3	4811	19713	
5	A4	3594	23307	
6	A5	3195	26502	
7	A6	3026	29528	
8	A7	2378	31906	
9	A8	1970	33876	
10	A9	1877	35753	
11	A10	1782	37535	
12		37535		

图 5-44　贡献度计算

D11　=C11/$B$12

	A	B	C	D
1	图书名	盈利额	累积盈利	贡献度
2	A1	9173	9173	0.244385
3	A2	5729	14902	0.397016
4	A3	4811	19713	0.52519
5	A4	3594	23307	0.62094
6	A5	3195	26502	0.706061
7	A6	3026	29528	0.786679
8	A7	2378	31906	0.850033
9	A8	1970	33876	0.902518
10	A9	1877	35753	0.952524
11	A10	1782	37535	1
12		37535		

图 5-45　贡献度计算结果

步骤 3：将所得结果可视化。只选择图书名、盈利额和贡献度三列，如图 5-46 所示。在“插入”选项卡的“图表”组中单击右下角按钮，在弹出的“插入图表”对话框的“所有图表”选项卡中选择"组合图"中的"自定义组合","比例"栏中选择"折线图"选项，并勾选其后的"次坐标轴"选项，单击"确定"按钮，如图 5-47 所示。生成的可视化结果如图 5-48 所示。

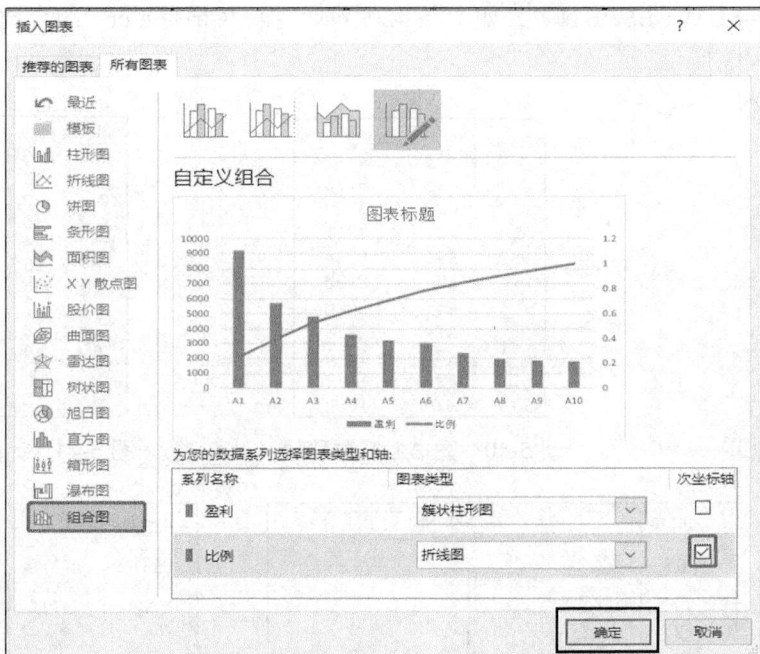

图书名	盈利额	贡献度
A1	9173	0.244385
A2	5729	0.397016
A3	4811	0.52519
A4	3594	0.62094
A5	3195	0.706061
A6	3026	0.786679
A7	2378	0.850033
A8	1970	0.902518
A9	1877	0.952524
A10	1782	1

图 5-46　选择需要的数据列　　　　图 5-47　贡献度可视化图表参数设置

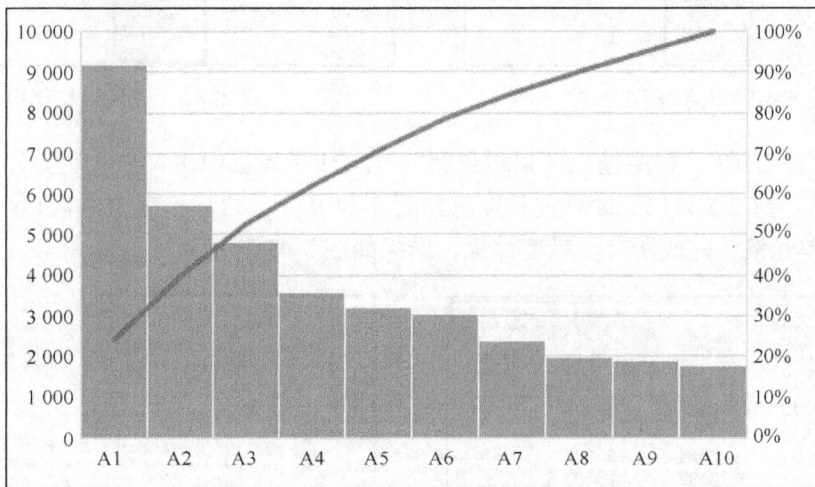

图 5-48　贡献度可视化结果

由图 5-48 可知，图书 A1～A7 共 7 种图书，总盈利额占该月盈利额的 85.003 3%。根据帕累托法则，应对图书 A1～A7 采取畅销书销售策略；根据长尾理论，应对图书 A8～A10 采取长尾图书的销售策略。

八、周期性分析法

周期性分析是探索某个变量是否随着时间变化而呈现出某种周期变化趋势的一种分析

方法。按照时间尺度的标准划分：较长的周期性趋势有年度周期性趋势、季节性周期性趋势；相对较短的有月度周期性趋势，周度周期性趋势；更短的有天、小时周期性趋势。对于电商行业而言，掌握消费者在法定节假日、"双十一"等特殊时间的消费行为规律，有利于商家提前做好准备；对于一些技术类网站，掌握用户访问网站的规律，如用户多在工作日访问，有利于提高网站的鲁棒性。

例如在百度指数中查询"感冒"一词的搜索指数，选择时间为 2011—2019 年，如图 5-49 所示，可以看出，搜索的高峰多出现在 1 月、3 月、5 月等换季时间，其搜索指数的折线图大致呈周期性变化规律。

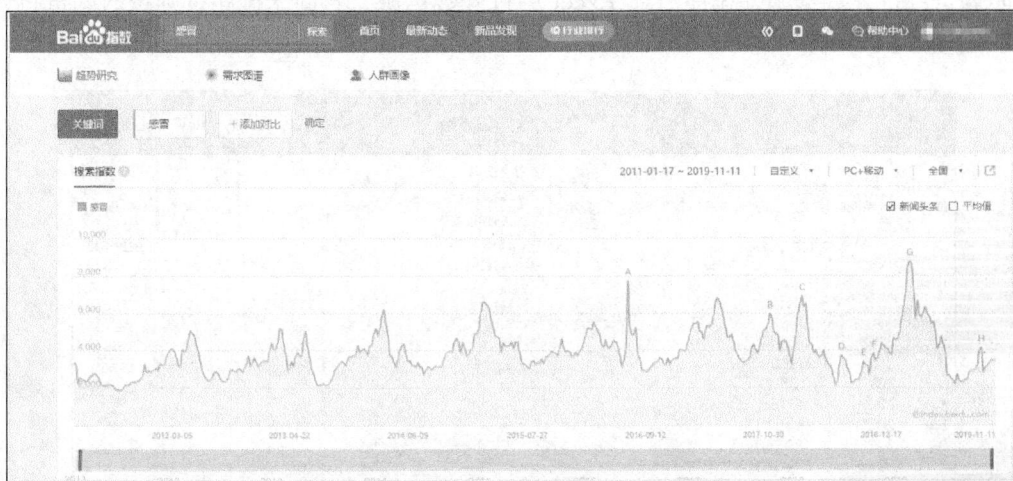

图 5-49 "感冒"一词的搜索指数变化

九、回归分析法

回归分析法是通过研究事物发展变化的因果关系来预测事物发展趋势，研究变量间相互关系的一种定量预测方法。回归分析法可通过对大量数据的处理来确定因变量与某些自变量的相关关系，建立一个相关性较好的回归方程（函数表达式），并加以外推，用于预测今后的因变量的变化。回归分析分类如下：根据因变量和自变量的个数，可分为一元回归分析和多元回归分析；根据因变量的个数，可分为简单回归分析和多重回归分析；根据因变量和自变量的函数表达式，可分为线性回归分析和非线性回归分析。

随着大数据时代的到来，通过数据分析进行预测显得尤为重要，这也是大数据最重要和最具特色的功能和价值。新媒体数据分析中，通过对已有数据的分析进行预测也是重要应用之一，例如，通过新媒体平台数据分析预测产品受关注度、销售量和销售额等，通过舆情数据分析预测舆情热度和走势等。回归分析法为新媒体数据预测分析提供了重要支持。目前很多软件或平台都能实现回归分析，如 Excel、SPSS、Tableau 等，以下将对 Excel 和 Tableau 中回归分析的操作及预测的应用进行阐述。

1. Excel 中回归分析及预测

某新媒体平台 2012—2019 年销售额数据如图 5-50 所示，现要对销售额进行回归分析，从而预测未来某一年份的销售额。

	A	B
1	时间	销售额
2	2012	56800
3	2013	73580
4	2014	96760
5	2015	264500
6	2016	489640
7	2017	546870
8	2018	667260
9	2019	856850
10		

图 5-50　某新媒体平台 2012—2019 年销售额数据

步骤 1：打开数据源并排序。在 Excel 中打开数据源，若尚未排序，则按时间进行升序排列，如图 5-51 所示。

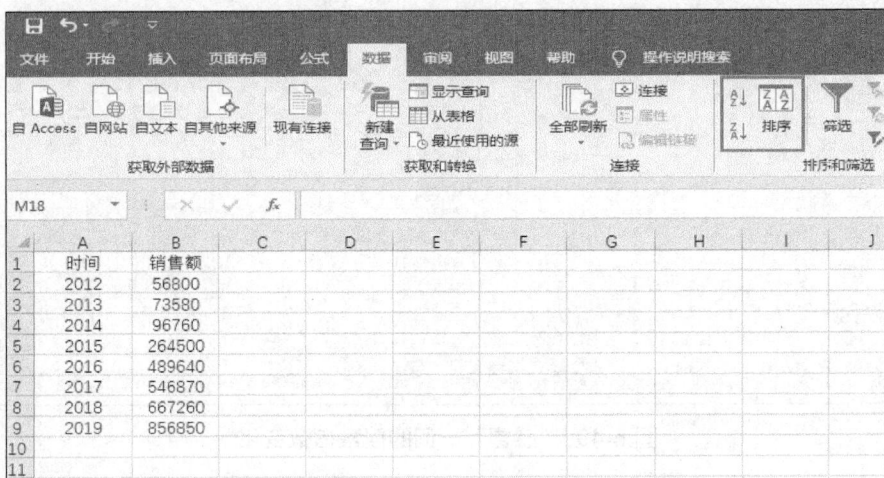

图 5-51　在 Excel 中打开数据源并排序

步骤 2：生成折线图。选择“时间”和“销售额”两列数据，在“插入”选项卡中选择要插入的折线图，如图 5-52 所示，即可生成随年份变化的销售额折线图，如图 5-53 所示。

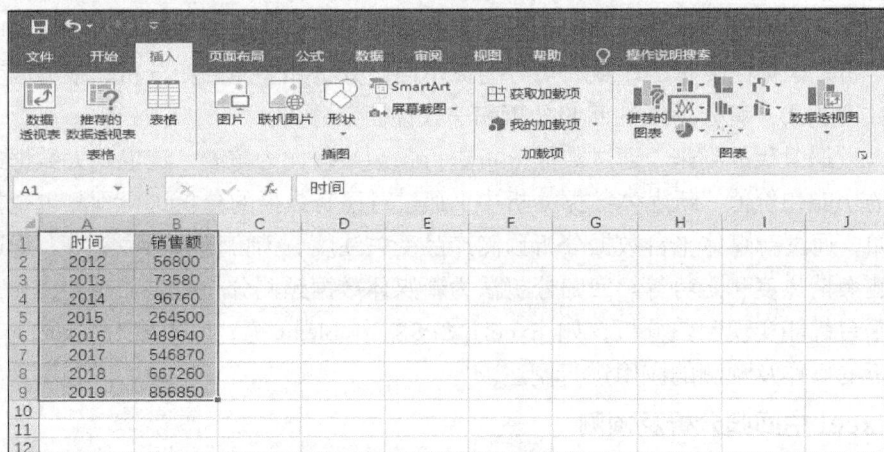

图 5-52　插入折线图

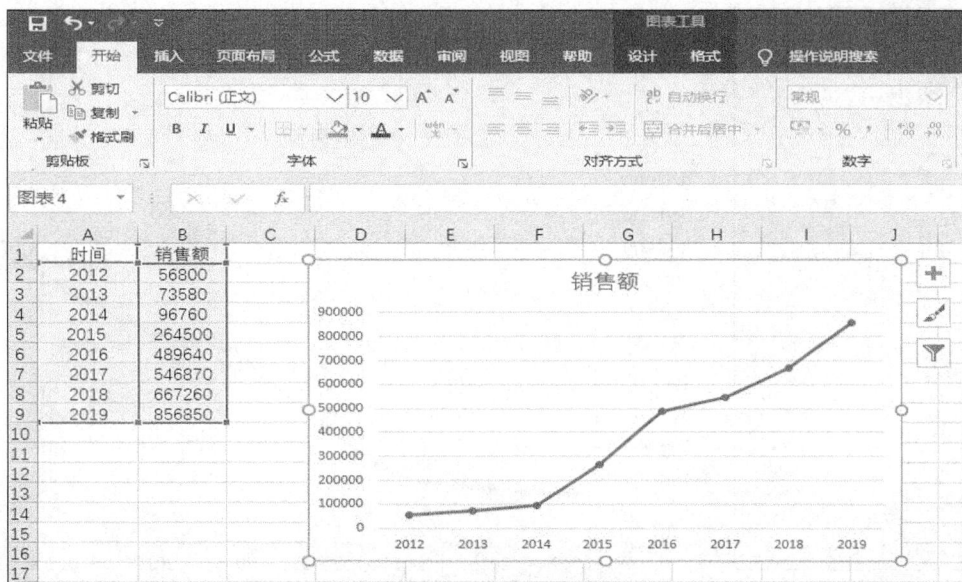

图 5-53　销售额折线图

步骤 3：添加趋势线。右击折线图，在弹出的快捷菜单中选择"添加趋势线"选项，如图 5-54 所示；在"设置趋势线格式"任务窗格中根据需要选择趋势线类型，本例中选择"线性"，并勾选下方的"显示公式"选项，如图 5-55 所示；最后生成趋势线，实现对销售额的一元回归分析，拟合公式为 $y=120\,765x-161\,908$，如图 5-56 所示。

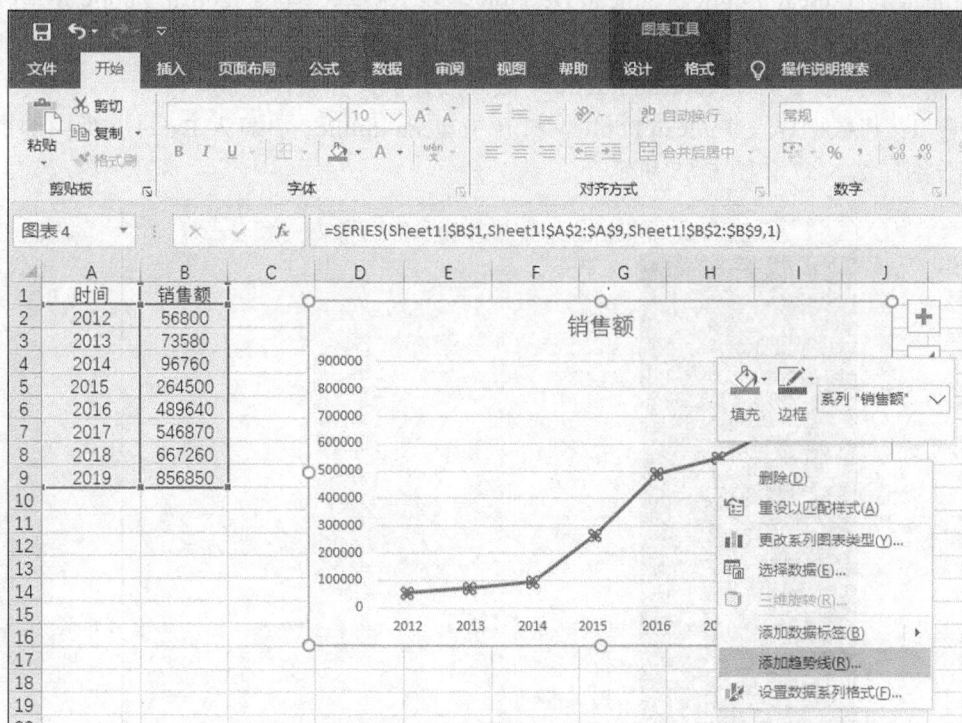

图 5-54　添加趋势线

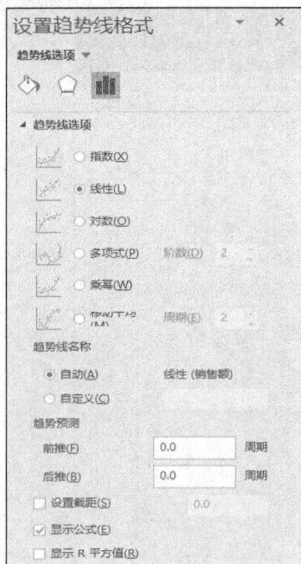

图 5-55 设置趋势线格式

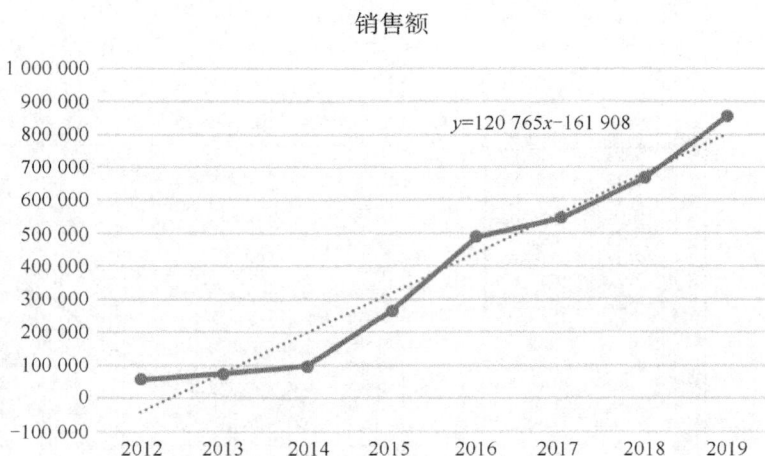

图 5-56 一元回归直线和公式

步骤 4：预测分析。根据一元回归趋势图或计算公式，可以对未来几年销售额进行预测，例如预测 2020 年销售额数值，即第 9 年的销售额，此时 $x=9$，计算出 y 值为 924 977，因而预计 2020 年的销售额约为 924 977 元。

2. Tableau 中回归分析及预测

Tableau 有 Tableau Public、Tableau Desktop 等多个版本，其中 Tableau Public 是一款完全免费的软件。Tableau 具有强大的数据分析功能，也能实现较为丰富的可视化。本例中将图 5-50 中的销售额数据在 Tableau Public 中做回归分析，并进行预测。

步骤 1：将数据导入 Tableau Public。打开 Tableau Public，并导入 Excel 文件中的销售额数据，分别如图 5-57 和图 5-58 所示。

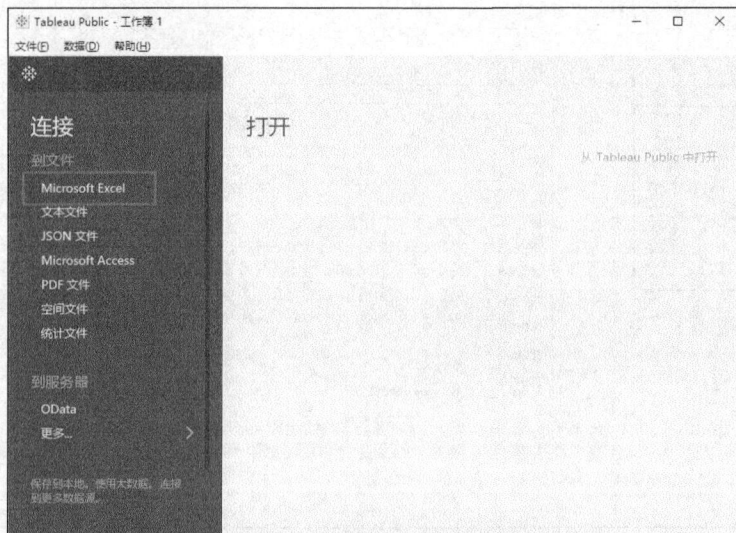

图 5-57 Tableau Public 界面

130

图 5-58　数据导入

步骤 2：数据导入后，单击左下角"工作表 1"，切换至工作表界面，此时"时间"字段和"销售额"字段均在"度量"模块中（"度量"模块为数值字段，"维度"模块为非数值字段），单击"时间"字段右侧下拉按钮，在下拉列表中更改数据类型为"日期"，如图 5-59 所示，此时"时间"字段移入"维度"模块。

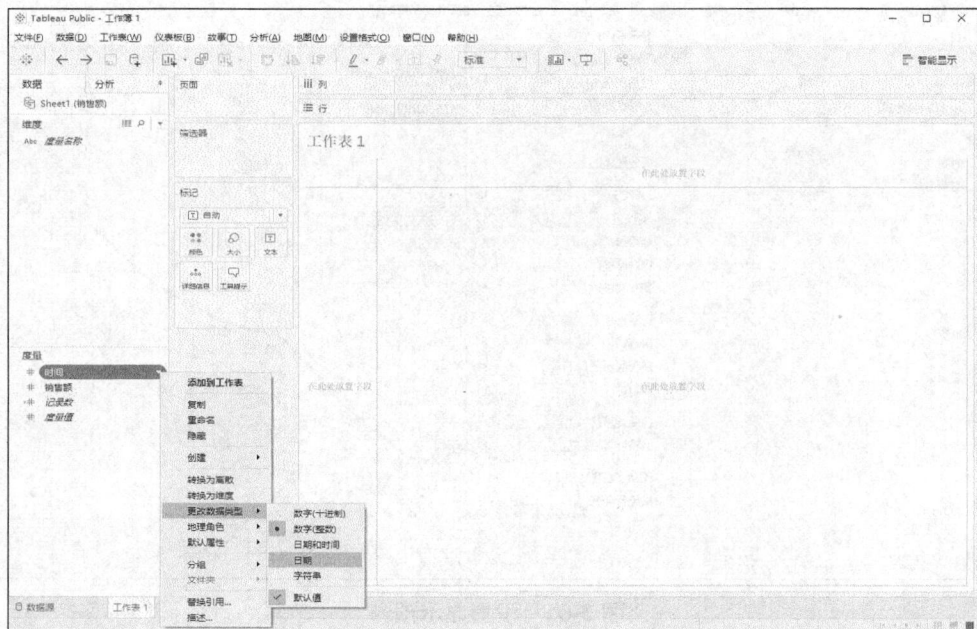

图 5-59　更改字段数据类型

步骤 3：销售额折线图制作。分别将"时间"字段和"销售额"字段拖至列和行功能区，默认生成折线图，如图 5-60 所示。若为非折线图，可通过"标记"功能进行更改。

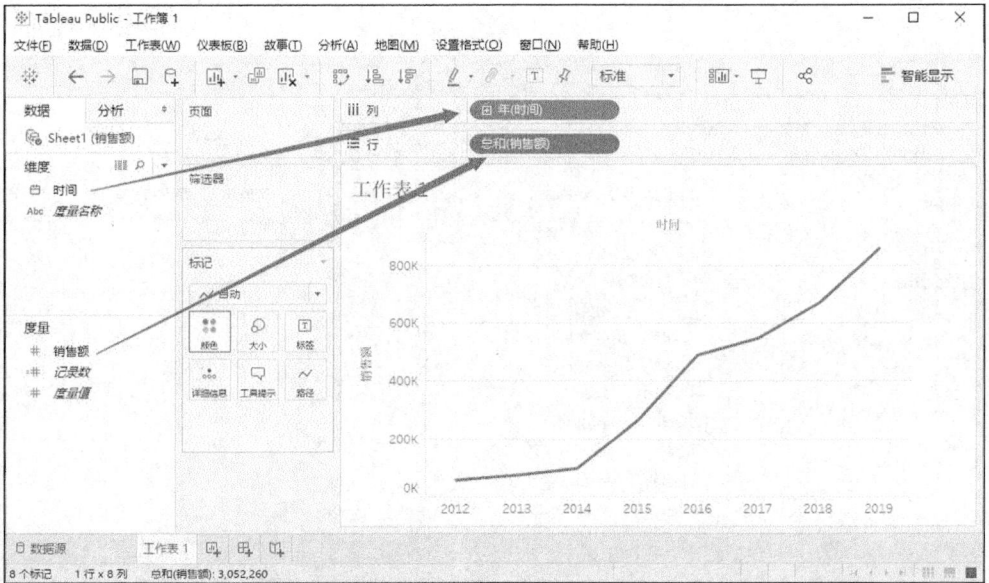

图 5-60　生成销售额折线图

步骤 4：预测。Tableau 中可以直接使用预测功能对后续进行预测。具体方法为，在"分析"选项卡中选择"预测"选项中的"显示预测"选项，即可显示预测线，还可以对预测线进行编辑，使其显示预测的时间长度，分别如图 5-61 和图 5-62 所示。

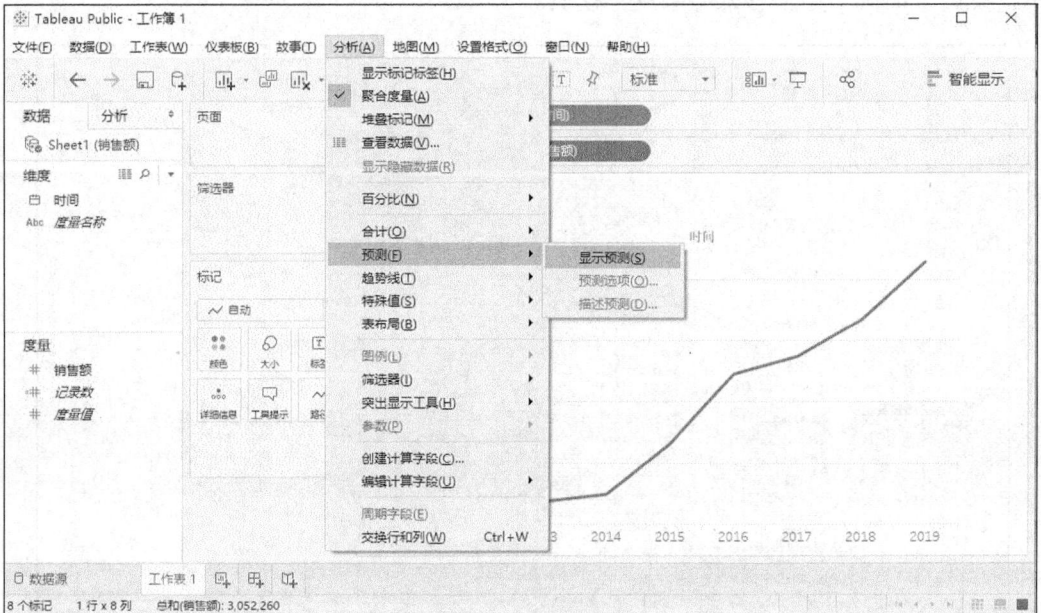

图 5-61　设置显示预测

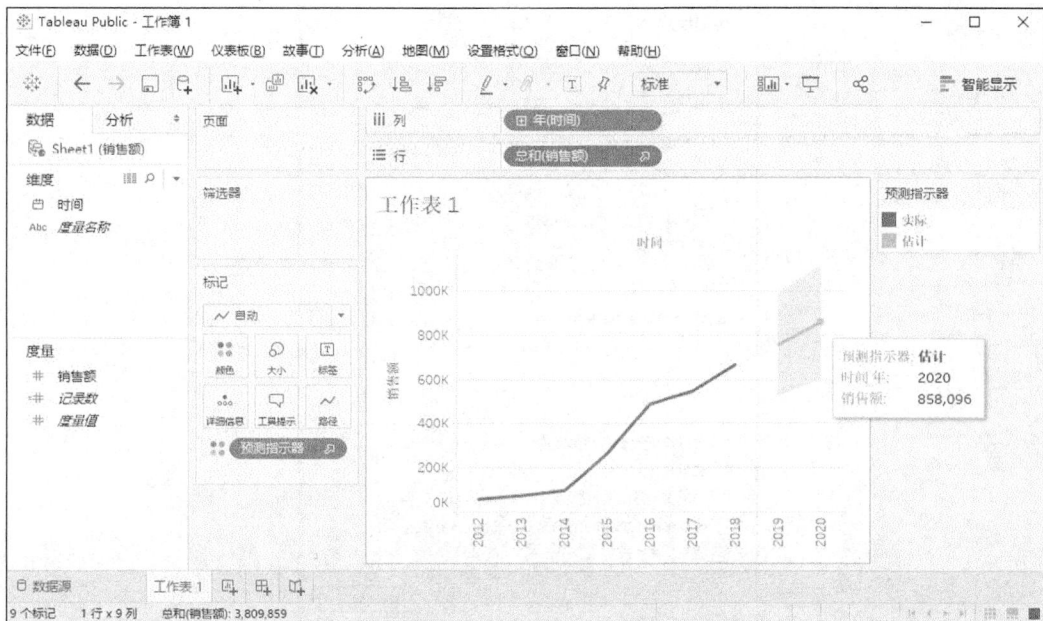

图 5-62　预测线显示结果

当将鼠标指针移至预测线上时会显示对应的预测值。图 5-62 中 2020 年对应的预测值为 858 096。

步骤 5：使用趋势线进行回归分析及预测。Tableau 中还可以通过趋势线进行回归分析及预测。在"分析"选项卡中选择"趋势线"选项中的"显示趋势线"选项，即可显示出趋势线，如图 5-63 所示。还可在趋势线上右击，在弹出的快捷菜单中选择"编辑趋势线"，即可选择趋势线模型类型，如线性、对数、指数、幂、多项式以及度等，默认为线性，即本例中所使用的模型类型，如图 5-64 所示。趋势线显示结果如图 5-65 所示。

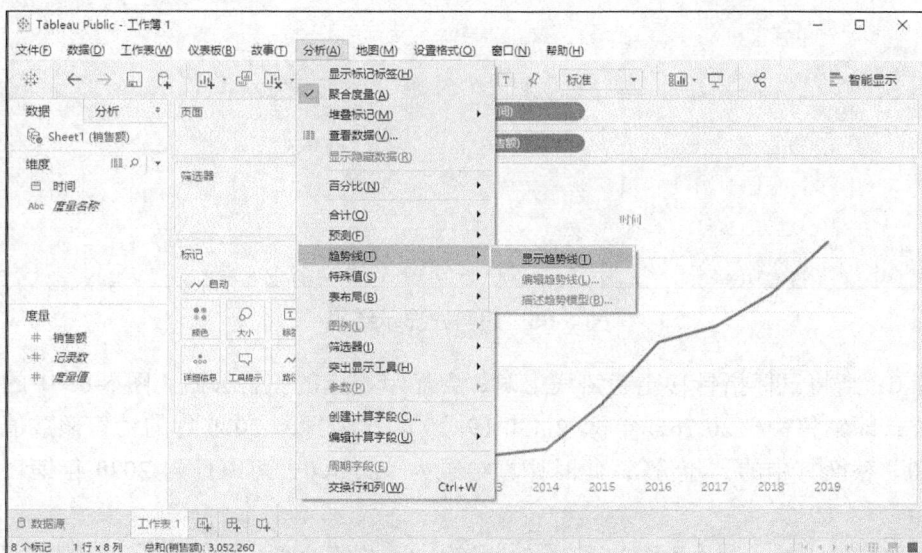

图 5-63　设置显示趋势线

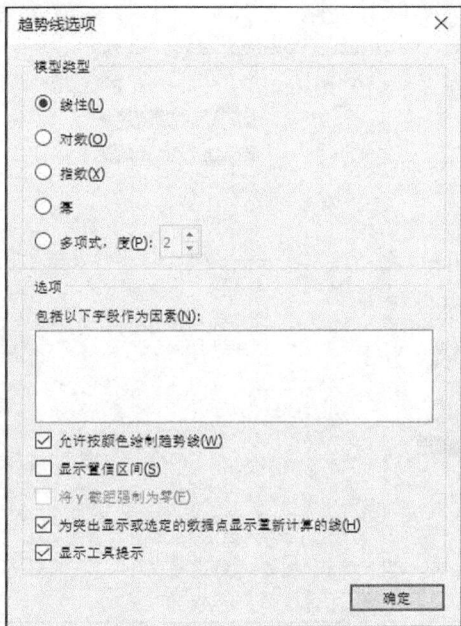

图 5-64　趋势线选项

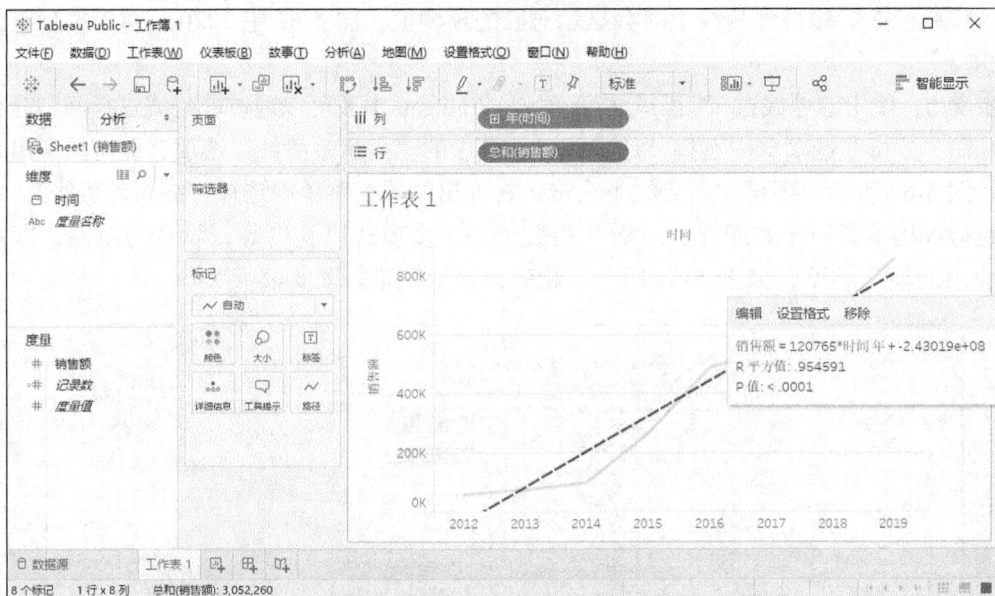

图 5-65　趋势线显示结果

步骤 6：当将鼠标指针移至趋势线上时，会显示相应的拟合公式，图 5-65 中的一元线性回归公式即销售额=120 765×年份-2.430 19×10^8。比如预测 2020 年的销售额数值，即可用"2020"替换其中的"年份"，此时计算结果为 926 300，可以预测 2020 年销售额约为 926 300 元。

从几种预测来看，利用不同的系统进行预测，预测值会有一定的差异，但从数值来看，Tableau 中趋势线的回归预测与 Excel 中的回归预测所得结果基本接近。

第五节　新媒体数据分析应用

本节将在第四章数据预处理实例的基础上，继续对"某旅游 App 的酒店客户信息"数据以及新媒体数据新闻《中国城镇化的单身困境》所获取数据进行分析。

一、"某旅游 App 的酒店客户信息"数据分析

1. 相关性分析

计算总入住消费分别与年龄、总入住次数、最后一次入住时间至调查截止时间时长（天）、平均入住时间间隔（天）、总入住积分、总其他积分、总精英积分、积分兑换次数以及平均折扣率的相关系数，比较各因素对总入住消费金额的影响程度，结果如表 5-3 所示。发现总入住积分与总入住消费的相关性最强，说明该旅游 App 的盈利符合帕累托法则，应重点把握精英客户。

表 5-3　总入住消费与各属性之间的相关系数

总入住消费/元	年龄	总入住次数	最后一次入住时间至调查截止时间时长/天	平均入住时间间隔/天
	0.119	0.359	−0.107	−0.274
总入住积分	总其他积分	总精英积分	积分兑换次数	平均折扣率
0.800	0.215	0.656	0.313	0.311

2. 贡献度分析

为确定精英客户的范围，将总入住消费进行贡献度分析，找出为该旅游 App 酒店服务贡献了 80% 的消费金额的会员号。对总入住消费金额从大到小排列后，发现前 244 位会员贡献了超过 80% 的消费金额，如图 5-66 所示，这些应该是该旅游 App 重点维护的客户。

3. 平均分析

根据总入住消费和总入住次数，计算平均入住消费，公式如下。

平均入住消费 = 总入住消费 ÷ 总入住次数

平均入住消费计算结果如图 5-67 所示。

	A	B	C	D
1	总入住消费（元）	会员号	累积贡献	贡献度
230	98272	56362	6838244	0.0742008
231	98258	18838	6857082	0.0744052
232	97804	58999	6916081	0.0750454
233	97794	26641	6942722	0.0753545
234	97768	29181	6971903	0.0756511
235	97796	49017	7020920	0.076183
236	97629	57758	7078678	0.0768097
237	97363	54078	7132756	0.0773965
238	97362	26803	7159559	0.0776874
239	97352	18830	7178389	0.0778917
240	97312	38275	7216664	0.078307
241	97303	42627	7259291	0.0787695
242	97283	36635	7295926	0.0791671
243	97180	54719	7350645	0.0797608
244	97098	50183	7400828	0.080305
245	96220	54	7400882	0.0803059
246	95851	20119	7421001	0.0805242
247	95815	13204	7434205	0.0806675

图 5-66　贡献度分析结果

总入住次数	总入住消费（元）	平均入住消费
23	241850	10515.21739
152	255262	1679.355263
92	189310	2057.717391
101	234969	2326.425743
73	197411	2704.260274
64	145525	2273.828125
43	160637	3735.744186
29	98727	3404.37931
118	225298	1909.305085
50	148017	2960.34

图 5-67　平均入住消费计算结果

4．矩阵分析

以平均入住时间间隔和平均入住消费（用平均分析法求得）两个重要指标作为分析依据，并将其作为横、纵坐标，构成四个象限，分析客户特征，得出四大客户群体，如图 5-68 所示。

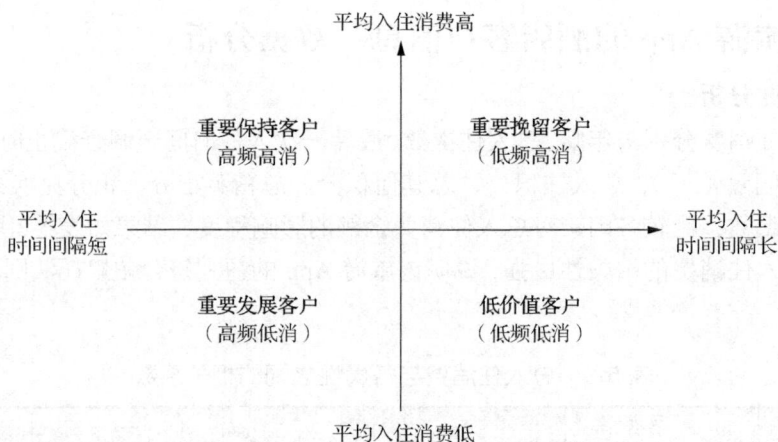

图 5-68　客户特征矩阵分析

① 重要挽留客户：这类客户平均入住时间间隔长，平均入住消费高，呈现低频高消的特点。因此，该旅游 App 应加强与此类客户的联系，提高其忠诚度。

② 低价值客户：这类客户平均入住时间间隔长，平均入住消费低，呈现低频低消的特点。因此，该旅游 App 应向此类客户推送一些酒店打折等促销信息，激发客户预订意愿。

③ 重要发展客户：这类客户平均入住时间间隔短，平均入住消费低，呈现高频低消的特点。因此，该旅游 App 应向此类客户推送一些酒店"满减"信息，提高其每次消费金额。

④ 重要保持客户：这类客户平均入住时间间隔短，平均入住消费高，呈现高频高消的特点。他们是最为理想的客户类型，贡献度最高，应优先将资源投放到该类客户中，进行差异化管理和一对一营销，尽可能维持这类客户的高水平消费。

二、新媒体数据新闻《中国城镇化的单身困境》数据分析

新媒体数据分析是挖掘新闻价值的重要途径，也是数据新闻生成的关键环节，本部分内容将利用本章数据分析方法对第四章中数据新闻案例《中国城镇化的单身困境》预处理的数据进行分析，提取有价值的内容。

1．数据分析过程

（1）对比分析

本案例中主要采用结构相对数比较、比较相对数比较、动态相对数比较、强度相对数比较 4 种对比分析方法。

① 结构相对数比较：比较全国未婚男性数量的占比、全国未婚女性数量的占比、城市

未婚男性数量的占比、城市未婚女性数量的占比、农村未婚男性数量的占比以及农村未婚女性数量的占比等。

② 比较相对数比较：本案例中主要有以下三个方面的数据运用了比较相对数比较。一是比较城市人口和农村人口在年龄性别比、婚姻状况、工资性收入、生活用品及服务支出、交通及通信支出、医疗保健支出、教育文化娱乐支出等方面的差异，从而得出城乡资源的差距。二是比较全国各地的年龄性别比和彩礼数据。三是比较各媒体平台关于"城市大龄未婚女"和"农村大龄未婚男"报道的内容。

③ 动态相对数比较：比较不同时期的城镇化率、GDP、房价、生育率等数据。

④ 强度相对数比较：比较农村和城市的工资性收入（元/人），得出城乡的就业水平差距；比较各地住宅平均销售价格（元/平方米），得出各地住房市场的情况。

（2）预测分析

在 Excel 中，通过对近年"各年龄人数及结构性别比"按照"性别比"进行降序排列，发现人口性别比呈现低龄化趋势，预测未来我国的"大龄未婚男"问题可能加重，如图 5-69 所示。

（3）词频分析

本案例运用 Python，对百度和微博平台上有关"城市大龄未婚女""农村大龄未婚男"的内容进行词频统计，具体代码如下。数据分析者仅需将粗体部分的代码替换为所要处理的文件的名称即可。

① 清除空格。

	A	B	C
1	年龄	人数	性别比(女=100)
2	5-9岁	63314	118.55
3	10-14岁	60727	118.46
4	15-19岁	59251	117.7
5	0-4岁	68313	114.52
6	20-24岁	73185	110.98
7	总计	1145246	104.81
8	25-29岁	100701	104.47
9	40-44岁	87713	104.06
10	45-49岁	105476	103.56
11	35-39岁	82553	103.29
12	50-54岁	96760	102.52
13	55-59岁	59823	102.25
14	30-34岁	88959	101.04

图 5-69　预测分析

```
#encoding=utf-8
f1=open('baidu.txt','r')
w=open('rmrb_nospace.txt','w')
fr=''.join(f1.readlines())
s2=''.join(fr.split())
w.write(s2+'\n')
w.close()
```

② 分词。

```
#encoding=cp936
import jieba
import codecs#设置码值转换
import jieba.posseg as pseg#带有词性的切词包
f=codecs.open('baidu_nospace.txt','r')
wfile= codecs.open('rmrb_seg.txt','w',encoding='gb18030')
for line in f:
                words =pseg.cut(line)
                seg_list=[]
                for w in words:
                 if w.flag.startswith('n') and len(w.word)>1:seg_list.
Append(w.word)

                elif w.flag =='v' and len(w.word)>1 :seg_list.Append(w.word)
```

```
##                     elif w.flag=='eng':#seg_list.Append(w.word)
##                         if w.word.lower() in eng:seg_list.Append(w.word.
lower())
                    elif w.flag=='vn':seg_list.Append(w.word)
                    elif w.flag=='b':seg_list.Append(w.word)
                print (len(seg_list))
                wfile.write( '/'.join(seg_list))
                wfile.write('\n')
        wfile.close()
```

③ 词频统计。

```
#encoding=cp936
import jieba
import codecs
import jieba.posseg as pseg

f=codecs.open('baidu_seg.txt','r')
w=codecs.open('rmrb_freq_words.txt','w')
line=f.readline()
line=line.strip('\n').split('/')#先去末尾的换行符，随后用/分隔出各个词
freq_dict={}#用于计算词频
for item in line:
            if item not in freq_dict.keys():
                        freq_dict[item] = 1
            else:
                        freq_dict[item] += 1
d2=sorted(freq_dict.items(), key=lambda d:d[1], reverse=True)#按照词频降排序
for item in d2:
            a,b=item
            w.write(a+'\t'+str(b)+'\n')
w.close()
```

部分词频统计结果如图 5-70 所示。

（4）文本情感分析

文本情感分析又称意见挖掘或倾向性分析，是对带有情感色彩的主观性文本进行分析、处理、归纳和推理的过程。本案例中通过对百度和微博上有关"城市大龄未婚女""农村大龄未婚男"的高频词汇进行正向、中性、负向情感判别，揭示社会评价和人们对城市大龄未婚女和农村大龄未婚男的刻板印象。

2. 数据分析结论

通过数据分析，结合第二章中对数据新闻案例《中国城镇化的单身困境》确定的内容板块，得出以下结论，如表 5-4 所示。

文件(F) 编辑(E) 格式(O) 查看(V) 帮助(H)	
大龄	1320
城市	897
展开	670
全文	658
没有	636
免费	378
围观	378
结婚	329
认为	323
问题	312
失败	284
生活	282
有罪	268
大城市	260
农村	234
觉得	226
毕业	214
回答	210
未婚女	208

图 5-70　部分词频统计结果

表 5-4 数据预处理及分析结论

内容板块	数据	结论
转型中的失衡（现状）	中国第六次人口普查城市化水平	中国城市化水平和速率提高，城市化率已突破 50%
	全国未婚男女人口、城市和农村人口未婚人数、各地区未婚男女人数、"大龄未婚女"百度搜索指数地区分布、各年龄人数及结构性别比	"城市大龄未婚女"多，"农村大龄未婚男"多
无处安放的爱情（原因）	城乡居民人均收支情况	城乡资源差距较大，城市资源明显优于农村，其中差距最大的是工资性收入，也就是城乡就业差距大
	各地彩礼数据	我国彩礼总体上呈现地区差异，不同地区彩礼有所不同
	媒体平台"大龄未婚男""大龄未婚女"词频	对"城市大龄未婚女"和"农村大龄未婚男"的负向评价多于正向评价，存在刻板印象
"剩"的代价（影响）	人口生育率	我国人口出生率自 2016 年逐年下降，下降速率增加，人口老龄化趋势严重
	各地区住宅平均销售价格	房价是重要因素之一
	"大龄未婚男""大龄未婚女"媒体平台报道次数	在 2010—2019 年，部分媒体没有给予大龄未婚群体足够关注

思考与练习

1. 简述在新闻传媒领域新媒体数据分析的作用和价值主要体现在哪些方面。
2. 举例说明并阐述新媒体数据分析的类别。
3. 简述新媒体数据分析的思维变革主要体现在哪些方面？
4. 列举新媒体数据分析的方法主要有哪些？
5. 利用新媒体数据分析方法对本章应用案例中的数据进行分析。

第六章
新媒体数据可视化

本章概述

　　数据可视化（Data Visualization）是指通过图形、图表以及动画等形式直观、生动、形象地展示数据。它有利于受众更快获取数据、获取更多数据、更深理解数据。新媒体数据可视化是新媒体数据分析的重要环节，能够支持新媒体数据新闻的设计与制作，实现新媒体数据新闻视觉信息向受众的传递，帮助受众更好地理解数据和新闻内容。本章将系统地阐述新媒体数据可视化的含义、必要性、类型、设计要点以及工具应用等内容。按照视觉形态差异性，本章内容将数据可视化分为静态与动态两类：静态类型以信息图表为代表，具体包括折线图、条形图、饼图、散点图、地图、雷达图、热力图以及复合图表等；动态类型按照是否有交互操作分为动画视频与交互图表两类。本章内容还将介绍新媒体数据可视化的设计要点，包括准确化、扁平化与移动化。最后，本章重点介绍四大数据可视化实践案例，分别是利用镝数图表平台制作桑基图、利用 Excel 和 Photoshop 制作特色条形图、利用 datavrap 平台制作动画视频以及利用 iH5 制作交互图表，帮助数据分析者在实际操作中掌握新媒体数据可视化的相关知识与技能。

第一节 新媒体数据可视化概述

一、什么是数据可视化

　　数据可视化是指通过图形、图表以及动画等形式直观、生动、形象地展示数据。它囊括了信息可视化、知识可视化、科学可视化以及视觉设计方面的进步和发展，经历了图形符号、数据图形、多维信息的可视化编码、多维统计图形以及交互可视化等阶段。数据可视化的目的在于借助图形化的手段，清晰有效地传达与沟通信息。

　　韩卫国等人认为数据可视化是在科学可视化基础上诞生的，将大量数据组合构成数据图像，同时将数据的各个属性值以多维数据的形式表示，使数据分析者能够以更直观的方式从不同的维度观察数据及其结构关系，发现数据中隐含的信息。

二、数据可视化的意义

　　数据可视化的意义总体来说分为以下几点：更快获取数据、获取更多数据、更深理解数据。

1. 快：提高信息获取效率

　　在信息迅速膨胀的网络新媒体时代，如何在海量数据中找寻有价值的内容成了重要挑战。而数据可视化利用人脑以图像运作的原理，以其直观性、美观性和生动性便于受众获取信息。

　　图 6-1 所示是著名的南丁格尔玫瑰图（扫码看彩图）。南丁格尔在战争期间分析了堆积如山的军事档案，制成该图。它以饼图为基础，采用极坐标将图形均分为 12 份，用来代表 12 个月，每一个玫瑰花瓣的半径代表总的死亡人数。其中，蓝色代表因感染或者不严重的疾病导致的死亡，粉色代表因负伤导致的死亡，灰色代表其他原因导致的死亡。该图清晰地展现了英军在克里米亚战役中死亡的原因是在战场外感染疾病和受伤后没有得到适当护理，真正死在战场上的人反而不多。南丁格尔玫瑰图将大量军事档案数据浓缩成一张直观的玫瑰图，提高了信息获取效率，推动了军队医疗卫生改革。

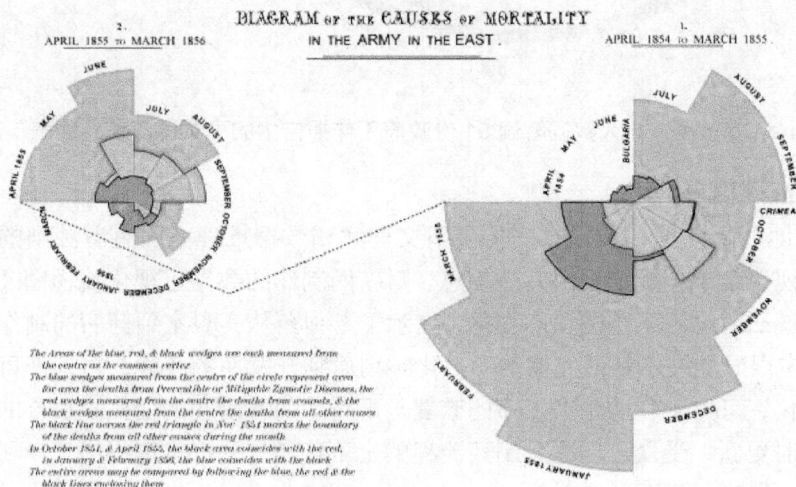

扫码看彩图

图 6-1 南丁格尔玫瑰图

2. 多：增大信息表现容量

数据可视化能在一张图里复合多维数据。中国环球电视网（China Global Television Network，CGTN）的作品分析了 1954 年、1978 年、1993 年、2009 年、2014 年和 2018 年的政府工作报告，如图 6-2 所示，在一张信息图表里同时呈现了时间、议题、频数三维数据，不仅增加了信息容量，还可以让受众对数据间的关系进行交叉分析。纵观不同时代，受众可以发现经济一直都是政府工作的关注重点。但是，自 1978 年改革开放以来，有关发展的侧重点发生了变化。而且自 2014 年以来，对质量的关注也在稳步上升。可以看出，数据可视化能够有效整合多维信息。

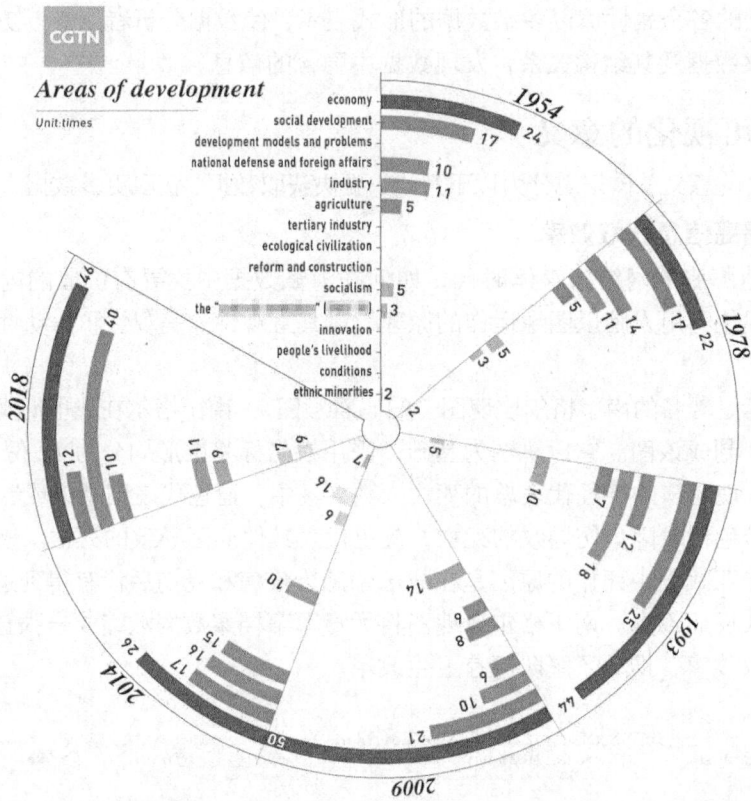

图 6-2 《"What China Counts？"|大数据解读 51 份政府工作报告中的高频词》信息图表

3. 深：深度加工推理信息

可视化因为能清晰地展示证据，所以在支持上下文理解和数据推理方面有着独到的作用，能够引导受众从可视化结果分析推理出有效信息。财新网制作的数据可视化流程图《专利药为什么这么贵》通过三道过滤系统的动态变化，显示了专利药从实验室到药店的制作流程，如图 6-3 所示。图中很好地展示从研究期的无数化学物质到开发期的胶囊，再到许可期的极少数药物胶囊的变化，可见专利药生产工序的繁复与严苛。随着动图的变化，下方的成功率和预算占比也在实时更新，受众可以联系制药流程的上下环节，分析推理得出"专利药为什么这么贵"的答案。

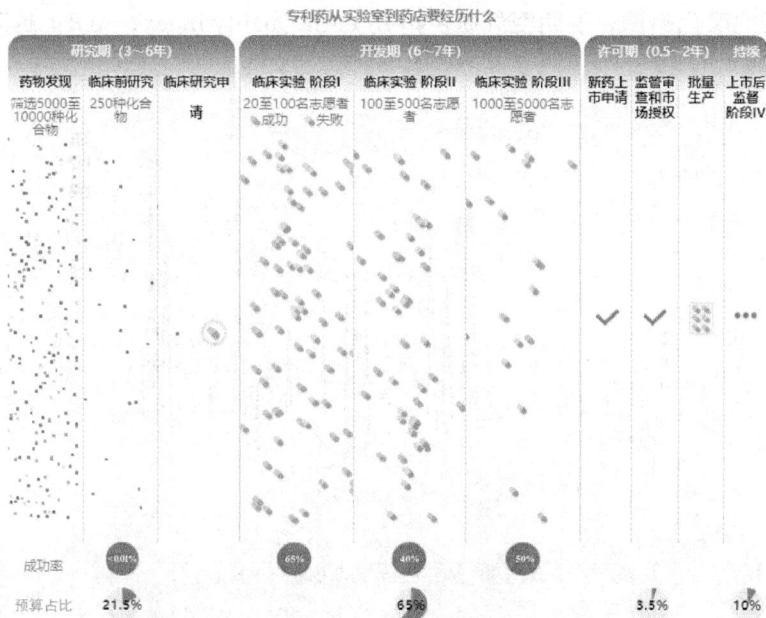

图 6-3　专利药从实验室到药店的制作流程可视化

第二节　新媒体数据可视化类型

数据可视化可按照以下标准分类。

① 按照用户调动的感官层次分为视觉、视听、视触与视听触结合。

② 按照视觉形态的动静差异分为静态可视化与动态可视化。

本节内容主要按照视觉形态的动静差异将数据可视化分为静态与动态两类，其中静态类型以信息图表为代表，动态类型可按照是否有交互操作分为动画视频与交互图表两类，如图 6-4 所示。

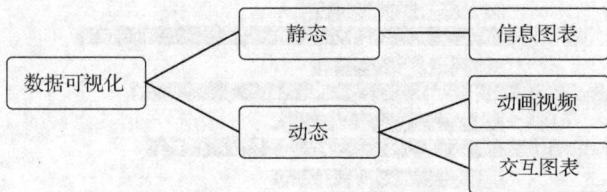

图 6-4　数据可视化类型

一、信息图表

信息图表是指信息、数据、知识等的视觉化表达。彭兰认为信息图表可以将枯燥的信息与数据转换成美丽的、能给人留下深刻印象并且有意义的图形，达到信息的视觉化萃取。常见的信息图表有以下几大类型。

1. 折线图

折线图重在反映一段时间内事物的变化趋势。图 6-5 所示是 2014—2015 年北京市空气质量折线图。折线的颜色越深，说明空气质量指数（Air Quality Index，AQI）越高，空气污染越严重。

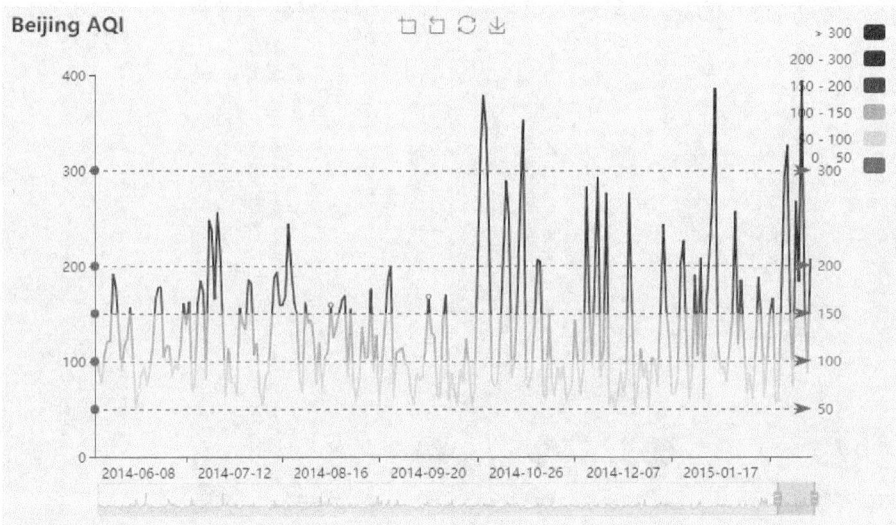

图 6-5　2014—2015 年北京市空气质量折线图

2. 条形图

条形图重在比较各组数据之间的差别。图 6-6 所示是某店一周营业收支正负条形图。图片下方的横轴代表由负到正的金额，纵轴代表时间。浅蓝色表示支出，深蓝色表示收入，红色表示利润，由此可以比较出一周内各天的盈利情况。图 6-6 表明该店一周都是盈利状态，且周三和周四盈利最多。

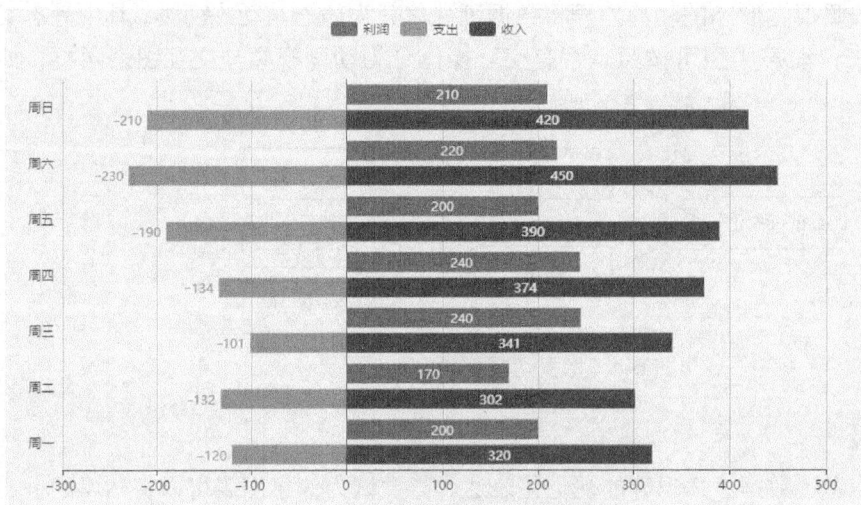

图 6-6　某店一周营业收支正负条形图

3. 饼图

饼图重在反映各部分的占比情况。图 6-7 所示是某商业平台访问流量饼图。饼图的内部显示访问的三大流量源分别是搜索引擎、营销广告以及直达。外部的圆环图分别显示三大流量源内部的占比情况，可以看出搜索引擎是第一大流量源，而百度是搜索引擎中最大的流量源。

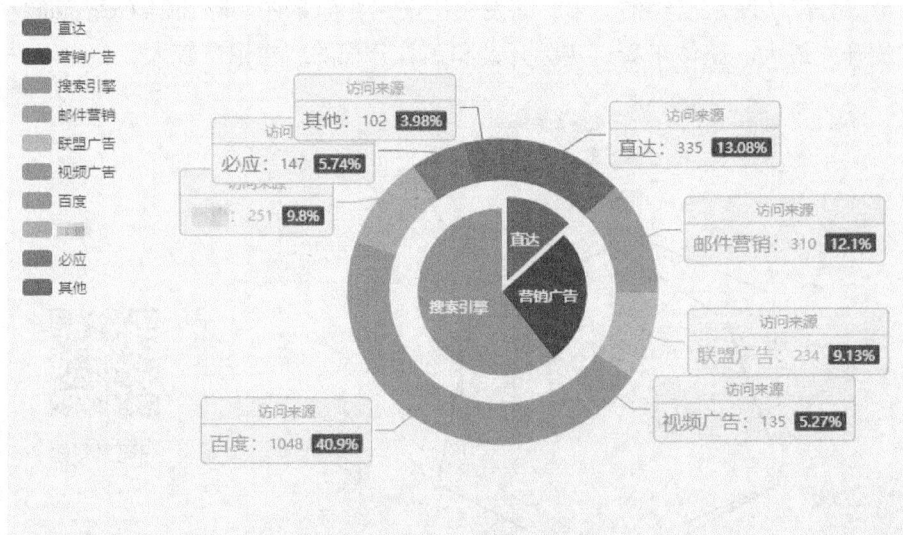

图 6-7　某商业平台访问流量饼图

4. 散点图

散点图重在反映变量间的离散程度以及相关关系。图 6-8 所示是男性女性身高体重分布散点图。首先，身高和体重大致沿一条直线拟合，可推测二者呈线性相关。其次，女性身高体重的分布区间和男性相比偏左下角，整体低于男性。

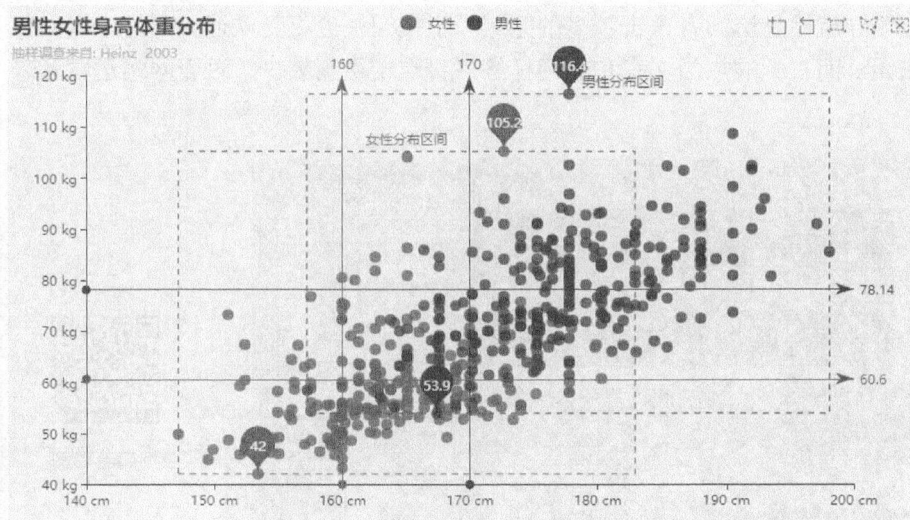

图 6-8　男性女性身高体重分布散点图

5. 地图

地图重在展示一定空间范围内的整体情况。例如，查看北京公交路线图可以看出其中心呈环状布局，再向四周辐射分布，且在枢纽处形成次分支。

6. 雷达图

雷达图重在分析影响事物的各因素之间的强弱关系。图 6-9 所示是某企业预算-开销雷达图。可以看出，在预算分配（图示粗线条）中，研发占比最大，但是在实际开销（图示细线条）中，信息技术的开支最大。整体来看，实际开销和预算分配的结构相差较大。

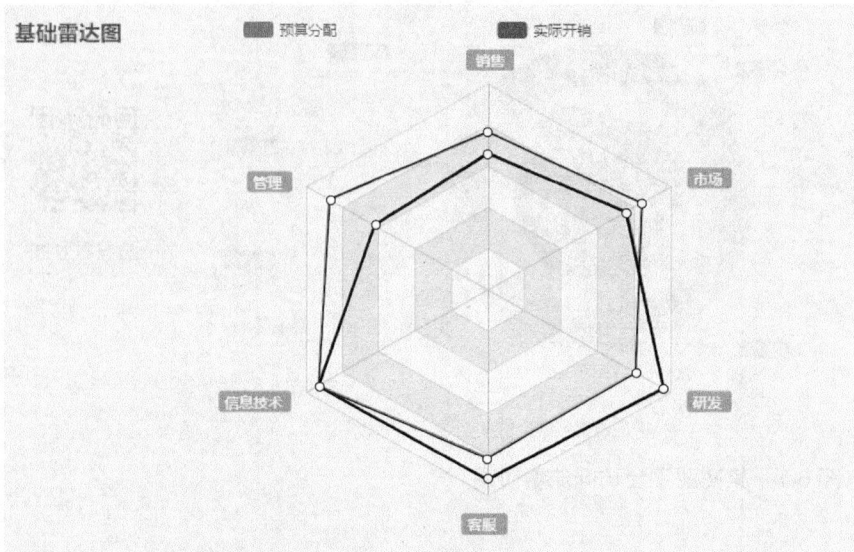

扫码看彩图

图 6-9　某企业预算-开销雷达图

7. 热力图

热力图重在通过颜色变化展现事物的不同热度。图 6-10 所示是某网站单击热力图。可以看出，菜单栏、左侧导航栏是访问者单击较多的区域，相关模块也更受欢迎，另外中间内容区域也有一定点击量。而右侧的热门文章和热门标签栏目点击量则较少，对于网站运营者来说值得关注。

扫码看彩图

图 6-10　某网站单击热力图

8. 复合图表

复合图表常围绕某个特定主题，融合文字、图片以及多种类型图表，从不同方面传达信息，具有综合性、丰富性、主题性等特点。图 6-11 所示是一个介绍茶的信息图表，分为 TEA TIME（下午茶时间）、BLACK TEA（红茶）、GREEN TEA（绿茶）、BREAKFAST TEA（早茶）4 个板块，运用了饼图、条形图等图表以及丰富的茶元素符号，能够加深受众对茶的了解。

扫码看彩图

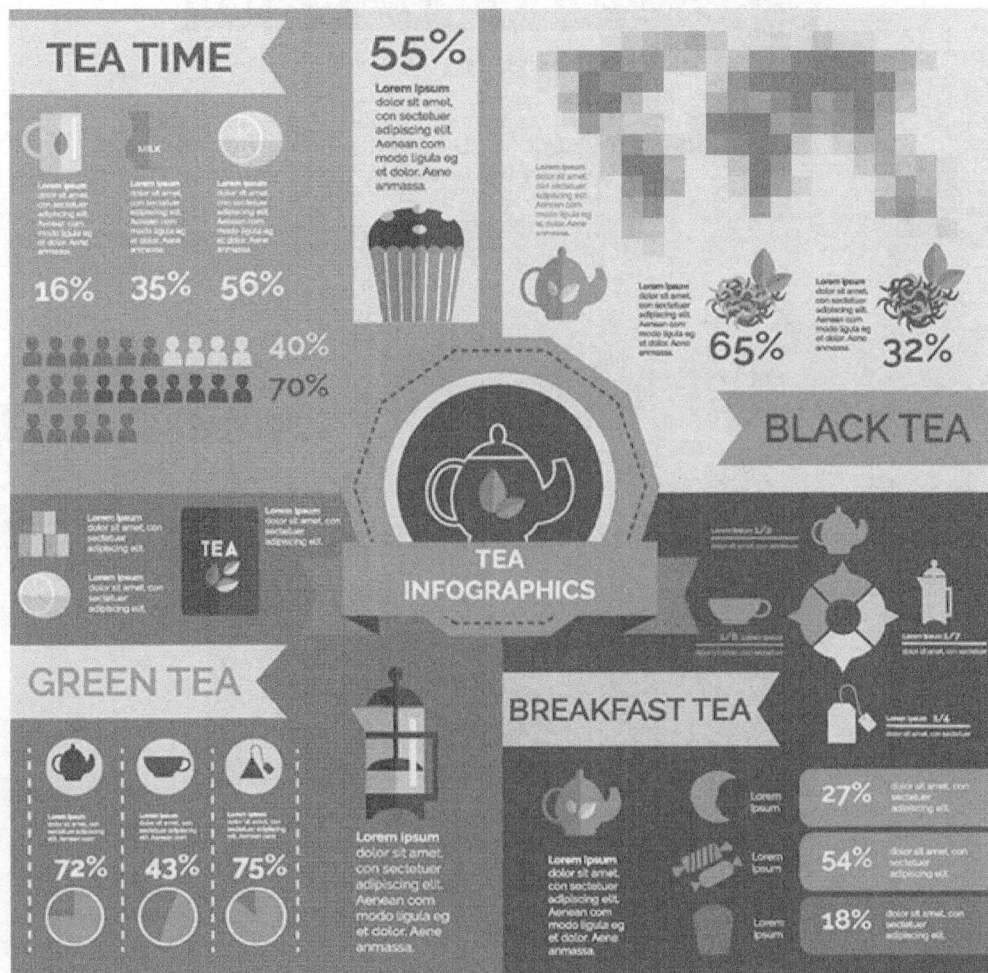

图 6-11　介绍茶的信息图表

二、动画视频

随着移动短视频的快速发展，数据可视化越来越依托微视频的表现形式，让枯燥乏味的数据鲜活地"动"起来。例如，CGTN 制作的《China's journey towards global trade》短视频，用数据解读我国对外贸易 40 年的发展历程，通过动画的方式，更有利于展现数据的动态变化，增加直观性与趣味性。视频相关数据图表的截图如图 6-12 所示。

（a）Ranking of China's trade volume in 2017

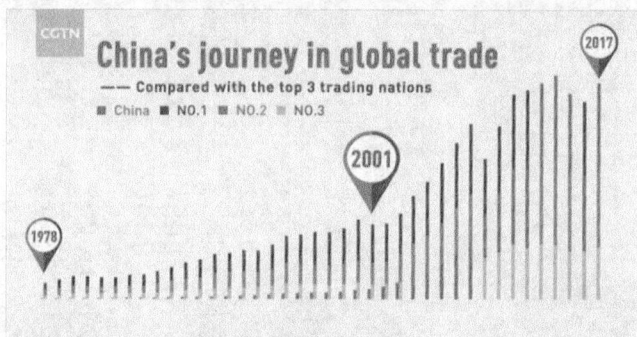

（b）China's journey in global trade

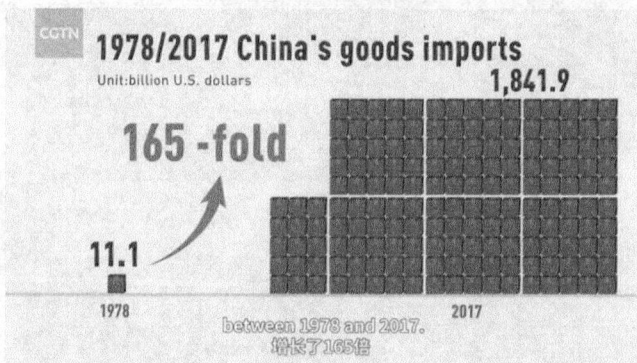

（c）1978/2017 China's goods imports

图 6-12 《China's journey towards global trade》视频截图

三、交互图表

　　随着以交互性为特点的 Web 2.0 时代的深入，数据可视化也逐渐融合了交互操作，以调动用户的积极性和参与性。在新媒体数据信息展示方面交互图表的制作和应用也越来越广泛，目前很多数据可视化平台都支持交互图表制作。网页交互作品《穿越胡线：临界人生》通过丰富的交互图表，让受众更加直观地感受胡线两端在地貌、海拔、人口以及降水等方面的差异。以移动端为例，受众按照提示左右滑动查看胡线地貌，等距分割的图片可以任意拓宽或缩窄，随着受众手指的滑动，下方的地形和降水图也会跟着变化。

第三节　新媒体数据可视化设计要点

新媒体数据可视化的含义之一是在新媒体平台上或运用新媒体技术进行数据可视化，它既包含数据可视化的一般要求，也针对新媒体交互性、即时性、移动化等新兴特点提出了一些特殊要求，总的来说可以归纳为以下三点。

一、准确化：避免歧义

准确化主要有两大含义：一是可视化要贴合数据本身，这就需要制作者在视觉传达之前对已有数据进行充分的理解，使可视化符合视觉隐喻的要求，避免错用符号曲解数据；二是可视化要符合常识，要和人们的文化背景与社会生活状况紧密相关，降低获取信息的难度。图6-13 所示是新华社的数据可视化作品《儿童接种疫苗的那些事儿》，图中将注射疫苗后的全身反应、局部反应、异常反应三组文字分别指向接种婴儿的头部、肩膀和心肺，这可能会让读者把三种反应与身体的这三个部位对应联想，给读者带来一定程度的阅读障碍，但细看文字介绍，发现并无必然联系。

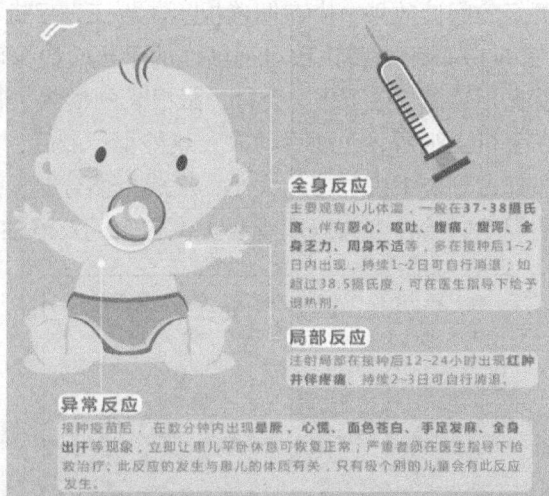

图 6-13　注射疫苗后的全身反应、局部反应、异常反应符号解读

二、扁平化：少即是多

新媒体信息的海量化、传播的即时性极大地压缩了数据可视化的时间，也使得受众的注意力资源极为稀缺。因此，扁平化的设计理念更加重要。它的核心意义是去除冗余、厚重和复杂的装饰效果，让"信息"本身作为核心被凸显出来。著名的奥卡姆剃刀定律（如无必要，勿增实体）也强调了用较少的东西，同样可以做好事情。

首先，扁平化在设计元素上强调抽象、极简和符号化，制作者可以参考一些著名品牌的Logo；其次，页面加载时间保持在 2.7～3.6 秒，首页尽量少用素材和动画效果；最后，交互尽量简洁明了，页数≤8。图 6-14 所示是腾讯数可视的作品《苹果认输：下调四季度营收预期 市值蒸发超 4 400 亿美元》的封面。代表财富的金色逐渐向上蒸发，简洁的设计明确地传递出苹果市值蒸发的核心信息，可视化简洁，但传递信息丰富。

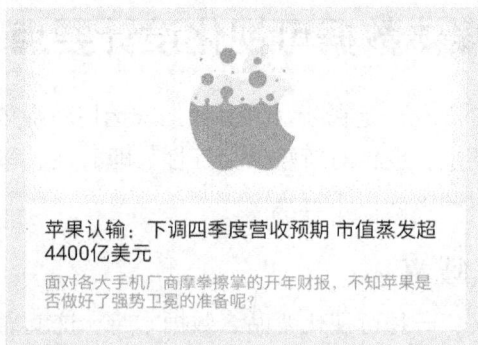

图 6-14 《苹果认输：下调四季度营收预期 市值蒸发超 4 400 亿美元》封面

三、移动化：小屏叙事

移动新媒体日益发展，越来越多的数据作品需要在手机端展示传播。制作者一方面可以考虑让作品同时兼容 PC 端和手机端，另一方面也可以根据手机端特点设计。第一，手机常见的屏幕分辨率为 640 像素×1 080 像素。第二，读者对手机长图的习惯浏览方式是上下翻页，如果横屏观看可以达到更好的阅读效果，应有明确提示。第三，手机端的字体和图片可以放大，避免读者观看疲劳。图 6-15 所示是腾讯数可视创作的手机端数据可视化作品节选。首先，制作者在长图浏览以前就提示读者"接下来，会有一张很长的横图，请用横屏观看。"；其次，长图尺寸和分辨率适合在手机上观看，无须手动放大或缩小；最后，在可视化的构图上遵循小屏叙事的原则，每一部分占一个手机屏幕的大小，形成自然分割。该作品采用移动小屏叙事方式，并具有人性化的提示，给读者阅读和观看提供极大的友好性。

图 6-15 《阅兵队员踢一个正步，单腿要用多大劲？能让你一次提起 23 瓶水》节选

第四节　新媒体数据可视化工具应用

新媒体数据可视化工具多样，功能多元，可满足不同层次制作者的不同需求。需要明确的是，数据可视化是技术与艺术的融合。因此，掌握好工具的应用仅仅是夯实可视化技术的基础，制作者还需要不断提高审美品位与情操，才能制作出高质量的数据可视化作品。本节将对新媒体数据可视化工具进行介绍，在此基础上利用可视化工具对典型的可视化图表的制作进行阐述，并对新媒体数据新闻《中国城镇化的单身困境》中的典型可视化设计进行详细剖析，以展示新媒体数据可视化工具的应用。

▌一、工具简介

表 6-1 所示为数据可视化工具，其中按照静态可视化与动态可视化两种分类，罗列了几大常用的数据可视化工具，并简要分析了其操作难度和优缺点，制作者可根据自己的需求和技术掌握程度选择适当的工具。

表 6-1　数据可视化工具

类型	名称	是否下载	操作难度	优点	缺点
静态可视化	Excel	是	★	提供基本的图表类型与样式	交互性欠缺 图表类型有限
	Photoshop（PS）	是	★★★	适合处理位图（图像）、给图片加特效	处理矢量图能力有限
	Adobe Illustrator（AI）	是	★★★	适合处理矢量图	很难产生照片的真实图画，图形缺少立体感
动态可视化	镝数图表	否	★	适用于信息图表制作	拓展性差、升级版本需付费
	木疙瘩、MAKA、易企秀	否	★	付费版本便宜 交互模板、组件丰富	拓展性差、商业信息多
	ECharts	否	★★	适合初期了解数据可视化类型，代码可以引用	需修改代码，代码嵌套要有安装环境
	Tableau	是	★★	侧重数据分析处理	可视化功能较差
	datavrap	否	★★	侧重数据可视化	数据分析功能差
	iH5	否	★★★	拓展性强、交互性强、实时修改更新	付费版本价格高、作品浏览次数>500 有广告
	JavaScript	是	★★★★	跨平台，不依赖操作系统	涉及编程语言，难度大
	Python	是	★★★★	可与 MATLAB 组合	需掌握编程语言，要下载安装包

需要说明的是，在数据可视化的过程中，制作者往往需要根据不同工具的优点组合设计，以达到整体优于部分之和的效果。例如以下组合。

① Excel+PS：可在 Excel 中将数据制作成简单的柱形图或者条形图，确保可视化的准确性，再将生成的图表移动到 PS 中进行设计，体现可视化作品的美观性。

② PS+AI：如果是位图（有像素点）可以使用 PS 进行图片处理，如果需要增加或修改矢量元素，可以用 AI 中的钢笔工具进行可视化设计。

③ PS+iH5：可以使用 PS 设计好交互元素，然后放到 iH5 里通过添加事件和轨迹，实现交互。

二、实例讲解

1. 利用镝数图表平台制作桑基图

利用镝数图表平台制作桑基图简单易行，在线制作，适用于数据可视化基础较弱的初学者。具体操作步骤如下。

步骤 1：注册。百度搜索"镝数图表"并注册账号，首页如图 6-16 所示。

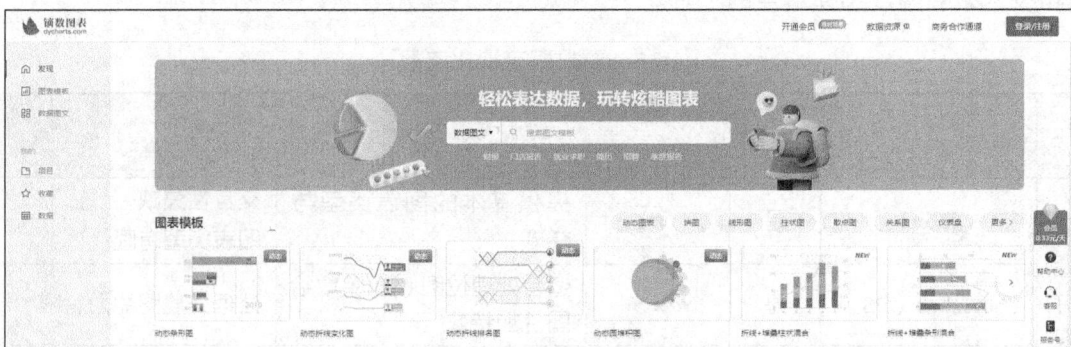

图 6-16　镝数图表首页

步骤 2：找模板。在模板中选择"桑基图"，如图 6-17 所示。

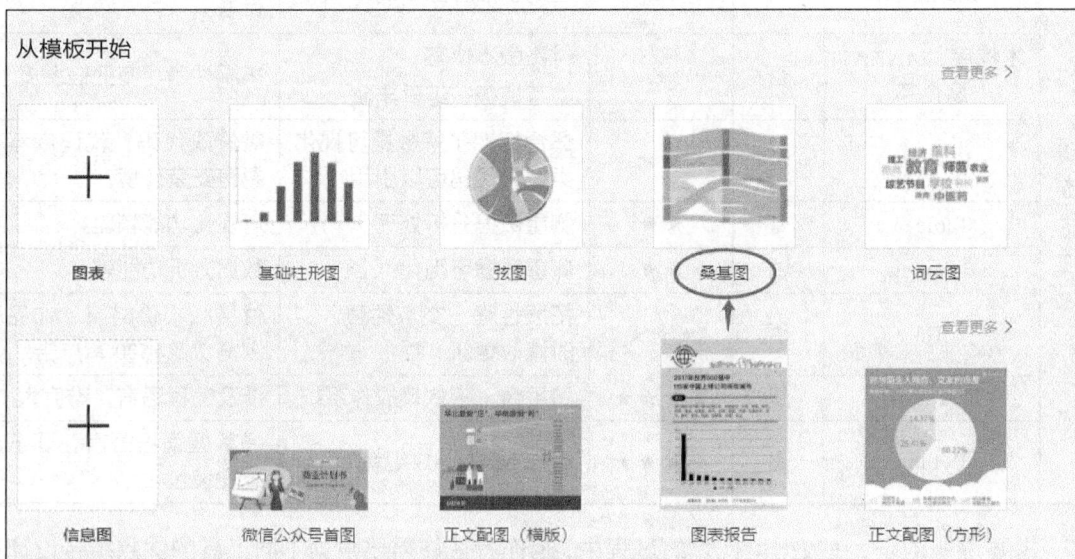

图 6-17　选择桑基图模板

步骤3：编辑数据。在桑基图的设计页面中单击"编辑数据"，然后在右侧弹出的表格里根据首行提示切换为制作者自己要可视化的数据，如图6-18所示。需要注意桑基图有二维和三维格式，三维格式按照首行的顺序分别对应图中的左、中、右数据。随着数据的变化，制作者可实时观察生成的桑基图的变化。

步骤4：修改样式。制作者还可以通过设置右侧的主题、画布宽高、画布颜色、映射、标题、附加信息、颜色、标签、数据格式、样式、阴影、图例、动画和交互提示框等使桑基图达到理想效果；如果想进一步优化交互效果，可以在右下角的"交互提示框"中勾选"交互提示框显示"，可视化图中鼠标指针移动或交互时则会显示相关数据信息，如图6-19所示。

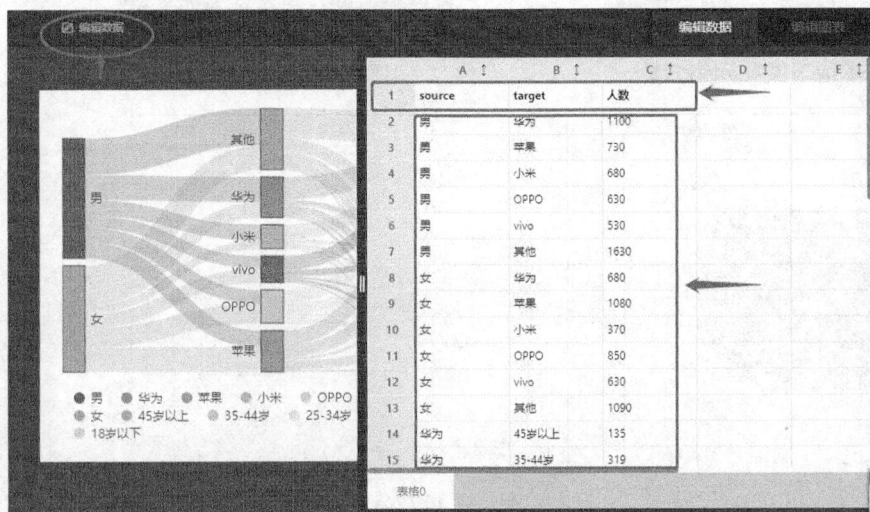

图6-18　编辑桑基图数据　　　　　　　　　图6-19　修改桑基图样式

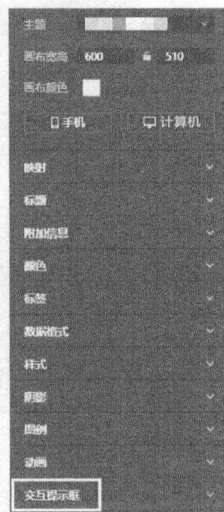

步骤5：分享应用。利用镝数图表平台制作的图表，通过单击右上角按钮，可以下载为本地文件，也可以进行网络分享，如图6-20所示。本地下载可以下载为JPG、PNG、SVG、GIF、MP4、MOV等图像、动画、视频文件，如图6-21所示，在新媒体数据新闻设计和制作中可将其直接插入制作工具或页面。网络分享主要有两种方式：一种是二维码和URL链接地址，如图6-22（a）所示，在移动端或PC端扫描二维码或在浏览器中输入链接地址，即可查看和应用该可视化图表；另一种是iframe标签嵌入代码，如图6-22（b）所示，由于iframe是HTML标签，其代码可以在网页内显示，因此可将该嵌入代码插入通过网页工具制作的数据新闻，以嵌入动态化图表，达到与镝数图表官方平台自身支持的相同效果。该方式在支持插入代码的工具平台中较为常用，例如在利用Wix平台进行数据新闻制作时即可将镝数图表iframe标签代码嵌入网页的所需位置，实现动态化、交互式图表的插入和显示。

153

图 6-20 本地下载和网络分享

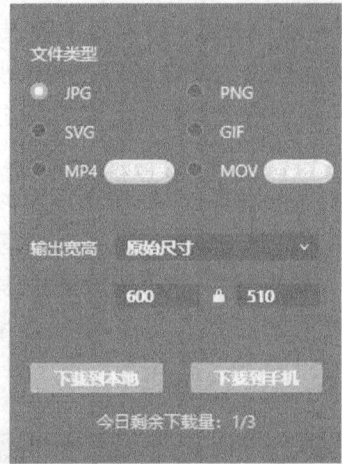

图 6-21 文件类型

（a）二维码和链接地址

（b）嵌入代码

图 6-22 网络分享

2. 利用 Excel 和 PS 制作特色条形图

利用 Excel 和 PS 制作特色条形图适用于有一定 PS 作图基础的制作者。主要思路是在 Excel 中生成图表，确保数据准确性；然后在 PS 软件里进行视觉设计与美化，提升数据可视化作品的美观性。所用数据源如表 6-2 所示，下面是制作过程中的几大关键步骤。

表 6-2　数据源

省（区、市）	文科超一本线	理科超一本线
北京	20	
河北	48	81
山西	16	23

省（区、市）	文科超一本线	理科超一本线
内蒙古		71
辽宁	39	60
黑龙江		98
上海	14	14
	13	13
江苏	13	14
浙江	37	37
安徽	44	
江西	0	38
山东	45	88
河南	44	74
湖北		54
湖南	39	62
广东		37
广西	47	25
重庆	61	46
四川	38	43
贵州	41	51
云南	34	36
陕西	69	37
甘肃	54	24
新疆	60	

步骤 1：数据源。在高考网站查询某高校 2018 年在全国部分省（自治区、直辖市）的文科、理科的录取分数线以及部分省（自治区、直辖市）2018 年的一本分数线，在 Excel 中计算二者的差值。

步骤 2：制作图表。全选数据区域，在"插入"选项卡中选择"柱形图"选项，在下拉列表中选择"二维柱形图"里的"簇状柱形图"，如图 6-23 所示，生成的柱形图如图 6-24 所示。

步骤 3：美化元素。将所生成的柱形图拖曳到 PS 软件中进行设计。首先，确定图表的构成，采取正负柱形图；其次，设计主要数据维度的元素，包括省份、文科、理科的符号表示；再次，进行元素符号替换，如表 6-3 所示。需要说明的是，在替换数据元素时，最小单位的元素符号尽量不要拉伸变形，可以通过复制累积表示，避免数据替换后带来的不美观。

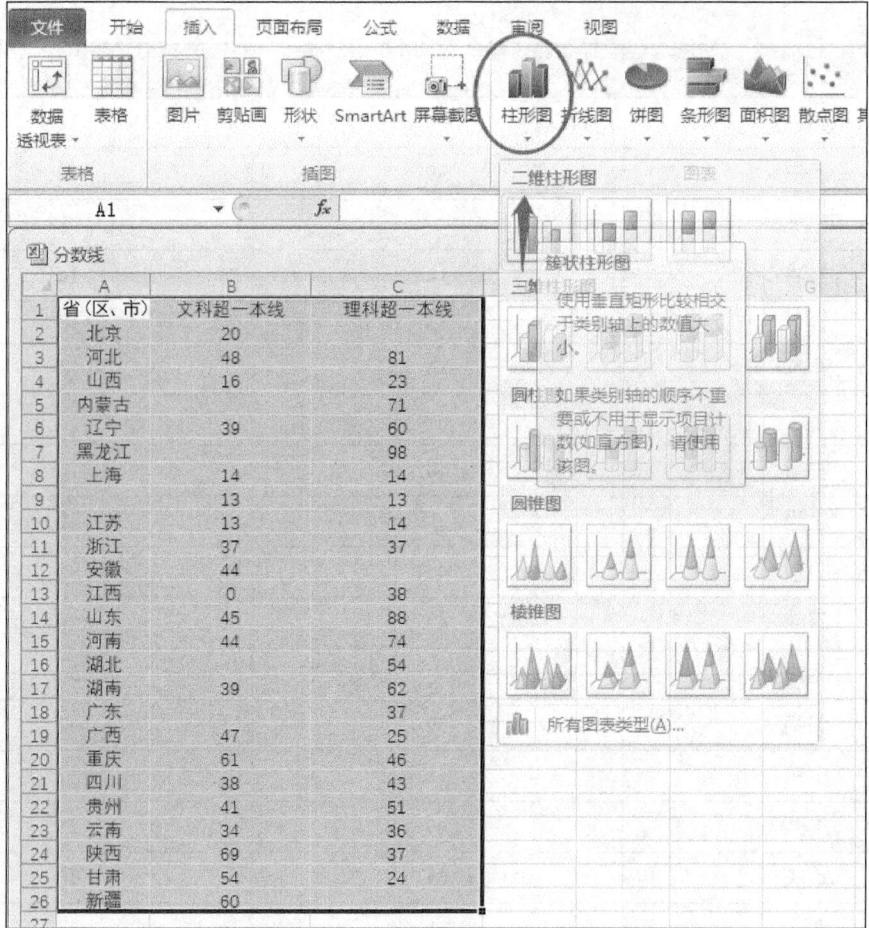

图 6-23　在 Excel 中制作柱形图

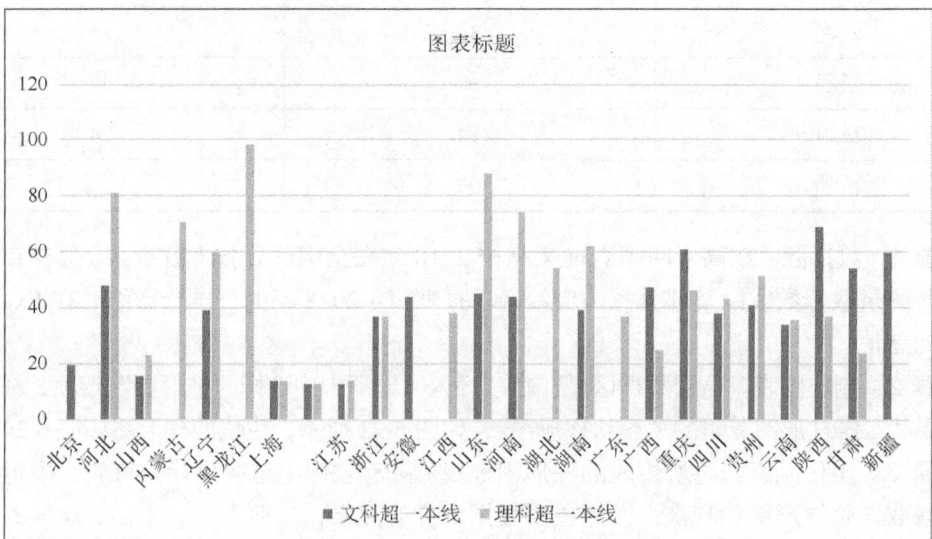

图 6-24　生成的柱形图

表 6-3　元素符号

理科图标	
文科图标	
城市元素 （寻找地标或者特色 Logo）	
理科条形	
文科条形	

步骤 4：画布设置。打开 PS，按 "Ctrl+N" 组合键新建画布，根据一般手机的屏幕尺寸，设置画布大小为 640 像素×1 080 像素，分辨率为 300 像素/英寸，竖向。设置完后单击 "创建" 按钮，如图 6-25 所示。

步骤 5：数据替换。在 PS 中按 "Ctrl+J" 组合键复制在 Excel 中制作的数据图表，将该图表的图层样式设置成 "正片叠底"，如图 6-26 所示，目的是避免 Excel 生成的图表所带白色背景的干扰。

图 6-25　PS 中的画布设置

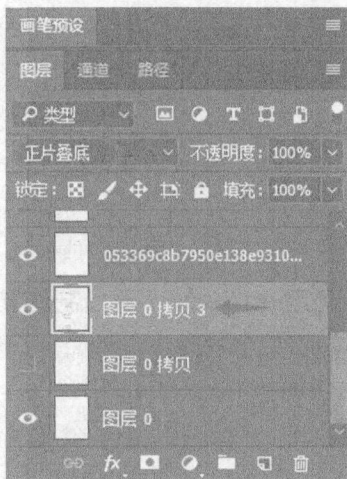

图 6-26　在 PS 中设置 "正片叠底"

在左侧工具栏中选择"魔棒工具"，选中"北京"对应的蓝色柱形，然后拖曳一条参考线贴合至柱形右侧，如图 6-27 所示。

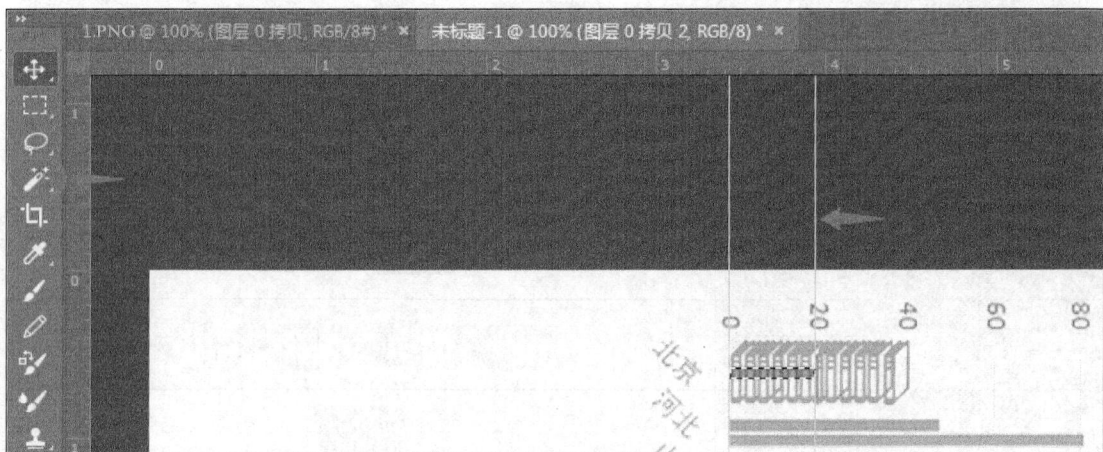

图 6-27　在 PS 中使用"魔棒工具"

在左侧工具栏中选择"选区"，之后选择"矩形选框工具"，用矩形选区贴合右边的参考线，如图 6-28（a）所示，然后按"Ctrl+J"组合键获取选区内的元素，如图 6-28（b）所示。

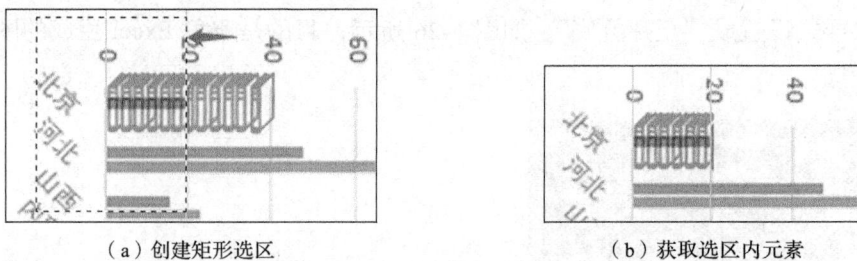

（a）创建矩形选区　　　　　　　　　　（b）获取选区内元素

图 6-28　在 PS 中使用"矩形选框工具"选择元素

按照此方法依次完成不同柱形图的元素替换。

步骤 6：局部修饰。可以使用 PS 给标题添加"投影"特效，也可以给信息图表添加淡蓝色背景。另外，根据数据可视化设计的原则和注意事项，为可视化图表添加背景信息更有利于读者全面理解图表，因此可以根据实际需要在图表下方注明数据来源和特殊情况，方便读者阅读和获取信息，最后生成的可视化信息图表如图 6-29 所示。

3. 利用 datavrap 平台制作动画视频

datavrap 平台的操作步骤简单，适合在线制作，也比较适用于数据可视化基础较弱的初学者。本例将利用 datavrap 平台制作 2000—2019 年登陆各一级行政区台风数量的动态条形图的视频动画，动态条形图部分截图如图 6-30 所示。具体操作步骤如下。

步骤 1：注册。进入 datavrap 主页并注册账号，单击"可视化设计器"，如图 6-31 所示。

步骤 2：新建图表。单击"新建图表"按钮，等待窗口弹出（若无窗口弹出，查看是否被浏览器拦截），如图 6-32 所示。

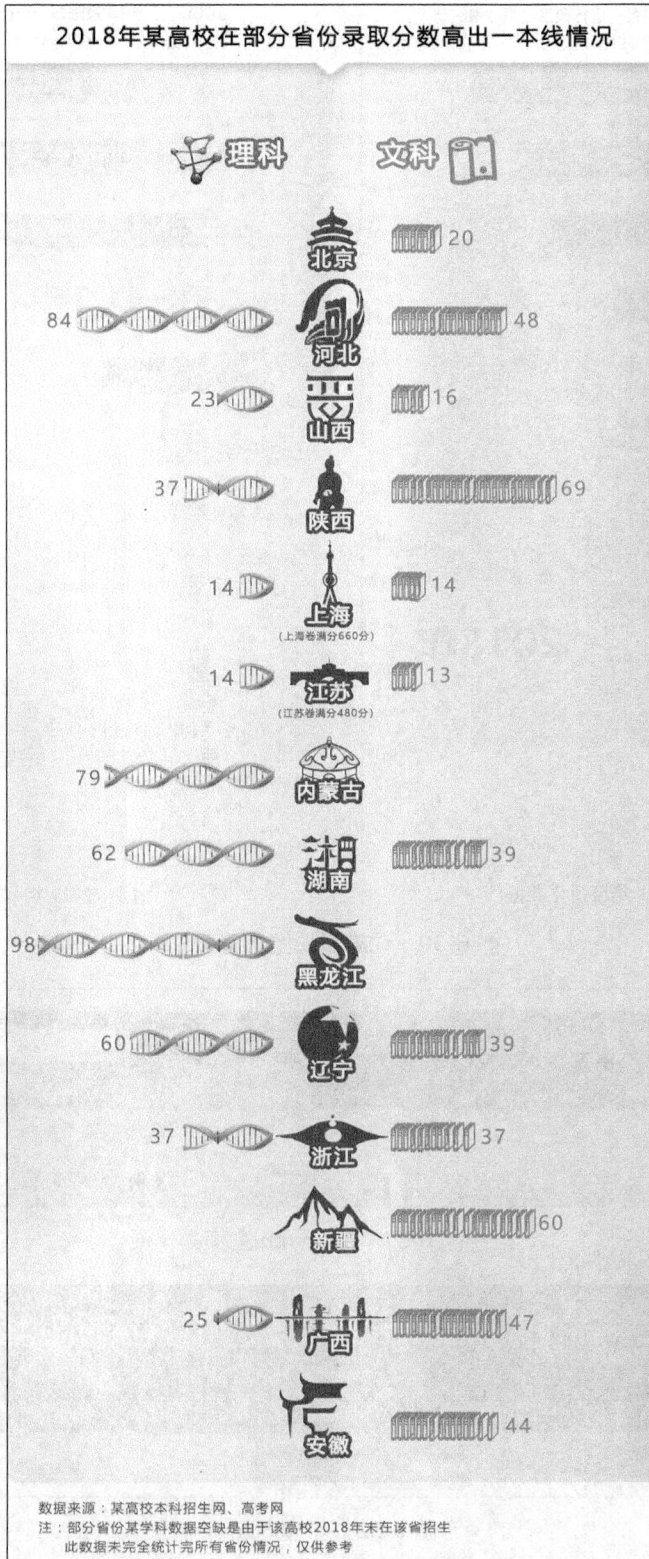

2018年某高校在部分省份录取分数高出一本线情况

理科　　文科

北京 20

河北 84 / 48

山西 23 / 16

陕西 37 / 69

上海 14 / 14
（上海卷满分660分）

江苏 14 / 13
（江苏卷满分480分）

内蒙古 79

湖南 62 / 39

黑龙江 98

辽宁 60 / 39

浙江 37 / 37

新疆 60

广西 25 / 47

安徽 44

数据来源：某高校本科招生网、高考网
注：部分省份某学科数据空缺是由于该高校2018年未在该省招生
　　此数据未完全统计完所有省份情况，仅供参考

图 6-29　某高校 2018 年高考分数线信息图表

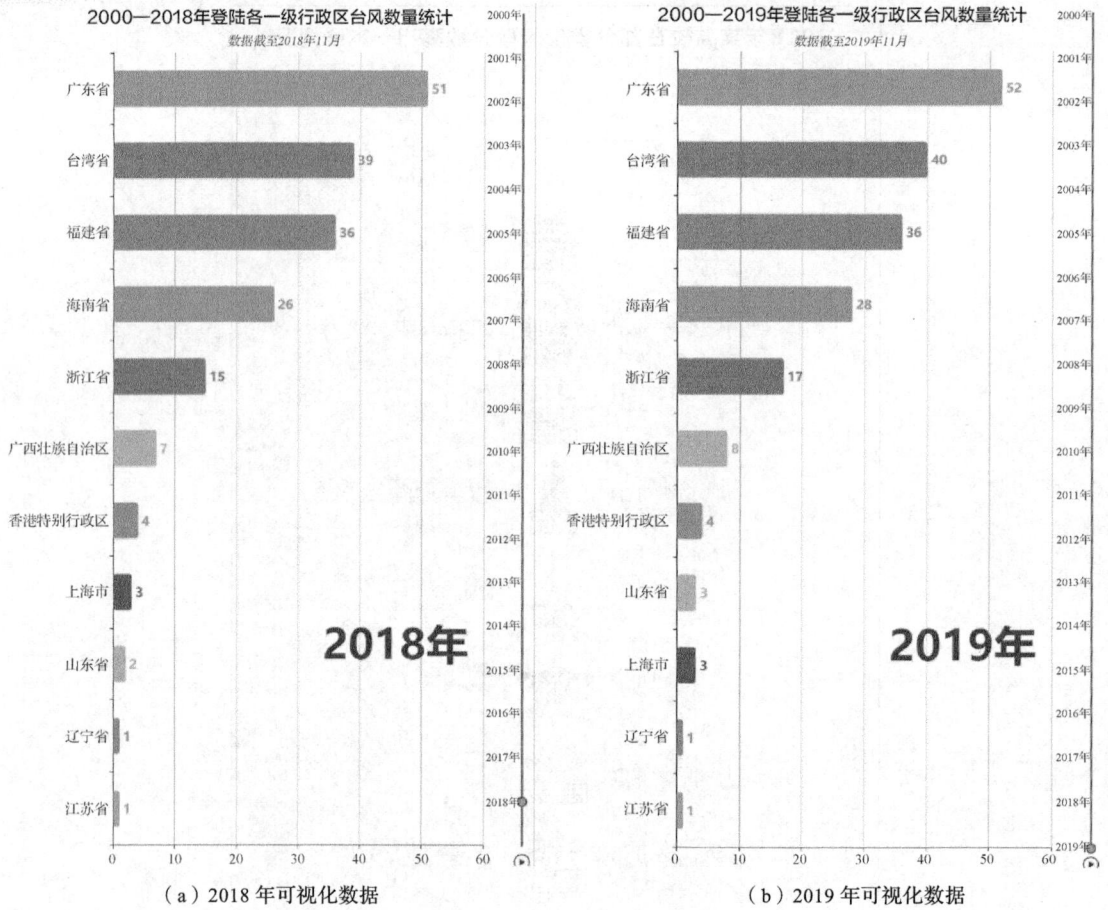

（a）2018 年可视化数据　　　　　　　　（b）2019 年可视化数据

图 6-30　动态条形图部分截图

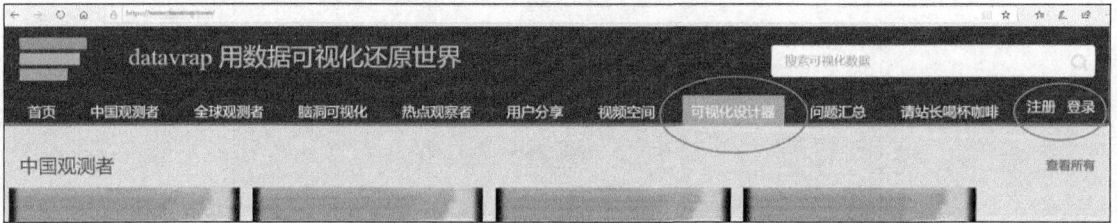

图 6-31　datavrap 主页

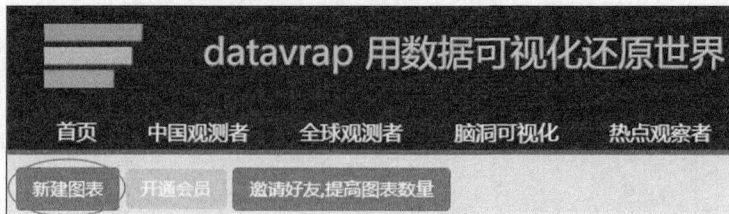

图 6-32　新建图表

步骤 3：选择模板。在"图表类型"中选择"动态条形图"模板，如图 6-33 所示。

图 6-33　模板选择

步骤 4：编辑数据。本例中数据为前期获取和整理的 2000—2019 年登陆各一级行政区的台风数量。在动态条形图的设计页面中，将示例数据替换成需要可视化的数据，如图 6-34 所示。需要注意图表中的字段名为动态条形图纵轴的标题，动态条形图的纵轴为时间，横轴为数量。

时间轴	台湾省	浙江省	福建省	广东省	湖南省	广西壮族自治区	辽宁省	香港特别行政区	山东省	江苏省	上海市
2000年	2	2	1	1	1	0	1	0	0	0	0
2001年	6	2	3	5	1	2	1	0	0	0	0
2002年	7	3	3	8	2	3	1	0	0	0	0
2003年	8	4	4	11	5	3	1	0	0	0	0
2004年	11	7	5	12	5	3	1	1	0	0	0
2005年	14	9	8	13	7	3	1	1	0	0	0
2006年	17	10	10	15		3	1	1	0	0	0
2007年	21	12	12	15	8	4	1	2	0	0	0
2008年	25	12	14	19	10	5	1	3	0	0	0
2009年	26	12	16	24	13	5	1	3	0	0	0
2010年	27	12	21	25	14	5	1	3	0	0	0
2011年	28	12	22	28	17	5	1	3	1	0	0
2012年	30	13	23	31	17	5	1	3	1	1	0
2013年	31	13	27	34	19	5	1	3	1	1	0
2014年	33	14	28	37	21	6	1	3	2	1	1
2015年	35	14	30	39	22	6	1	3	2	1	1
2016年	37	14	33	42	24	7	1	3	2	1	1
2017年	39	14	35	47	24	7	1	4	2	1	1
2018年	39	15	36	51	26	7	1	4	3	1	3
2019年	40	17	36	52	28	8	1	4	3	1	3

图 6-34　编辑数据

步骤 5：修改样式。单击"图表配置"，如图 6-35 所示，修改图表的效果配置、x 轴设置、y 轴设置、时间轴配置、坐标系设置等。

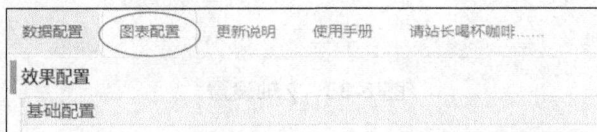

图 6-35　修改样式

步骤 6：效果配置。制作者可以在效果配置里设置图表标题、说明版权和信息来源、更改数据排序（升序、降序）、对图表数据的单位进行设置、对数据的小数位进行设置、对柱子/折线效果进行设置（圆角、宽度、平滑滚动、显示文字）、进行显示数量设置以及进行颜色设置，如图 6-36 所示。

步骤 7：x 轴和 y 轴设置。制作者可以设置 x 轴和 y 轴的标题、字体类型、字体大小、字体颜色以及显示的最大值和最小值，分别如图 6-37 和图 6-38 所示。

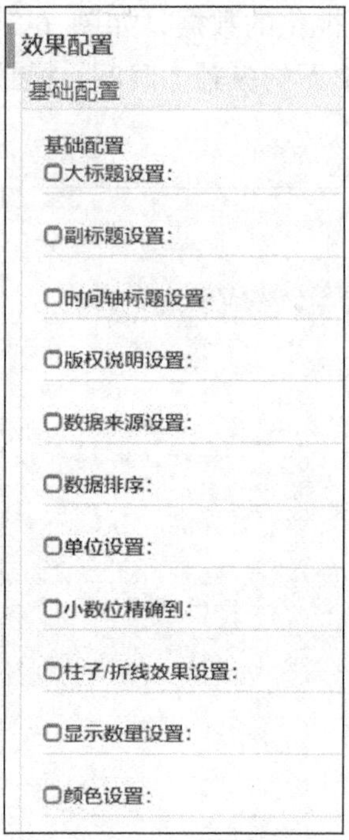

图 6-36　效果配置

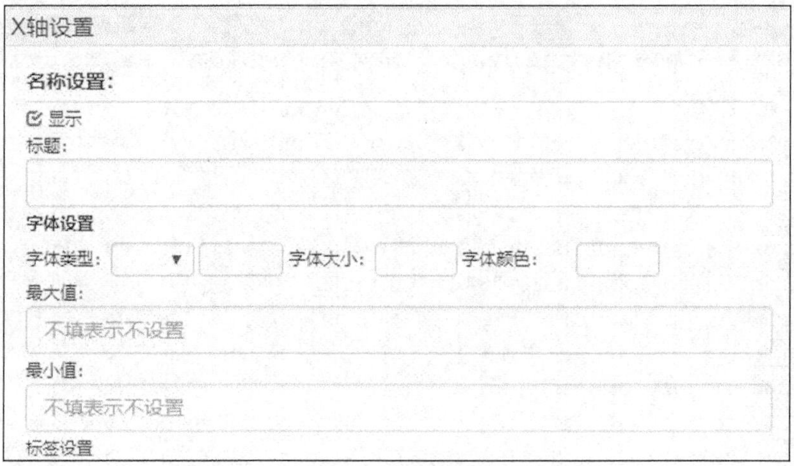

图 6-37　x 轴设置

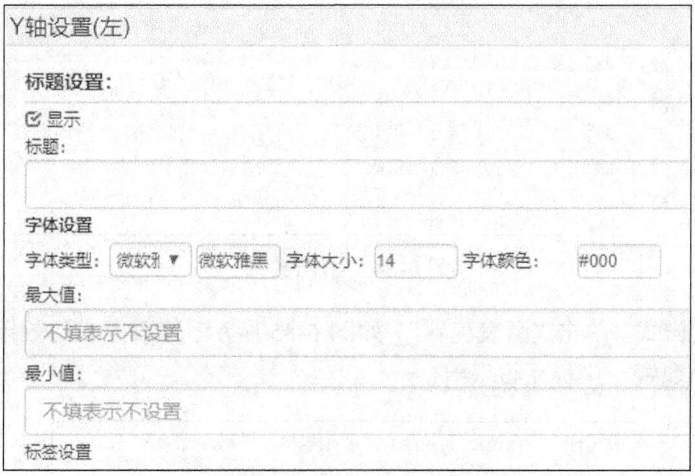

图 6-38　y 轴设置

步骤 8：时间轴配置。制作者通过时间轴配置可以设置图表的变化速度，如图 6-39 所示。

图 6-39　时间轴配置

步骤 9：导出动态图表。选择合适的分辨率，如图 6-40 所示；然后单击"下载"按钮，选择导出文件类型进行导出。datavrap 提供了视频、图片、GIF、视频和图片等类型，为了让动画视频更适用于其他平台，实现良好兼容，本例中选择 GIF 类型，如图 6-41 所示。

图 6-40　分辨率选择

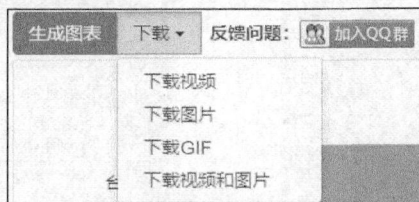

图 6-41　文件类型选择

4. 利用 iH5 制作交互图表

利用 iH5 制作交互图表适用于熟练掌握 iH5 和 PS 技能的制作者。iH5 是一个在线实现交互的平台，不用学习代码也可以制作出网页的效果。制作完成后可以实时发布，发布后也可以实时修改，方便快捷。

图 6-42 所示是利用 PS 和 iH5 制成的一个交互词频图，图中显示了百度、微博两大平台分别对未婚男、未婚女的评价词频，读者单击中间的圆形头像可以切换性别，点击下方的百度和微博图标可以切换平台，从而实现交互。

需要说明的是，图 6-42 涉及的词频圆形点图、圆形头像（见图 6-43）以及百度和微博的图标（见图 6-44）需预先在 PS 中制作完成，并存储为 PNG 文件，保证背景透明。具体操作步骤如下。

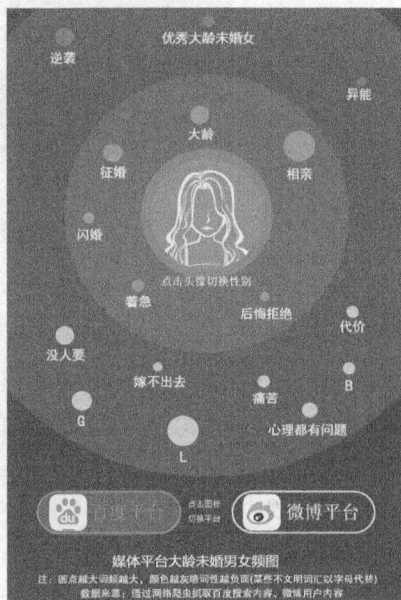

图 6-42　交互词频图

图 6-43　圆形头像素材

图 6-44　百度和微博图标素材

步骤 1：新建页面，导入素材。搜索 iH5，进入官网后注册并登录，新建作品。在工作平台中新建页面，并在左侧工具栏中将页面背景颜色调至#0D1928，如图 6-45 所示。

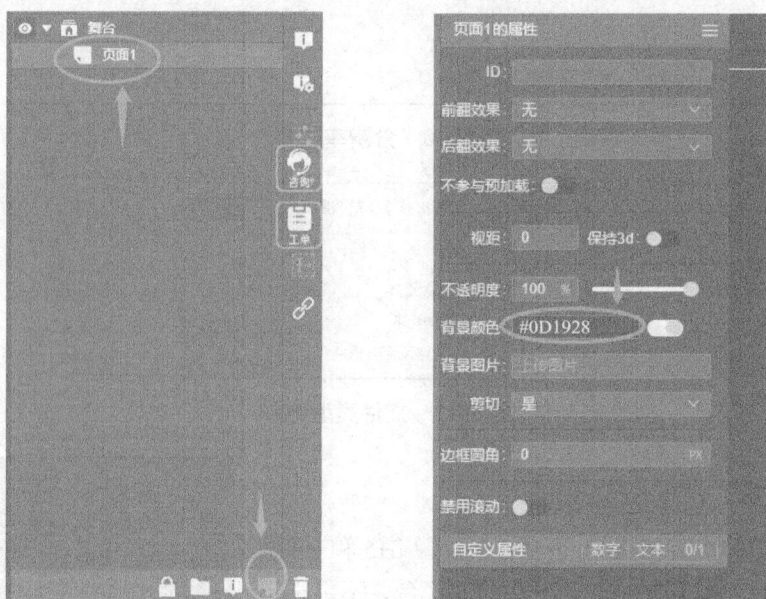

（a）新建页面　　　　　　　　　　（b）设置页面颜色

图 6-45　新建页面与页面颜色设置

双击当前页面，选择百度平台的大龄未婚男词频图导入，按照图 6-46 所示调整该词频图的参数。新建一个对象组，将该图放在对象组内，方便后期的交互设计（iH5 的交互一般是针对对象组进行的）。导入百度平台的大龄未婚女词频图、两个人物头像。

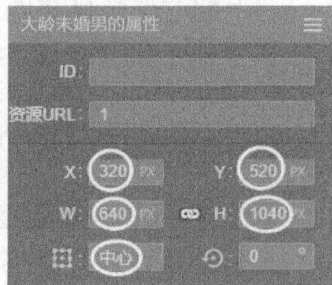

步骤 2：添加时间轴。单击左下方的"时间轴"图标，为页面 1 添加时间轴 1，并将"男""女"两个对象组拖曳到时间轴 1 下方，形成从属关系。在左侧的时间轴 1 属性栏将原始时长调为 0.6s，如图 6-47 所示。

图 6-46　词频图参数设置

图 6-47　时间轴 1 参数设置

步骤 3：添加轨迹。在对象树右侧为女版头像添加轨迹 1，并设置开始时为 0s，结束时为 0.3s，如图 6-48 所示。

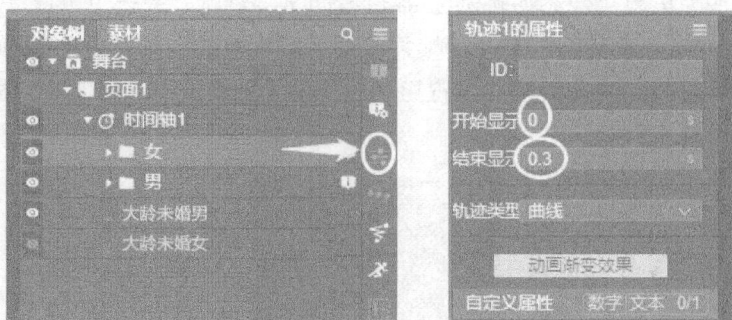

（a）女版头像对象　　　　　　（b）轨迹参数设置

图 6-48　轨迹 1 参数设置

在轨迹 1 上设置两个关键帧：一个设置在 0s 处，如图 6-49 所示；另一个设置在 0.3s 处，并在第二个关键帧处设置女版头像的 y 轴旋转度为 90°，如图 6-50 所示。

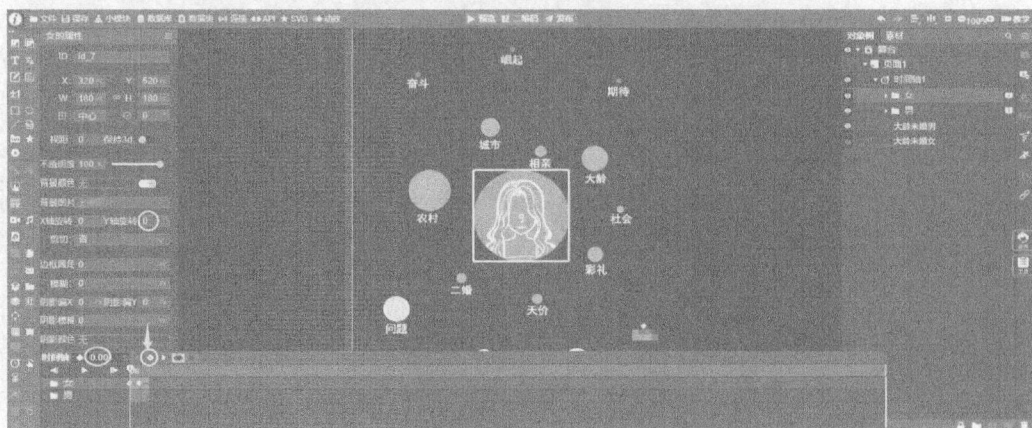

图 6-49　轨迹 1 关键帧 1 设置

图 6-50　轨迹 1 关键帧 2 设置

用同样的方法为男版头像添加轨迹 2 并设置两个关键帧。轨迹 2 的参数设置如图 6-51 所示。轨迹 2 在 0.3s 处设置第一个关键帧并设置男版头像的 y 轴旋转度为 90°，如图 6-52 所示；在 0.6s 处设置第二个关键帧并设置男版头像的 y 轴旋转度为 0°，如图 6-53 所示。男版头像的旋转度设置和女版头像相反。

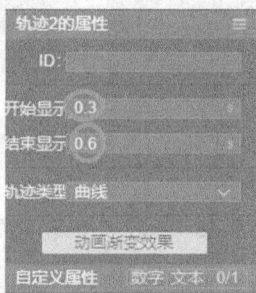

图 6-51　轨迹 2 参数设置

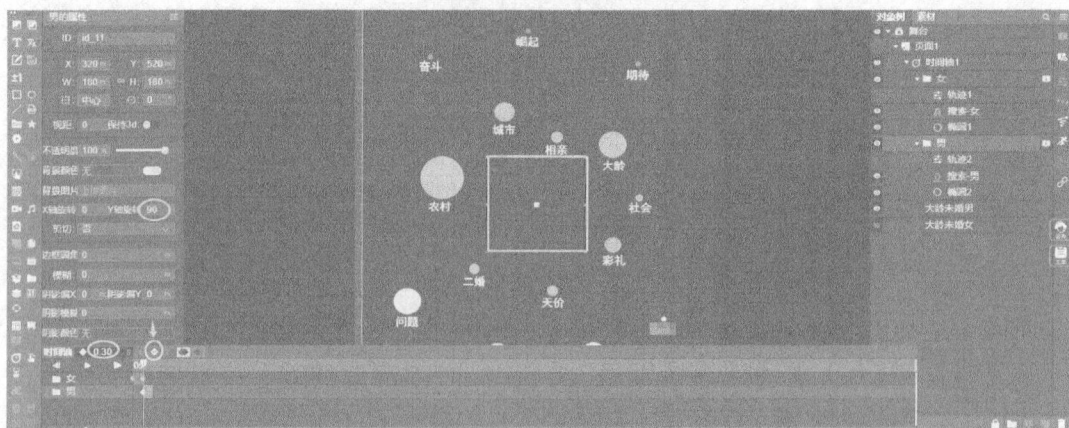

图 6-52　轨迹 2 关键帧 1 设置

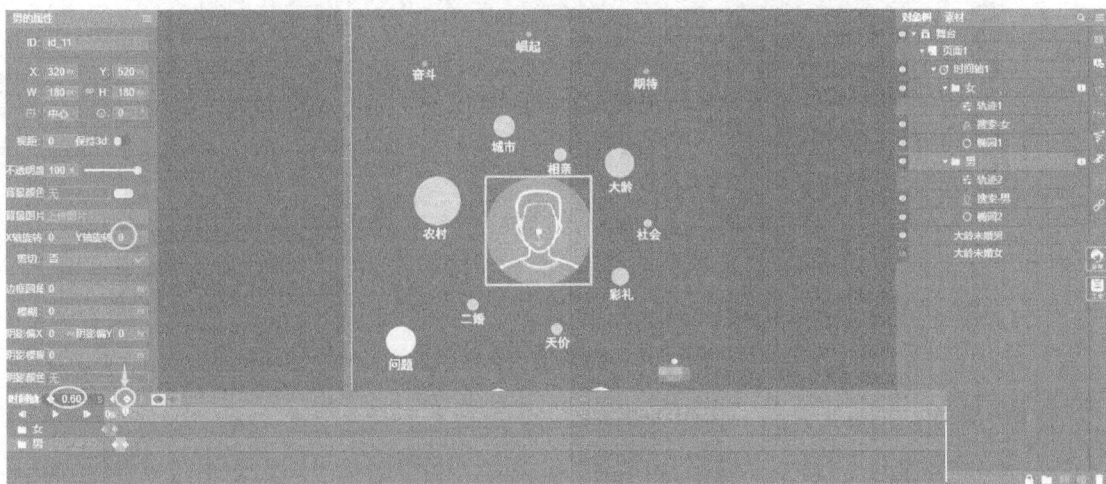

图 6-53　轨迹 2 关键帧 2 设置

然后将"女""男"两个对象组分别拖入时间轴 1，完成头像切换的交互。

用同样的方法分别为"大龄未婚女"词频图和"大龄未婚男"词频图添加轨迹。"大龄未婚女"词频图的轨迹开始为 0s，设置一个关键帧，设置不透明度为 100%；结束为 0.3s，设置一个关键帧，设置不透明度为 0，由此达到消失的效果。"大龄未婚男"词频图的轨迹开始为 0.3s，设置一个关键帧，设置不透明度为 0；结束为 0.6s，设置一个关键帧，设置不透明度为 100%，由此达到出现的效果。

步骤 4：添加事件。导入百度图标素材，并在"小模块"中为其添加一个按钮，如图 6-54 所示。需要说明，该按钮需放置在百度图标上面，才能在读者单击按钮时触发交互事件。

为该按钮添加事件，实现交互效果，参数设置如图 6-55 所示。

图 6-54　"小模块"按钮添加

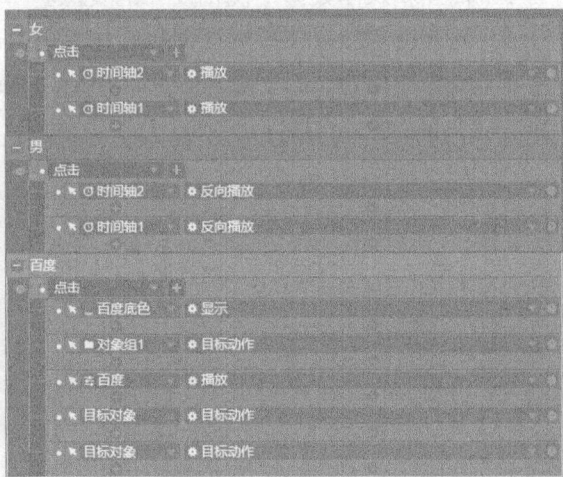

图 6-55　百度按钮事件添加

同理，为微博图标添加按钮和交互事件，参数设置如图 6-56 所示。

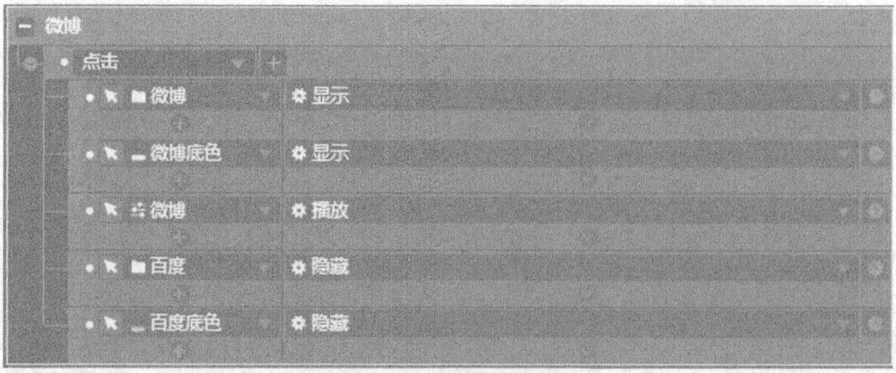

图 6-56 微博按钮事件添加

步骤 5：作品预览与发布。制作完交互图后，可单击上方"预览"按钮进行预览，确定无误后可单击"发布"按钮，选择封面图发布，如图 6-57 所示。iH5 支持发布后修改作品，可在原二维码和链接上实时查看修改结果。

图 6-57 作品预览与发布

思考与练习

1. 简述数据可视化的内涵及意义。
2. 列举新媒体数据可视化的类型及在数据分析中的应用特点。
3. 简述新媒体数据可视化设计的要点。
4. 简要说明新媒体数据可视化常用工具及特色功能。
5. 分别利用静态和动态可视化工具进行数据可视化设计。

第七章
新媒体数据新闻可视化叙事

本章概述

新媒体数据新闻可视化叙事即以数据为叙事语言，通过可视化技巧将数据以更清晰的逻辑和更好的阅读体验呈现给受众。相较于新闻叙事，可视化叙事更加细化，将抽象数据进行整合加工再创作，它是"新闻+数据+可视化+叙事"共同作用的结果。本章主要内容包括可视化叙事概述、可视化叙事切入口、可视化叙事视角、可视化叙事时空和可视化叙事结构，并结合具体数据新闻案例，阐述新媒体环境下数据新闻可视化叙事的规律。

第一节　可视化叙事概述

一、可视化叙事的内涵

传统新闻叙事是指通过一定的叙事手法表达新闻事实，使事实信息更加具有可读性和易理解性，让事实的全貌呈现于受众面前。新媒体数据新闻可视化叙事是指在传统新闻叙事的基础上进行加工，让数据在新闻报道中的地位日益突出。可视化是将抽象的数据转换为直观、容易被受众理解的图表，而可视化叙事要找出"数据与文本之间的相关性"，使可视化图表与文本之间有高度的互动性，从而使新闻报道有较强的可读性，让受众有较高的参与度。

当前，在多样的数据新闻产品形态中，可视化呈现已经成为数据新闻不可或缺的组成部分，数据新闻叙事强调图像元素和可视化过程。不管是为了自己的相关分析，还是为了向别人传达信息而进行可视化，其本质都是通过图像来强调内容和帮助叙事。可视化的最终目的是用巧妙的方式获取比文字更好的叙事效果，让受众更容易认知复杂的情景。在以文字为中心的传统新闻叙事中，文字是承载新闻信息的主体，即使有图片和数据，它们也只是文字的"配角"，为文字叙事做辅助。在数据新闻可视化叙事中，数据是叙事语言，可视化将数据以更清晰的逻辑和更好的阅读体验呈现给受众。从本质上看，数据新闻可视化叙事不是追求夺人眼球，而是一种利用视觉语言来呈现数据含义的途径。可视化不仅仅是一种工具，更像是一种呈现、传播信息的方式，能够帮助受众认识和理解数据背后的信息。

目前，依托于互联网的交互式数据新闻可视化产品不仅丰富了叙事学研究中"新闻文本"的概念，也影响了传统的新闻叙事模式。数据新闻可视化叙事不仅有助于整合信息，在解读文本、揭示事物间的联系、表达观点上更加清晰、有效，而且提高了数据新闻的审美价值。

二、可视化叙事的表达形式

可视化是用数据生成图形、图像的过程。数据可视化过程有三大功能：一是将信息可视化呈现，使报道更具美感、使叙事更有层次性；二是对信息进行细化的解读，从而降低读者阅读与理解的复杂性；三是可视化可能会创造出传统新闻实现不了的新闻价值，数据能够在视觉意义上重构现实，创新新闻报道模式，加快信息的有效传播。一般来说，数据新闻可视化的呈现形式包括静态图表或信息图、动态或交互图表、时间轴和数据地图、视频动画、游戏设计等。本章将新媒体数据新闻的表达形式总结为以下三种，并从可视化叙事维度分析三种表达形式的特点。

1. 静态图表

静态图表是数据新闻中最常见的表达形式，也是最简单的数据新闻的可视化叙事形式，即运用各种统计图和信息图，在数据的加大加粗、颜色变化、区块设计、重点突出上下功夫，从而展现数据的清晰性和条理性，达到引起读者注意的目的。

目前我国数据新闻实践中运用最普遍的就是静态图表，包括静态统计图表、静态图片、静态信息图、静态时间轴等可视化叙事形式。在以静态图表作为可视化呈现方式的数据新闻中，读者耳熟能详的可能是"一张图……""数据说……"形式的标题，如《美数课》的《一张思维导图看懂民法典》《数据说两会 | 近五年总理记者会高频题一览：总理都怎样回答？》

（见图 7-1）、搜狐《数字之道》的《一张图看懂央企红利》（见图 7-2）等都是将抽象的数据
转化成图表、图片或漫画的形式进行叙事。这些静态图表将复杂数据进行清晰划分，梳理成
读者更喜闻乐见的呈现形式。

图 7-1 《数据说两会｜近五年总理记者会高频题一览：总理都怎样回答？》数据新闻

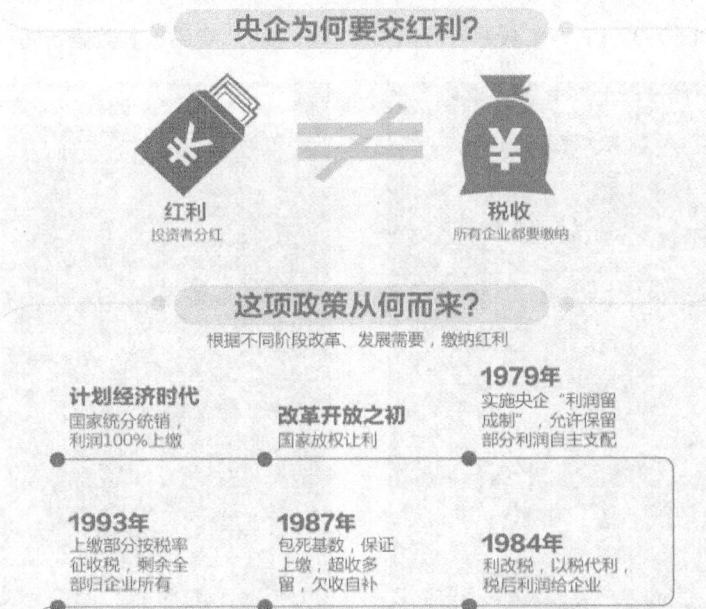

图 7-2 《一张图看懂央企红利》数据新闻

再以搜狐《数字之道》为例，该栏目的数据新闻中使用了大量静态图表及其他呈现形式，

除常见的饼图、折线图、时间轴等，还采用了地图、社会关系网、语义关系网、词频统计等多种数据可视化呈现形式。图 7-3 和图 7-4 所示为《数字之道》栏目作品采用静态图表的部分实例，通过采用多样的图表类型并设计不同的图标，给读者大量的视觉冲击，巧妙的排版和清新的色彩搭配，更能让读者享受数据新闻带来的愉悦的阅读体验。数据图表所具备的条理性特点以及画龙点睛般的视觉化设计，使杂乱无章的数据变得井然有序，更受读者青睐。

（a）36个城市高温天数

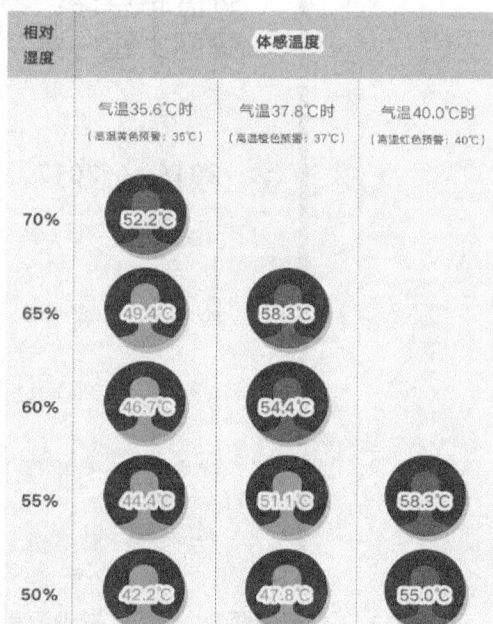

（b）体感温度

图 7-3 《7 万条数据告诉你：中国到底哪儿最热？》数据新闻

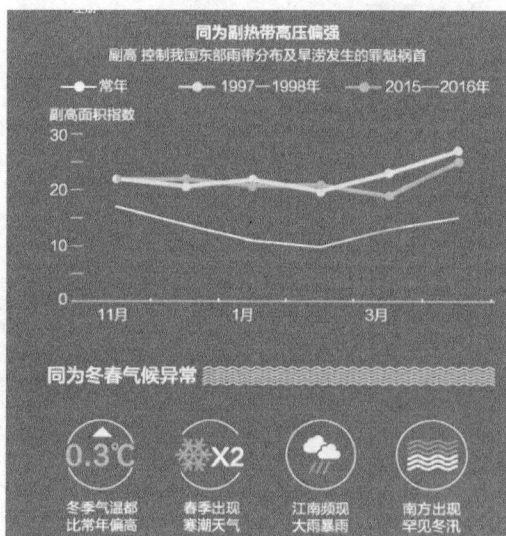

（a）截图一

（b）截图二

图 7-4 《洪水是否重来》数据新闻

2. 动态图表

动态图表包括两种呈现形式：一种是将数据整合成视频或音频的形式；另一种是将图表动态化，以图形交换格式（Graphics Interchange Format，GIF）形式呈现。以视频或音频形式呈现的动态图表，一般发布在短视频平台。加入音频和动态视觉感受的动态图表，摆脱了文字的束缚，使数据的呈现效果更加活泼有趣且富有感染力，读者可以拉动进度条调节播放进度，以满足自己的阅读需求。以 GIF 形式呈现的动态图表，一般是作为配图置于文章中，与静态信息图一样，起到直观地展示数据和增强文章趣味性的作用。虽然 GIF 形式的动态图表还无法脱离文章主体独立存在，但它相比于静态信息图而言，更能体现数据的律动性。

数据新闻《哪里落户，何处安家》（见图 7-5）采用动态条形图的形式展示了不同年份各城市常住人口成分比例，制作者将其设计为自动播放的形式，将 2012—2017 年的数据统计情况循环播放，读者可直接观看。

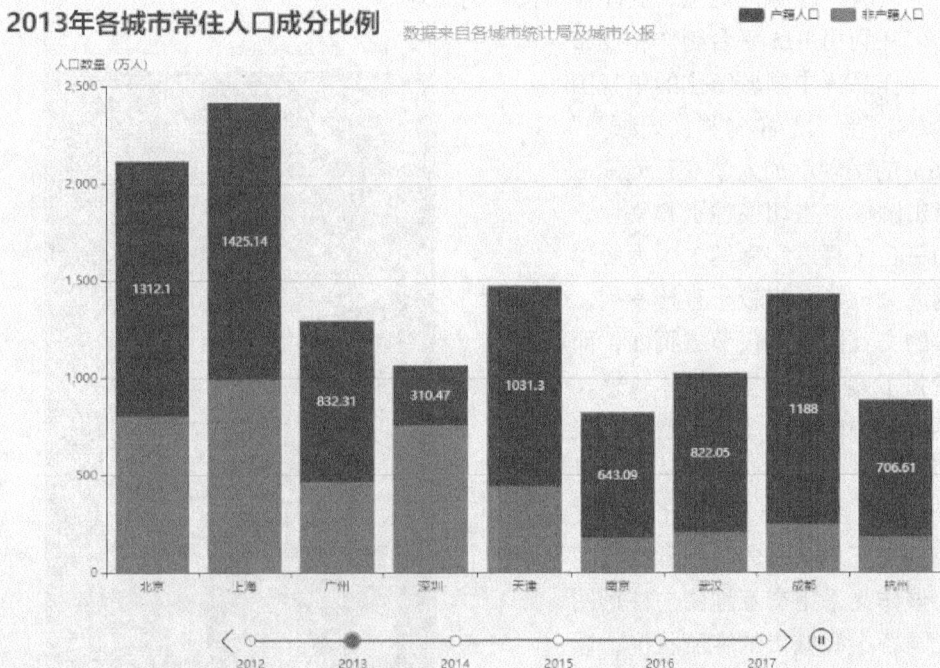

图 7-5 《哪里落户，何处安家》数据新闻

将数据经过复杂的整合转化为动图、音频、视频和动画等可视化叙事形式，摆脱了僵化、枯燥的文字阐述，使新闻信息变得更活泼、感染力更强、更直观，更容易被读者接受，能加快新闻信息的传播和扩散。在网络环境日益开放和快速发展的背景下，动态图表的可视化叙事形式能大大增强新闻的活泼性和趣味性。

总体来说，动态图表有以下几个方面的特征。一是无互动性。上文提及的动态图表有两种类型，无论是视频或者音频的形式还是 GIF 形式，读者都无法根据自己的需求选择信息。对于短视频来说，读者可以调整播放的进度，但这种调整也是被动的，读者无法调整视频内容。二是大多数动态图表都是以地图或条形图的方式呈现的，内容表达形式较为单一。三是能体现数据的律动性。动态图表以其独特的呈现方式，体现了数据在某一个角度的变化和趋势情况。

3. 交互图表

交互图表实质上也是一种动态图表，但相较于一般的动态图表，交互图表强调信息传播的交互性与互动性，核心在于读者可以自主选择打开不同的数据和信息图表，读者发出指令后，数据和信息图表可随条件的不同即时展现。具体呈现形式包括交互时间轴、交互表单、交互地图、游戏设计等，数据新闻中的交互图表展现了数据的自主性和参与性。

交互图表依靠文本挖掘技术、网络爬虫和应用程序接口（Application Program Interface，API）、云计算和数据库技术、网页设计、虚拟现实（Virtual Reality，VR）、地理信息和地图展现技术、卫星定位和社会网络分析等手段，呈现良好的视觉效果，提高信息传播速度。以交互图表为可视化呈现方式的数据新闻中，除了可以把控阅听进度，读者还可以自主选择感兴趣的内容。读者的参与感更强，自主探索的空间更大，而且许多交互性体验，如 VR 技术下的新闻和互动游戏场景，能带给读者身临其境的参与感，还可能带给读者情感、思考、行动等方面的体验，趣味性更强、更能吸引读者的眼球。

例如，在利用 iH5 平台制作和发布的数据新闻作品《中国城镇化的单身困境》时，"媒体平台大龄单身男女词频图"（见图 7-6）的呈现就加入了交互元素。读者可点击图标自主切换性别和平台，了解不同平台（百度和微博）中大龄单身男女的高频词条。相较于直接罗列，这种简单的交互图表不仅节省页面，而且大大增强了读者的参与感与体验感。

在第四届中国数据新闻大赛中，来自四川师范大学的获奖作品《从零到世界第一：中国地铁 50 年》采用了包括交互统计图、交互地图在内的多种交互图表形式。该作品采用交互地图与柱形图展示了我国各中心城市的客流状况，读者可运用鼠标滚轮控制地图大小，通过将鼠标指针放在图中的城市图点来查看该城市的客流状况，同时，读者还可在

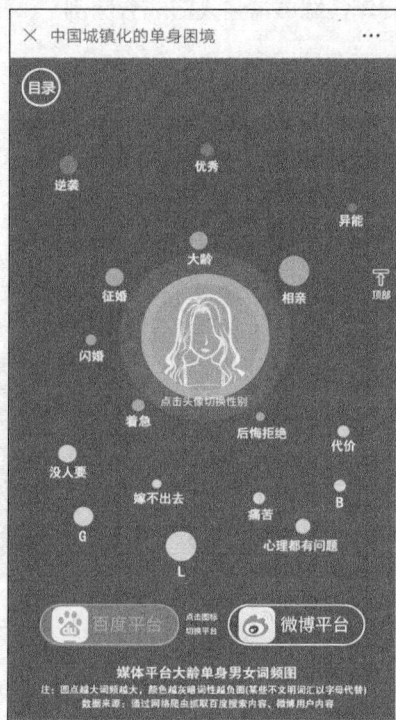

图 7-6 《中国城镇化的单身困境》数据新闻交互词频图

地图上框选城市，选中后图片右侧便会以条形图的形式展现所框选城市各区域客流量的大小比较情况。此外，该图右上角还设置了区域缩放、矩形选择、框选等工具选项，给读者更多选择和操作空间。

总体来说，数据新闻中的交互设计省略冗长的文字解释，用图说话，较传统新闻而言，用交互地图、交互时间轴等可视化叙事形式展现给读者更具体、更形象、更直观的新闻信息。优良的交互图表不仅能增强读者的参与感，更能让读者身临其境，提升新闻信息的传播效率。

三、可视化叙事主体

叙事主体，即叙事者，是叙事内容的核心要素，也是故事的讲述者。新媒体数据新闻作为新闻报道也需要故事的讲述者。目前，关于新闻叙事主体的讨论存在不同的观点。有学者认为：从叙事学的角度来看，按照一定的规则来讲述新闻事实的记者并不足以成为叙事主体，记者只是通过他惯有的思维方式和编辑室的规定进行创作，因此读者面对的不是作为具体的个人的记者。也有学者认为：新闻叙事者，既指叙事内容的讲述者，也指叙事内容的写作者，二者很多时候是重合的。目前对于叙事者的划分主要有三类：第一类是人物叙事者与非人物叙事者，分类标准是叙事者是否参与了新闻故事；第二类是外显的叙事者和内隐的叙事者，分类标准是叙事者可被感知的程度；第三类是可靠的叙事者和不可靠的叙事者，分类标准是叙事者与隐含作者的关系。胡亚敏将叙事者进一步细化，分为公开、隐蔽和缺席的叙事者，其分类标准是叙事者的介入程度。

本部分内容将按照公开的叙事者、隐蔽的叙事者和缺席的叙事者三种类型进行划分，对数据新闻可视化叙事主体进行阐述，分析不同的叙事者类型及其特点。

1．公开的叙事者

公开的叙事者，读者能够在内容中清楚地听到其叙事声音，在新闻里能够明显地感觉到叙事者的存在。如在有些新闻内容中，常常会看到"记者问""告诉记者"的字眼，这样读者能够感知到叙事者，并且认识到这是记者的叙事声音。新闻中公开的叙事者具有明显的话语倾向，读者能够感受到叙事者对事实的观点和态度。公开的叙事者的讲述声音分为描写、概述和评论。这三种声音的强弱程度不同，评论是叙事者观点的直接流露，而描写和概述的程度较轻，能够间接表达叙事者的观点。

描写即为了弥补叙事媒介的不足，通过用语言和可视化符号等代替其他媒介来提供直接的视觉画面，最微弱的公开叙事的声音在描写之中。在新闻中，描写不会引起注意，但是在新闻叙事中通过描写营造场景、创造气氛是至关重要的，叙事者通过可视化的描写力图获得读者的共鸣。

概述是通过可视化叙述再现客观事实，叙述时间与故事时间的距离越大，叙事声音也就越明显。例如，在新华网《数据新闻》中，多以时间轴等形式对时间跨度较大的新闻事实进行概述，通过数据、文字、图片与新闻主题的结合，使读者可以清楚地感觉到叙事声音，在呈现新闻事实的基础上增强了新闻的观赏性和权威性。数据新闻作品《从"超生"到"低生"：数说中国人口困境》以动图的形式展现了1990—2018年我国老年人口数及占比情况（见图7-7），将鼠标指针移动到每一个柱形图上，可以看到每一项的数量占比。整个作品是数字、文字、图片的结合。好的数据新闻叙事在视觉化的基础上增强了新闻的权威性和观赏性，如果数据新闻报道整篇充斥着数据，而缺乏可视化设计，那么新闻就会失去叙事的魅力和可读性。

评论最能体现叙事者的声音和叙事者的目的，因此其传递的叙事声音也最强烈。它是除了描写、概述之外的话语。罗刚认为评论主要有三种形式：判断性评论、阐释性评论、自我意识评论。新闻叙事中常见的是前两种形式。阐释性评论适用于任何说明与解释，而判断性评论则适用于基于精神、心理道德上的评价的说明与解释，叙事者会对新闻事件中的人和事进行道德规范、价值评价方面的判断。

1990—2018年我国老年人口数及占比情况

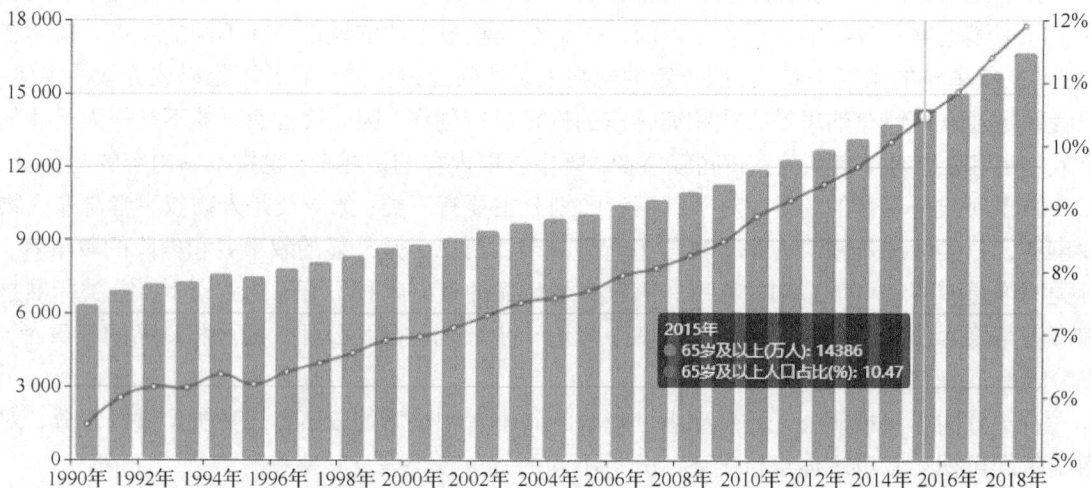

图 7-7 《从"超生"到"低生"：数说中国人口困境》作品截图

2．隐蔽的叙事者

隐蔽的叙事者是指叙事者不出现在新闻内容之中，力图隐藏于新闻内容背后以间接的方式传达新闻事实。隐蔽的叙事者的特点是介于缺席的叙事者和公开的叙事者之间，借助新闻中的人物和声音呈现观点或立场给读者，由读者自主判断。在这类新闻的叙述中，记者或编辑并不会直接出现在可视化的内容中，试图隐藏于新闻内容背后为读者展现不同的观点。

隐蔽的叙事者能够给受众带来"客观""真实"的感觉，因为叙事主体隐藏在背后，仅用事实说话。隐蔽的叙事者与缺席的叙事者的作用基本上是一致的，区别仅在于程度的不同，他们具有叙述、交流、证实的功能。在新华网《问答之间情意深——习近平总书记与人大代表的对话》这篇数据新闻中，直接引语的使用避免了叙事者的直接介入，能够一字不变地保留新闻人物原本的语言和思想。整篇新闻由新闻人物的陈述构成，没有记者的露面，更能给读者带来真实直观的感受。

3．缺席的叙事者

缺席的叙事者是指读者在阅读新闻的过程中完全感受不到叙事者的存在，叙事者不在新闻中出现，也不直接发声。叙事者将人物表现出来的语言、行为和思想客观地记录下来，不做任何带有情感色彩的描述和评论。其需要尽量消除能够暴露自身痕迹的表达，尽可能隐藏在新闻内容背后，从而形成一种不在场的感觉。

数据新闻从数据中发现新闻点，在对数据进行挖掘分析的基础上进行具象化和可视化的新闻表达。一些新闻涉及内容较多，需要处理大量的数据和复杂的人物关系，这就需要寻找一种恰当的表达方式。文字表达过多可能会使新闻的内容更烦琐，当叙事者介入后很难用文字将事实陈述清楚时，更容易出现缺席的叙事者。

以《美数课》数据新闻《动图｜近70年数据看上海经济社会发展成就》为例，如图 7-8

所示，该数据新闻作品展示了近 70 年上海在经济、消费、生活和环保 4 个方面的发展成就，对包括生产总值、居民消费水平、人均住房建筑面积、轨道交通情况等数据进行了统计整理，以动态条形图、折线图、环形图呈现，整篇报道没有任何解释或评论，生动直观，令人一目了然。

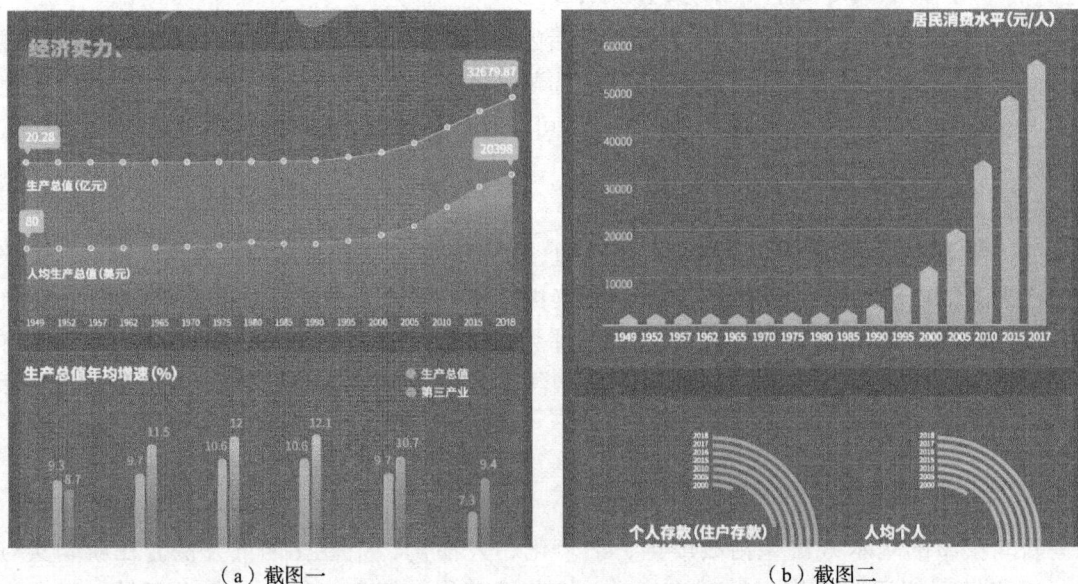

（a）截图一　　　　　　　　　（b）截图二

图 7-8 《动图 | 近 70 年数据看上海经济社会发展成就》数据新闻

在这篇数据新闻报道中，叙事者没有进行任何描写，也没有发表任何意见和评论。报道中很难察觉到叙事者的存在，没有叙事者对事实的观点与感受，而是直接把事实摆到读者面前，使读者直接感受近 70 年上海的经济社会发展成就。叙事者的缺席并不意味着这样的叙事是毫无目的的，可视化中某些元素的突出能或多或少地流露出叙事者的意图。这种叙事者不在场的表现也是一种叙事策略，这是一种通过放弃叙事而赢得叙事的策略。

三种类型叙事者中，数据新闻中最常见的是隐蔽的叙事者与缺席的叙事者，这与数据新闻自身的特点是分不开的。数据新闻主要从数据中发现新闻点，叙事话语由数据驱动，在此基础上将新闻内容进行视觉化呈现。大量有价值的数据信息是优秀的数据新闻报道不可或缺的基础内容。在处理数据量较大或者关系复杂的新闻内容时，由于涉及叙事对象过多，很难用文字把事实陈述清楚，必须寻找一个合理的可视化表达形式。而且，新闻数据的来源主要有政府、社会机构、企业及媒体等，新闻作者在此过程中扮演的是对数据进行挖掘分析的角色，这些因素决定了叙事者较少以公开的身份参与新闻叙事的过程。每个类型的新闻叙事者都可以按照以上三种方式划分，这些分类没有排他性。针对不同的新闻议题，灵活地运用多种叙事方式，才能达到更好的传播效果。

第二节　可视化叙事切入口

无论是传统新闻报道还是数据新闻报道，好选题是一篇好新闻的前提和基础。一般来说，数据新闻的制作面对的是十分庞杂的材料，找到叙事的切入口是数据新闻制作的关键点。想要简要地把新闻真相陈述出来，也需要找准叙事切入口，从而恰当地反映新闻主题。在叙事切入口的选择上，一般要注意以下几点。

一、切入口揭示新闻本质和原因

叙事切入口要揭示新闻发生的本质与背后的原因，这个切入口要能抓住本质，直指问题的核心。相比于传统新闻报道，数据新闻的选题多了一个要求：必须有数据。在数据新闻制作中，既可以是选题先行，再去寻找数据，也可以是先找数据，进而从数据分析中提取选题。无论哪一种情况，都要找到一个合适的切入口，从而运用数据对所发现的问题或现象进行探究或解释，最后以恰当的方式呈现给读者。

如《美数课》的《4个月，8万平方公里，澳大利亚林火肆虐背后都发生了什么？》报道就找准了叙事切入口，既揭露了新闻真相又揭示了新闻背后的深层次原因。再如数据新闻《中国城镇化的单身困境》，不仅通过各种统计数据展示我国"大龄单身男女"的现状，更详细探究了其背后的原因，包括婚姻观念、人口结构、资源分配等社会问题，提升了报道的深度与高度。

二、角度独特，全局视野

新闻叙事的基本方法包括故事化、细节化、人物化、个性化四大方法。在新闻实务中，最好做到新闻故事化、故事情节化、情节细节化、细节人物化。数据新闻以数据为叙事语言，"小切入口，大主题"是数据新闻制作者常用的叙事技巧。具体操作方法表现为以某事件或案例为切入口，引出数据新闻的核心主题。例如，数据新闻《中国城镇化的单身困境》采用了"华尔街日报体"的新闻叙事方法，其基本特征是首先以一个具体的事例（小故事、小人物、小场景、小细节）开头，然后自然过渡，进入新闻主体部分。其次，将所要传递的新闻大主题、大背景和盘托出，集中力量深化主题。最后，结尾再呼应开头，回归到开头的人物身上，进行主题升华，意味深长。"华尔街日报体"结构如图7-9所示。这种写法从小处落笔，向大处扩展，其优点是符合读者认识事物从具体到抽象的认知过程。

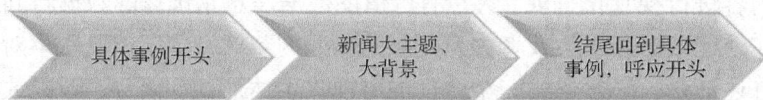

图7-9 "华尔街日报体"结构

在数据新闻《中国城镇化的单身困境》中，导入部分是"城市大龄未婚女"唐寅和"农村大龄未婚男"顾田在生活中的小细节，体现他们各自的性格特点和生活方式，如图7-10所示。下一部分就是在我国城镇化转型的大背景下对"城市大龄未婚女""农村大龄未婚男"现状的宏观数据分析，如图7-11所示。在尾声部分，再次回到受访者唐寅和顾田身上，深化主题，引人深思，如图7-12所示。

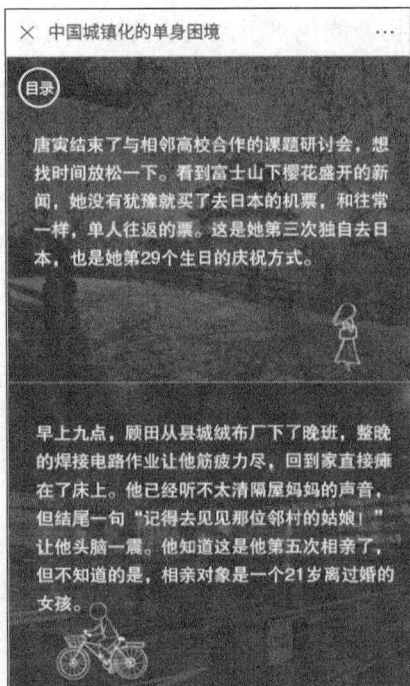

图 7-10　导入部分

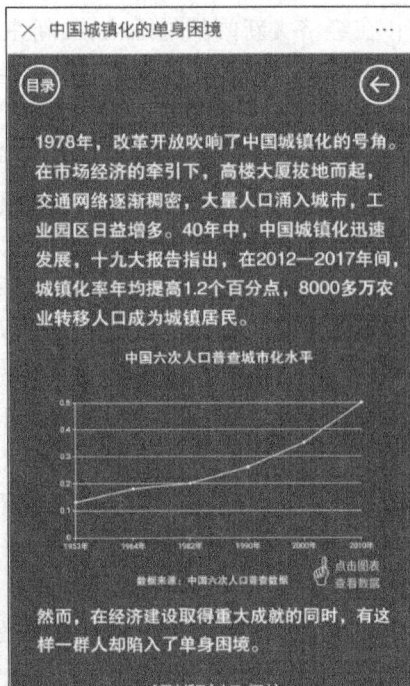

图 7-11　宏观数据分析

图 7-12　尾声部分

三、为选题服务，把握读者兴趣

　　叙事的切入角度要能为选题服务。叙事的切入口要为读者考虑，要使读者感兴趣，同时要有故事感、有细节。以《新京报》数据新闻栏目为例，《新京报》数据新闻栏目涉及的新闻报道较为广泛，选题类型基本涵盖了政治、经济、文化、生活、环境等各个领域。在选题过程中，《新京报》将目光和关注点更多地集中在百姓关注的话题上，多以平民化、生活化的视角切入，力图将数据新闻做得更生活化，让老百姓都看得懂且有所收获。

　　《新京报》数据新闻栏目选题以社会类新闻为主，主要从当下社会热点事件、民生问题和生活新闻三个角度来报道民众感兴趣的话题。网约车、毒奶粉、留守儿童等当下社会热点都包含在《新京报》数据新闻中，如《"三聚氰胺"事件十年之后，如今的国产奶粉是否值得信赖 | 有理数》。民生问题包含医疗健康、住房、养老金等民众最关心的问题，如《养老金累计结余达 5 万亿元，超 80% 在储蓄账户"沉睡"　数据解读养老金为何要"入市" | 有理数》。生活类新闻报道的角度更为广泛，涉及城市生活、假日出行、婚恋现状等话题，如《喝杯奶茶顶两碗米饭　现制奶茶营养成分如何？| 有理数》。

同样，在经济类新闻的处理上，《新京报》数据新闻也善于从民众的生活角度入手，重点关注房价、收入、物价、消费等与百姓生活息息相关的经济问题。如《上海居民收入是河南的 3 倍，居民收入的变化有多大|有理数》《多少年轻人在"借钱"消费？去年信用卡累计发卡量同比增长 26%|有理数》《楼市年投资近 11 万亿元，政策收紧哪里经济影响最大？|有理数》等，均以民众生活为切入口，将晦涩难懂的经济知识以通俗易懂的方式呈现给读者。

再如数据新闻《中国城镇化的单身困境》，运用多种叙事技巧切入叙事，在揭示主题的同时，增强新闻的趣味性和可读性。①矛盾冲突。通过对比工资性收入、生活用品及服务支出、交通及通信支出、教育文化娱乐支出以及医疗保健支出，突出城乡资源的差距；通过分析各大媒体平台上对大龄未婚男女的评价的词频以及其正向和负向的情感色彩，揭示社会评价的矛盾冲突性与两极性。②设置悬念。开头通过引入唐寅和顾田的生活片段，引发读者对二人性格和婚姻状况的好奇与兴趣。结尾通过描述唐寅和顾田的生活细节，让读者产生思考。③节奏修饰。首先，该数据新闻的叙事节奏快慢相间，既有直观的信息图表的呈现，又有细腻的文字叙述。其次，通过对访谈稿件的省略、概略、减缓、停顿或者加速，实现了对叙事张力的内在控制。最后，该数据新闻的第二节标题分别是观念之困、资源之差、人口之变、市场之祸、时空之限、性格之难，句式一致，富有节奏感。

四、揭示个人与宏大新闻命题间的关联

宏观叙事是数据新闻的优势所在，在主题较"大"的报道中，数据新闻的制作还应注意选择合适的切入口，从而揭示个人与宏大的新闻命题间的关联。

从媒体角度出发，其对公共事务的报道，是为了帮助读者了解我们身处的社会正在发生什么，以及那些相对宏观的新闻命题会对个人造成何种影响，进而给人们带来心理和行为上的效用，这也是新闻媒体一直以来的追求。从大众角度出发，无论出于社会原因还是心理动机，人们接触和使用媒体都是基于特定个人需求。从我国当前的读者定位来看，"70 后""80 后""90 后"的人们是网络传播的主要群体，他们最为关注的信息正是与他们自身生活息息相关的政治、经济、文化、民生、社会等方面的信息。大数据之于新闻报道，恰好给媒体与个人间双向需求的实现带来新的契机。例如，数据新闻经常将宏观的新闻数据和地域信息、年龄信息、性别信息等进行多维度叠加分析，读者则可以在这类报道中自行查阅，找到贴近自身、对自己有用的数据。由此，读者个人与宏观数据间就通过数据新闻连接起来了。如以数据新闻《中国城镇化的单身困境》为例，随着我国经济社会的发展以及城镇化步伐的加快，成年人的婚育年龄一再提高，工作生活压力等多种原因导致大龄未婚男女数量不断增加，尤其是城市大龄未婚女性和农村大龄未婚男性，相关情况就发生在我们每一个人身边，甚至发生在自己或亲戚朋友身上，因此该主题虽然"宏大"，但是切入口和叙事无形之中与个人建立了关联。

以 2019 年第四届中国数据新闻大赛作品《一医千儿，无法跨越的医患失衡？》为例，如图 7-13 所示，该作品参考《中国卫生和计划教育统计年鉴》《国家卫生服务调查分析报告》等统计数据，深层次分析了儿科医生资源短缺的原因，展示了我国各地儿科就医难的状况。在"你所在的省份儿童就医状况如何？"部分，制作者不仅通过地图形式直观展示各省份的儿科医生比例，而且做了简单的交互设计，读者可以在"选择你的家乡"下选择想要查看的

省份，即可查看该省份的儿科医生比例指数，从而使读者结合自身感受，加深对儿童就医问题的认识。

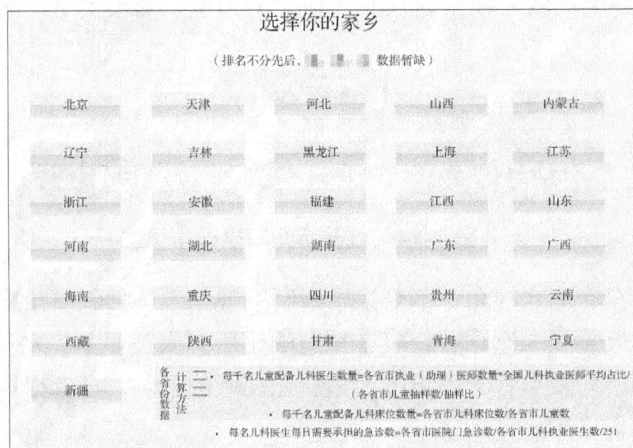

（a）截图一

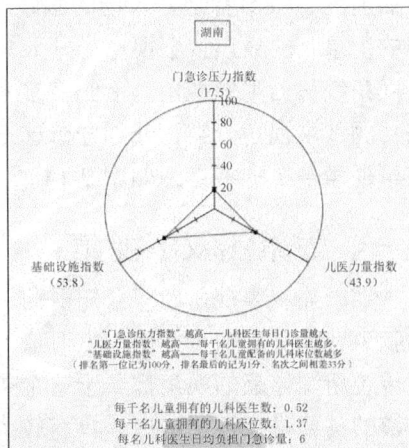

（b）截图二

图 7-13 《一医千儿，无法跨越的医患失衡？》数据新闻

第三节　可视化叙事视角

叙事视角是指叙事者选择和讲述新闻事实的特定角度。通常情况下，客观世界发生的新闻故事和记者所记录的新闻是有很大差异的，不同的新闻记者叙述同样一个新闻事件也会有很大的不同，这不是因为记者没有如实报道，而是因为每名记者的价值观念、知识阅历不同，因此他们选取的客观事实也会有所不同，所以读者看到的新闻可能只是新闻事实中记者认为重要的部分。记者在讲述事件的过程中通过视角选择，为读者提供了解事实的不同角度，其中也包含叙事者对事实的认知态度、叙事判断和情感倾向。

新媒体数据新闻更是如此，数据新闻的报道需要将重要的信息进行可视化呈现，这其中本身就包含新闻要素选择的过程，因此数据新闻记者采用何种视角来叙述事件直接决定了数据新闻最终的呈现效果。

叙事视角类型的划分是叙事学界多年来争论的话题。法国结构主义批评家热奈特将叙事视角分为三类：零聚焦叙事视角、内聚焦叙事视角、外聚焦叙事视角；法国学者茨维坦·托多洛夫把叙述视角分为三种形态：全知视角、内视角、外视角。关于叙事视角的分类如表 7-1 所示。

表 7-1　叙事视角的分类

人物	视角类别		
热奈特	零聚焦叙事视角	内聚焦叙事视角	外聚焦叙事视角
茨维坦·托多洛夫	全知视角 叙事者＞人物	内视角 叙事者＝人物	外视角 叙事者＜人物

零聚焦叙事视角即全知视角，全知视角中叙事者对故事中的一切事情无所不知；内聚焦叙事视角即叙事者通过故事人物的视角来对观点和思想进行表达，人物所知道的就是叙事者所知道的，叙事者是"人物的眼睛"；外聚焦叙事视角则从非人格化的角度来对事实进行客观的记录。内聚焦叙事视角和外聚焦叙事视角统称为限知视角。下面将参考热奈特的叙事视角分类，分别分析这三种叙事视角各自的特点，如图7-14所示。

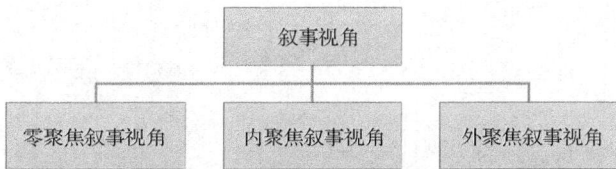

图 7-14　数据新闻叙事视角类型

一、零聚焦叙事视角

零聚焦叙事视角，即全知视角，指没有固定视角、不受视域限制的视角，这种叙事角度的叙事者能够全知全能地洞察万物。零聚焦叙事意味着叙事者知道的比所有人都要多。大多数传统新闻作品的视角都属于这个类型，即叙事者无固定的视角、无视域的限制，记者根据报道的需要进行视角选择，具有较大的自由度。

传统新闻的叙事选择较为灵活，记者可以根据不同的新闻题材与主题选择以第一人称、旁观者视角、全知视角等多种方式进行写作。但数据新闻中的数据来源对新闻叙事视角有着重要的影响，较少采用故事内人物的视角来叙事，多采用旁观者的角度来叙述新闻事实。叙事者在新闻生产过程中几乎没有主观视角，其扮演的是一个信息的挖掘者和诠释者的角色。叙事者站在最高的位置从不同视角进行观察，多层次、多维度地对新闻进行叙述，从而对事实有宏观把握和全面呈现。零聚焦叙事视角在数据新闻报道中运用较多，叙事者不会在内容中出现，为读者塑造了一种客观公正、无所不知的叙事者形象。

如 2019 年第四届中国数据新闻大赛作品《伟大时代·中国铁路发展印记》，制作者以图文和时间轴的表现形式回顾了我国铁路从19世纪至今的发展历程，运用互动时间轴列举了改革开放以来铁路发展的重大事件，清晰地呈现了我国铁路在不同时代的发展变化，如图7-15所示。

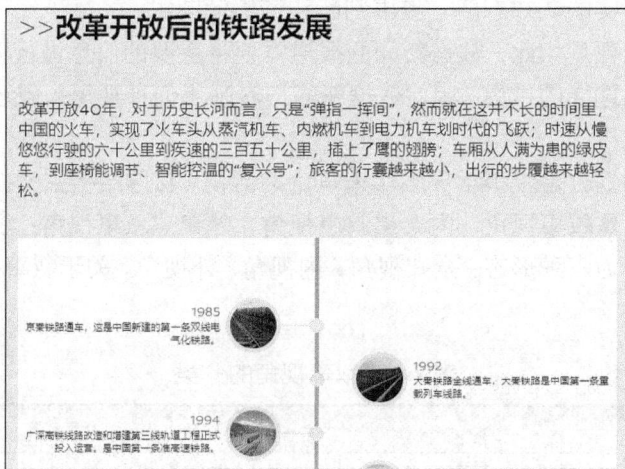

图 7-15　《伟大时代·中国铁路发展印记》数据新闻

新华网数据新闻作品《关于中国体育你应该知道这些事》中，通过对数据的整合，展现了我国体育事业从默默无闻到打破多项世界纪录、举办奥运会的发展历程，将20世纪50年代起到 21 世纪初我国体育事业的发展进程生动地呈现出来，如图 7-16 和图 7-17 所示。叙事者俯瞰全局，从全知视角自由展开故事的讲述。在宏观层面上，新闻以我国体育事业发展的时间轨迹为主线，分为 20 世纪 50 年代、20 世纪 60 年代、20 世纪 70 年代、20 世纪 80 年代、20 世纪 90 年代、21 世纪 6 个部分，清晰地呈现了我国体育事业不同时代的发展变化，以可视化的形式列举了每个时期的重大事件及取得的成果。新闻叙事跨越了时间限制，叙事者从全知角度多层次地呈现事实，使读者全方位地感受我国体育事业的发展进程。作品以运动场地为背景，灵活运用多组不同数据，归纳精准，层次清晰，形象生动地呈现出了新闻内容。

图 7-16 《关于中国体育你应该知道这些事》数据新闻截图一

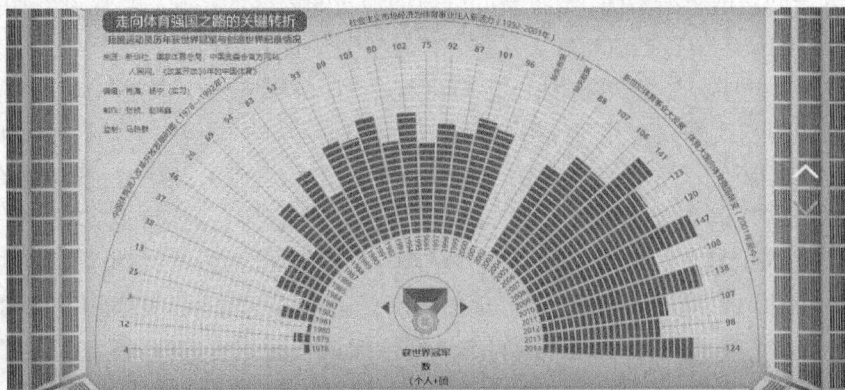

图 7-17 《关于中国体育你应该知道这些事》数据新闻截图二

此外，该数据新闻通过动态可视化图表展示了我国运动员历年获得冠军与创造世界纪录的情况，回顾并总结了自 1978 年以来我国体育发展道路。作品从集体的、宏观的角度去组织叙事内容，全方位、多侧面、多角度对体育事业的发展历程进行分析呈现，充分发掘读者想要了解的情节与信息。采用全知视角进行叙事符合数据新闻的特点，能够使新闻叙事显得更加客观、公正，增强了报道的权威性和公信力。

零聚焦叙事视角比较灵活，它能够使新闻更具深度，同时由于不受视角的限制，叙事者能够从事物的不同侧面进行报道，使新闻更权威和全面。另外，为了更好地传递客观事实信息和作者的意见，叙事者会将新闻事实的时空顺序重新排列组合。传统的新闻报道往往会通过文字描述营造氛围，但是在数据新闻报道中，数据和事实具有真实的特点，因此数据新闻的全知视角运用具有优势。在灾难和突发事件报道中，叙事者采用全知视角，全景呈现事情发生始末，也更具有客观性，如《美数课》数据新闻《图解｜南方暴雨成灾，这一切是如何发生的？》以动图的形式展示了 2011—2020 年卫星遥感鄱阳湖及附近水域的水体面积分布，同时用静态图表统计了南方多城几日内的降水量，从数据角度还原水灾的发生过程，如图 7-18 所示。

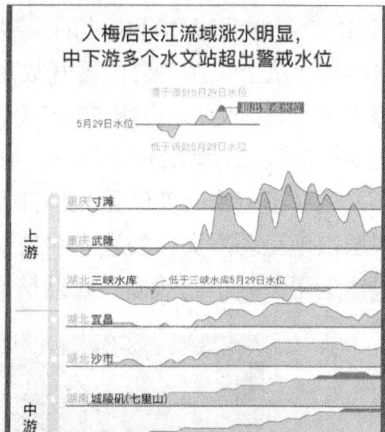

图 7-18 《图解｜南方暴雨成灾，这一切是如何发生的？》数据新闻

二、内聚焦叙事视角

内聚焦叙事就是通过故事中的人来叙事，即从一个或几个人物的视角出发叙述新闻事实，或仅报道某一方面或某一时间节点前的新闻事实。在这类叙事中，叙事者所知等于人物所知，这里的"人物"既可以是记者，也可以是新闻的当事人和见证人。

传统的新闻报道里，记者通过亲历的形式参与新闻叙事，以第一人称的视角进行实时报道，体验式报道、文字直播、图文直播等都属于限知视角。不论叙事者是否真的是新闻里的人物，其所叙述的内容都像是其亲眼看到、亲耳听到的一样，在一定程度上增强了新闻的表现力，使读者产生真实、亲近的感受。

与传统的新闻报道有所不同，数据新闻以数据为新闻内容的基础，更多从宏观的角度展开叙述。在对事实的呈现中数据占有较大比重，有时甚至没有人物参与，人物表达成为非必要话语。因此在数据新闻中，与全知视角相比，限知视角的运用比较少，多是从某个人物的角度来讲述故事，让读者与新闻人物共同经历故事，从而增强受众的体验感，提升新闻的表现力。

如新华网数据新闻《熊猫特派员的"一带一路"奇妙之旅》，以动画视频的方式讲述了两位熊猫特派记者通通和梦梦的"一带一路"之旅。在旅程中，通通和梦梦以沿线所观察到的经济发展变化为出发点，分别讲述了在"丝绸之路经济带"和"21 世纪海上丝绸之路"的所见所闻，生动形象地展示出"一带一路"沿线经济的发展现状。新闻中叙述的事件就是人物所观察到的事实，整个叙事过程没有越过两位熊猫特派记者的视角。叙事者看到的是特定人物所看到的，叙述的是特定人物所知道的。两位熊猫特派记者就是事实的见证人和陈述者，它们的叙述建构了整个新闻事实。

三、外聚焦叙事视角

外聚焦叙事是一种客观的叙事视角，在这个视角中，叙事者所知少于人物所知，这种叙事也被称为"外视角"叙事。外聚焦叙事视角的叙事者就像一台摄像机，他们不能叙述别人的所见所闻，不能深入人物内心，叙事者在新闻报道中，只能对自己看到的或者听到的进行叙述，不能追述事情的历史背景，也不能直接评论。外聚焦叙事视角如同以第三视角在"看"，看故事是如何发展的。外聚焦叙事视角的叙事者以一种"非人格化"的冷漠态度叙述其"所见所闻"，外聚焦叙事中，仅限于描写可见的行为而不加任何解释，不介入故事中任何人物的内心活动。

　　相对于内聚焦叙事视角而言，外聚焦叙事视角的叙事者与其人物的关系相当"疏离"，叙事者保持着高度的冷静，十分严格地将叙事控制在对人物外在言行的描述上，不但不透露其对人物的评价，甚至没有兴趣去"打听"人物的来历，叙事者只叙述一幕幕由人物的言语和行为构成的场景。外聚焦叙事比内聚焦叙事更能体现对叙事者痕迹的抹除。

　　通常来说，数据新闻很少直接来源于新闻报道中的人物，而多是从数据中发现新闻点，所以内、外聚焦叙事视角在数据新闻中占比相对较小。在实际的数据新闻叙事中，零聚焦、外聚焦、内聚焦等叙事视角的选择并不是一成不变的，制作者会根据新闻内容呈现进行不同叙事视角的转变。三个视角并非对立，而是根据新闻内容的需求而做出转换，使叙事更加丰富。以 2019 年第一届中国数据可视化创作大赛作品《北京"老漂族"：随迁老人的异乡困境》为例，作品主要以零聚焦叙事视角叙事，采用数据图表和信息图的形式，展示北京"老漂族"的情况及特点，如图 7-19 所示。同时，作品中多次穿插"老漂"老人的例子，如"67 岁的田秀英老家在吉林长春，今年春天和老伴一同来到北京""老漂丹姨的一天"，外聚焦叙事视角的采用使作品叙事更加丰满，也让新闻报道更加客观。

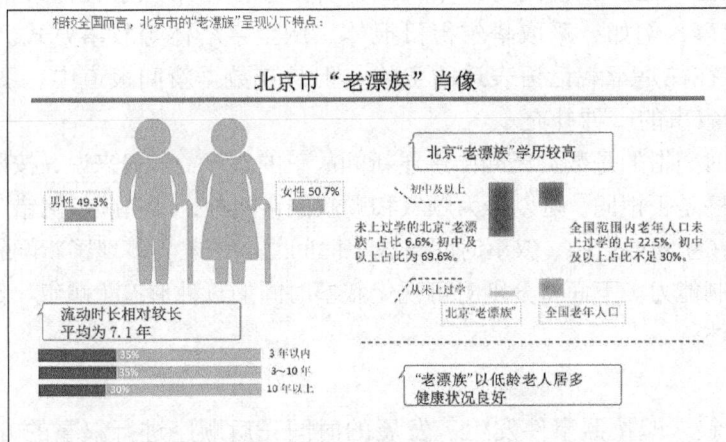

（a）截图一

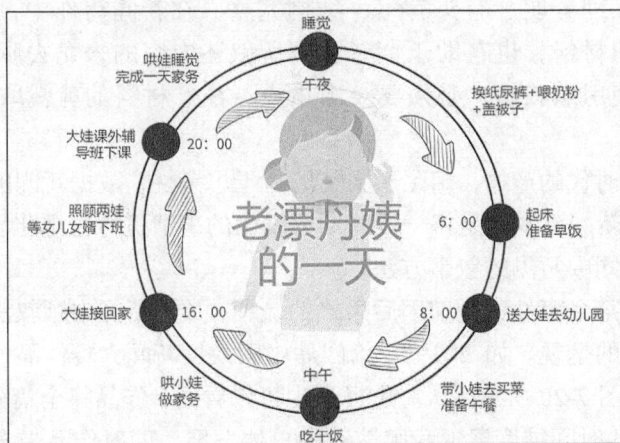

（b）截图二

图 7-19 《北京"老漂族"：随迁老人的异乡困境》数据新闻

因此，叙事视角的选择并不是固定的，而是根据叙事的需要发生转变，采用多元的叙事视角策略能够让新闻更具可读性。

第四节　可视化叙事时空

在新闻写作过程中，为了干预叙事，常常会打乱新闻事件原本的时间和空间，在数据新闻报道中也是如此，为了表现事物发展的趋势和地区间的差异，制作者通常会将不同时间和空间的事物放在一起。此外，由于数据新闻需要将最重要的信息进行可视化处理，其中必然包含各要素的拆分重组，最典型的便是对时间和空间的变形处理。

一、可视化叙事时间

托多洛夫指出："从某种意义上说，叙事时间是一种线性时间，而故事发生的时间则是立体的。"在故事中，几个事件可能是在同一时间发生的，但是在叙述的时候，需要将其投射到同一条直线上。在新闻写作中，制作者为了强调某些事实，常常会打乱叙事时间，从而干预叙事，例如，采取华尔街日报体、倒金字塔体等叙事方式。传统的新闻报道叙事中，文字往往是承载话语表达的主体，但是在数据新闻报道中，图片、声音、文字、视频都是对叙事的一种补充。

可视化叙事时间指的是数据新闻中讲述新闻故事的顺序，一般来说，按照新闻报道内容和故事发生的顺序是否相同，可以分为顺叙和顺叙倒错两种，其中顺叙倒错又可分为倒叙与预叙两种形态。在新闻报道中，叙事时间与故事时间之间的差异体现了新闻叙事者对新闻素材的再组织与控制能力。下面将分别对可视化叙事时间的三种形态（顺叙、倒叙、预叙）和叙事时间进行阐述。

1. 顺叙

顺叙也称正叙，即按照事件发生、发展的时间先后顺序进行叙事的方法，讲究"先来后到"的原则，它是一种最常见、最基本的叙事方法。用顺叙法进行叙述，优点是可使新闻思路清楚、条理分明、有头有尾、结构完整。在新闻写作中，制作者使用顺叙法便于把握线索、组织材料，也有助于读者了解所叙述内容的来龙去脉，顺叙法符合一般读者的阅读习惯。使用顺叙法，必须要突出重点，注意材料的剪裁取舍，要做到详略得当、主次分明。

数据新闻是读图时代的产物，相比于文字的富于思考性，数据新闻的直观表达更能够准确地传递信息。数据新闻更多的是将一段时期内发生的事情进行直观化表达，描述其趋势或规律，顺叙是数据新闻中常见的叙事方法。

除了最基本的对某个事件进行前因后果式的梳理，数据新闻中顺叙法还常见于从历史角度对某事物变化发展的呈现。如 2019 年第四届中国数据新闻大赛作品《从零到世界第一：中国地铁 50 年》，如图 7-20 所示，从左边目录中可以看到，作品将全篇分为"过去—现今—未来"，从历史宏观的时间维度展现我国地铁的总体发展，同时作品中多处采用统计图表的形式，按照年份统计、总结地铁历年运营里程、客流状况等详细数据，用顺叙法呈现使得作品条理清晰、结构完整。

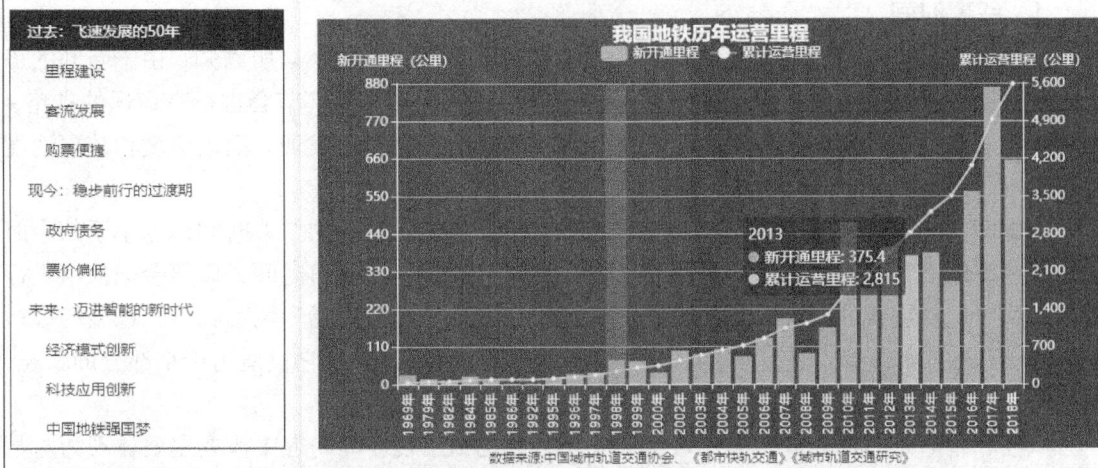

图 7-20 《从零到世界第一：中国地铁 50 年》数据新闻

2. 倒叙

"新闻话语最显著的特色是新闻组成要素的非时序性"。倒叙是对往事的回溯，根据叙事时间跨度和幅度划分，常见的倒叙方法有外倒叙和内倒叙两种。

外倒叙是在新闻中通过追叙对以往发生的事情进行补充，把时间拉到过去，通常表现为背景材料的插入。倒叙在数据新闻中所表现的是某个新闻热点中的数据，往往是时效性不强的新闻，所以时间通常作为发展脉络进行辅助叙述，起引导作用。出于视觉的接触习惯，当复杂的数据按时间线进行排列时，读者更容易接受，因此数据新闻中外倒叙的使用相对较少。

内倒叙是指在最初叙事时间点开展了一段叙述后进行倒叙的方法，主要是补充事件发展顺序过程中产生的断点信息。断点信息有时有价值但为了设置悬念而被暂时忽略，有时出于篇幅考虑因价值不足而被忽略。传统新闻叙事中受版面的限制，通常会把重点呈现出来，而数据新闻由于是在网络媒体上传播，不受版面限制，表达形式多样。因此，内倒叙在数据新闻中的使用是可行的。

外倒叙和内倒叙都是起到补充信息的作用，由于数据新闻叙事直观性的需要，且时效性不强，通常并不会打乱时间来叙事，也不会出现时间畸变，所以倒叙在数据新闻中的使用不多。

3. 预叙

预叙就是预先揭示故事的结果或透露情况设置悬念，事实上，新闻的标题和导语都兼有预叙的功能。预叙一方面能吸引读者注意力，激发其好奇心；另一方面，预先透露结果可能会使读者失去对后续事情的新鲜感。

在数据新闻中，预叙主要起引导作用，因为数据可视化是重点，即使提前"透露"了结果，读者也不会拒绝看一张清晰呈现的图片，网络载体决定了读者阅读新闻通常是一种浅阅读。而数据新闻中可视化呈现正好满足了读者的需要，即在短暂的时间内了解事件的全部，追求视觉快感和心理愉悦。

4. 叙事时间

叙事时间是指故事实际发生的时间和被叙述时间的一种比较。众所周知，由于新闻的篇幅有限，制作者总是会将最重要的环节进行重点叙述，而对其他环节会进行有意识的省略，如读者常看到的"十年如一日"等，就是一种概要。所以读者会发现，话语速度和故事速度往往是不一致的。

叙事时间的变形一般有以下几种表现方式：一是省略，省略的叙事时间远远小于故事时间，某些事件不会体现出来；二是概要，概要的叙事时间小于故事时间，概要会把故事进行压缩，只表现其主要的特征；三是场景，对场景的叙事基本由对话和场面构成，场景的故事时间约等于叙事时间；四是延长，延长的叙事时间长于故事时间，它只适用于小部分的叙述，但是可以产生特别的激发效果。

概要和省略是数据新闻叙事中较为常见的两种方式。在新闻内容中概要主要体现为对某些背景事件、某个人物的总体性概述。在数据新闻中，利用简明数据进行叙述可以看作概要的精确表现，所以概要在数据新闻中运用较多。再以第三节所述的《美数课》数据新闻《图解 | 南方暴雨成灾，这一切是如何发生的？》为例，这篇数据新闻报道对 2020 年的南方洪涝灾害进行了概括，简明地交代受灾情况、受灾原因，以动图形式生动直观地展示了"5月 27 日""6 月 20 日""7 月 14 日"鄱阳湖的水域面积，而这些日期跨越的时间则被省略了，这便是典型的叙事时间小于故事时间的例子。

一方面，概要和省略的使用能够突出新闻信息的重点，一张图表就能够表现一个事物数十年的发展变化，读者能够从中看到事物的发展规律和变化过程；另一方面，以静态图表的形式呈现事物，会显得单调空洞，虽然重点突出，但是缺乏故事性。

二、可视化叙事空间

传统新闻通常是针对某个特定事件、特定问题的报道，文字叙述很难将具体问题量化，在涉及较大的时间跨度和过多的数据时会显得力不从心。报道通常以单一的文字或视频的形式呈现，这就要求读者必须把全部内容看完才能了解事件。随着数据挖掘和分析技术的进步，数据新闻能够借助技术手段来呈现传统文字报道难以驾驭的庞大主题。

在传统新闻叙事中，一般都是遵守时间的"线性逻辑"，空间的叙事功能并没有得到重视。而数据新闻会通过各种类似图标、动画等的可视化手段营造出空间感，这种立体或平面的空间感会给数据新闻叙事带来不同的形态，也比文字带来的空间感更强烈和直观。尤其是随着新媒体数据新闻在移动端应用和传播的普及，巧用垂直空间，将新闻内容以立体化的方式呈现给读者，更能满足读者的需求。

地图叙事是数据新闻中常用的空间叙事方式，通过地图的颜色、标准的图标等信息，地图叙事要比文字表述承载的内容多。在范围广泛、信息量较大的情况下，地图叙事能带来宏观的视角，如《美数课》数据新闻《图解 | 解封首日，离开武汉的居民都去了哪儿？》，以动态地图的方式展示了疫情期间，2020 年 4 月 8 日武汉解封后的人口流动状况，包括有多少

人搭乘公共交通工具离开武汉，哪些地区是他们解封首日的热门目的地，通过公开数据，澎湃新闻统计分析了武汉交通运输的各方面情况。

《美数课》的可视化作品《AR | 70 年来中国的城镇化进程》根据国家统计局相关年鉴资料，采用"AR+地图"的形式，整理了我国城镇化 1949—2018 年的数据，做出了一款 AR（Augmented Reality，增强现实）作品《中国城市 70 年》。在该交互作品中，读者可以将地图映射在物品平面上，每个省份距离地面的高度，代表了该省当年的城镇化率。通过该作品，读者可以清楚地观察我国城镇化经历的三个阶段。

从宏观角度对叙事内容进行呈现，能够全方位反映事件的全貌，也使得传递的信息内容更加丰富。DT 财经数据新闻作品《从数据看，Airbnb 的故事并不像宣传的那么酷》中，以北京地图为背景，以 2010—2018 年为时间轴，每一年在地图上方用红色圆点标注 Airbnb（AirBed and Breakfast，爱彼迎）短租房房源地。从时间角度上看，红色圆点逐渐增多，意味着爱彼迎的短租房房源数量每一年都呈上升趋势，且每一年红色圆点的增加数量并不恒定，因此也能从时间上看出爱彼迎短租房房源每一年的增量。由于此动态图表是以地图为背景的，从空间角度上看，红色圆点每一次的变化也体现了爱彼迎短租房房源地的空间位置变化。2010—2018 年，爱彼迎短租房房源地以北京中心东南方向呈圆环状向外围扩散。动态图表中时空线索交叉出现，时间和空间的交叉分别表示了图表叙事的两条线索。以时间轴为线索呈现图表数据的线性变化，同时以空间为线索呈现图表数据的立体图景，两种线索交叉让动态图表既赋予读者时间的延伸感，也让读者感受到数据空间的立体感。

总体来说，在数据新闻中，地图叙事能够使读者摆脱传统线性记忆模式，增强方向感和空间感，让读者从时空方面对整个新闻事件进行把握。这种直观的空间表达使读者能够从宏观层面对故事的脉络有一个把握，地图呈现的事物关系也能够在读者那里获得不一样的意义阐释。

第五节　可视化叙事结构

叙事结构，即作品内容的框架结构，指如何将多个叙事融合实现内容的组合。数据新闻以数据为驱动力，大数据有数据量巨大、数据类型繁多、价值密度低、处理速度快等特点，将不同数据转换为结构多样的文本并进行组合依据的是数据本身的形式、内容和制作者运用多媒体技术的能力。所以数据新闻的叙事结构也是由制作者及其获得的数据所决定的。从新闻生产的特点来看，大部分数据新闻属于"数据驱动型"和"编辑驱动型"，这也是数据新闻生产的内在动力。

数据新闻的叙事结构是一种组合叙事结构，并没有传统新闻写作中固定的逻辑和时间安排，考虑数据的特点，呈现出来的新闻并非读者想象的杂乱无章，而是经过详略安排和梳理之后，在一定叙事主题之下根据不同数据选用不同媒介进行表现的。数据新闻中的组合关系更多的是一种相互的补充叙事，以叙事意图为基础的组合叙事。例如：文字是对新闻背景的介绍，对新闻事实的评论，对图文的描述；图片主要是对数据的视觉化呈现或者提供事件中的地点和人物信息；数据地图主要是提供事发地点的位置。这些不同的媒介按照叙事者的意图被组合在一起，呈现出一定的顺序，易于读者阅读。

总而言之，数据新闻突破了传统的新闻叙事模式，实现了信息的再结构化。数据新闻叙事就是将抽象数据具象化，挖掘数据之间的相关性以及发现隐含在数据背后的深刻意义。当数据成为叙事的内容主体时，除了以故事为中心的叙事结构，更多地依据数据间的逻辑关系，从不同维度、以有序的方式排列和呈现数据，表现出信息的再结构化，而这种再结构化的框架设计与技术水准影响着叙事的效果，同时，也带来了新闻叙事方式的创新。

数据新闻叙事不仅是大数据时代的产物，也可以说是新媒体语境下的产物。许向东通过梳理近几年国内外刊发的数据新闻作品，将数据新闻叙事模式归纳为以下三种。

一、线型叙事模式

"屏媒时代"加速了读者阅读行为的改变。读者不仅在单幅页面上快速浏览，而且在多幅页面之间实施"滚动"和"滑动"操作，读者视线的运动轨迹推动了以方向性、连贯性为特征的线型阅读设计的发展，也正是这种线型设计理念营造了线型阅读体验。数据新闻叙事的内容体量相对较大，采用非线型的叙事模式会使切入点不明确，需要读者费力思考，有悖于简洁、直接的新闻信息传播原则。主题集中、数据体量不大且能够独立成篇的新闻比较适合选择线型叙事模式，清晰的叙事逻辑和线索有助于读者快速掌握核心信息，了解事实的真相。

在传统叙事模式中，线型叙事往往对报道客体的发展变化进行追踪反映，直至客体变动告一段落，呈现出单向性、直线性的发展轨迹。在数据可视化叙事中，线型叙事大多按照时间顺序展开。对于在发展过程中时间要素较明显的事件或活动等，只需沿着主线（时间线）的轨迹叙述，就能够完整地展示事态。尽管某些单一事件发生在不同时间段，借助内在的某种逻辑关系也可以使之形成整体事件。

如视觉资本（Visual Capitalist）数据可视化平台数据新闻作品《山峰的鼠丘：媒体夸大恐慌的时间线》，其采用了以时间为顺序的线型叙事模式，其中横坐标为 2000—2017 年的时间轴，颜色各异的"山峰"分别代表了流行疾病或热点话题：疫苗和自闭症、SARS、杀人蜂、禽流感、猪流感、埃博拉病毒、塞卡病毒等；纵坐标代表的是死亡密度（实际情况和被媒体报道的），如图 7-21（a）所示。当将鼠标指针移至疾病名称或话题上时，就会显示该疾病或该话题在不同年份的峰值和媒体报道时的新闻标题，如果单击"Scale to deaths"符号，峰值就会出现升降变动，如图 7-21（b）所示，读者通过依托时间线的叙事结构可以发现，很多疾病的严重程度被媒体放大了，引起了不必要的社会恐慌。

2019 年第四届数据新闻大赛作品《共享经济：昙花一现还是蓄力待发？》采用线型叙事模式，如图 7-22 所示，作品目录按照事件脉络分为"初见端倪""如火如荼""发展遇冷""来日方长"几个部分，采用线型阅读设计讲述了以"ofo 小黄车"为代表的共享经济行业的风起云涌，从崭露头角到遭遇"寒冬"，清晰的叙事逻辑帮助读者迅速了解作品核心信息。线型叙事比较符合人们的认知惯性、阅读行为，因此其在数据新闻可视化叙事作品的叙事模式中占有较大比例。

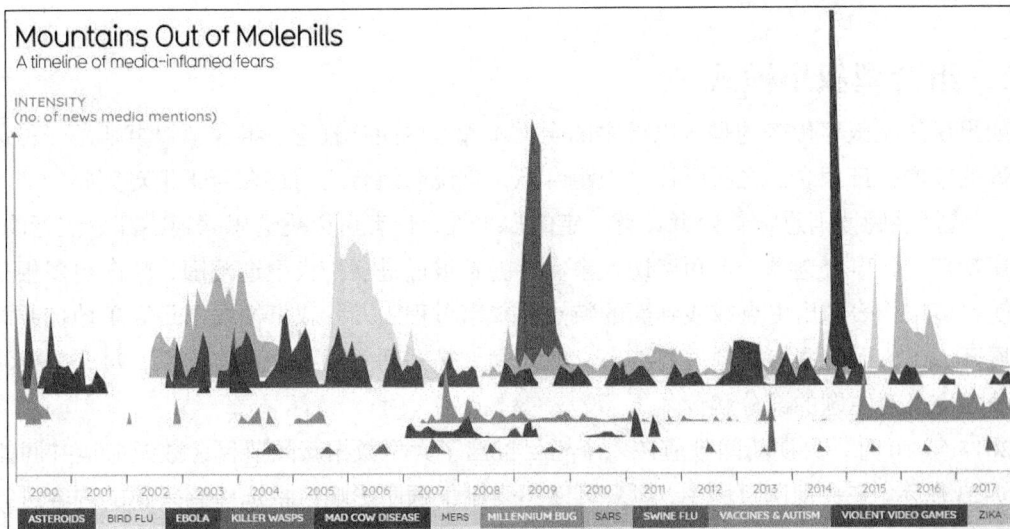

（a）时间顺序线型叙事模式

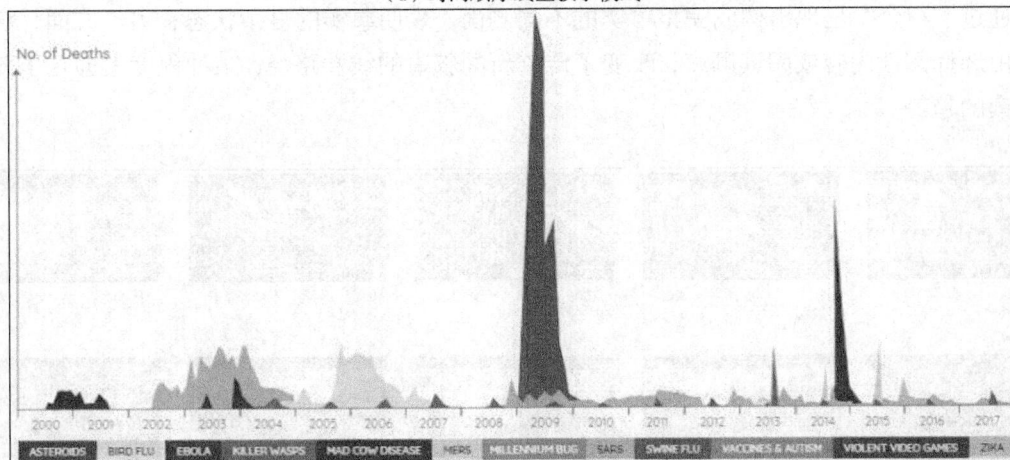

（b）"Scale to deaths"峰值变动

图 7-21 《山峰的鼠丘：媒体夸大恐慌的时间线》数据新闻

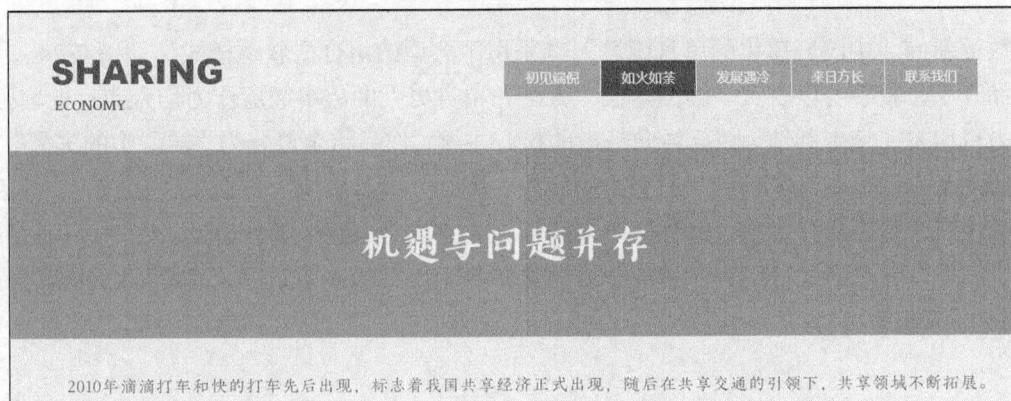

图 7-22 《共享经济：昙花一现还是蓄力待发？》数据新闻

二、组合型叙事模式

如果说线型叙事代表的是一以贯之的全文本阅读的生产理念，组合型叙事则是一种选择性阅读的新闻生产理念。之所以称之为组合型，就说明组合之前存在若干相对完整的"故事模块"。选择性阅读则意味着读者具有一定的自主性，读者可以挑选感兴趣的部分进行阅读。在叙事初期，叙事者选择一个角度切入事实，随着报道进展扩大报道范围，转向更多相关事实，使叙事结构表现出由点或线到面的特点。叙事过程中，各叙事模块不是简单地按照时间顺序展开叙事，而是围绕主题展开叙事，彼此间或是并列关系或是补充关系，每一个模块都能够独立完成对主题的部分解读。

2015 年 10 月，央视新闻频道在多个栏目推出了大型数据新闻节目《数说命运共同体》，如图 7-23 所示。在央视网页面中，观众可以不受剧集顺序影响自主选择感兴趣的内容进行观看。组合型叙事属于半开放式的叙事模式，数据通过叙事将各个模块关联起来：一方面，传播者通过"组合"呈现出构成完整事实的不同侧面，表明事实的复杂状态；另一方面，观众可自由选择阅读内容或阅读顺序，改变了传统新闻叙事的线性路径，某种程度上迎合了碎片化阅读的趋势。

图 7-23 《数说命运共同体》数据新闻节目

数据新闻《中国城镇化的单身困境》也采用了典型的组合型叙事模式，如图 7-24 所示。在作品开头，叙事者以唐寅、顾田两位"大龄"单身男女的故事经历作为切入点，既增强了吸引力也引发了读者共情。随后转向报道的核心主题，作品将全篇分为"转型中的失衡""无处安放的爱情""'剩'的代价"三个故事模块，围绕"单身困境"分别从现状描述、原因挖掘、影响三个方面展开叙事，每个模块都能够独立完成对主题的部分解读。在对原因进行分析时，同样以目录形式分别列举造成"城镇化单身困境"的 6 个原因，读者可以挑选感兴趣的部分进行阅读。

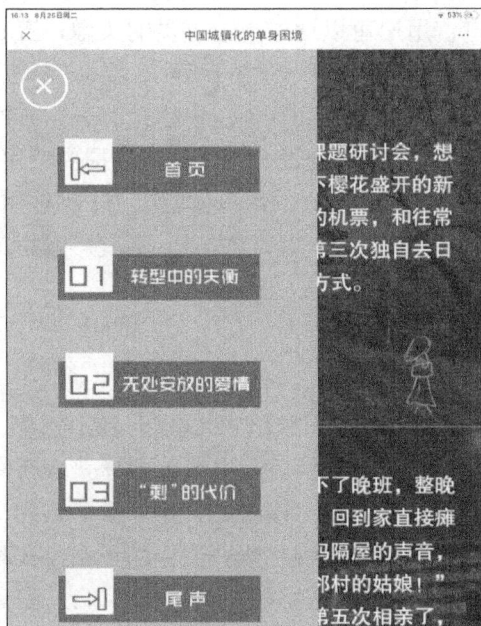

（a）目录结构　　　　　　　　（b）"无处安放的爱情"（原因）内容结构

图 7-24 《中国城镇化的单身困境》数据新闻

三、交互型叙事模式

1. 交互型叙事模式的概念

交互型叙事是一种采用交互技术、完全开放的叙事模式。从技术角度看，交互型叙事主要基于数据库，有时采用新闻 App 或新闻游戏的方式，强调新闻信息产品的个性化，生产具有个人意义的叙事内容，以满足读者对特定信息的需求。其不仅有助于叙事者形成个性化的叙事体系，读者也可以更多地从中获得良好的阅读体验，延长阅读时间，有效传播可视化产品，促进传播、受众之间强关系的构建。

交互型叙事外在地表现为一种呈现手段和具体方式，方便读者判断叙事内容的价值，获取自己所需要的数据。在交互型叙事模式中，叙事话语不再是直接表述出来的，而是叙事者通过使用路径、情节场景和参与体验等的设计来完成的。表面上看，读者在获取信息的过程中有着较大的自主性、选择权，但事实是叙事者已经将传播意图以"程序"或"规则"的方式巧妙地"藏匿"在叙事作品中。面对叙事内容，读者遵循着叙事者预设的操作程序和规则，以沉浸的状态阅读、思考。正如韦恩·布斯所说的"隐含作者"，它是读者从叙事当中重构出来的。它并非叙事者，而是创造叙事者的那一原则，伴随着叙事中其他方面，它无声地指示读者，通过整体的设计，用所有的声音，凭借它选择让读者知悉的一切手段。隐含作者建立了叙事的准则，真实作者可以通过隐含作者来假定任何他所喜欢的准则。

采用交互型叙事模式的数据新闻作品大多基于数据库，在宏观叙事与微观叙事的融合中，更强调个体信息需求的满足，尽可能满足读者不同层面的信息需求。如在 2016 年的欧洲杯报道中，一些媒体运用"自主组队"的新闻游戏来激发用户参与，让用户根据自己的意愿或分析来组织球队。如美国有线电视新闻网推出的《欧洲杯 2016：选择你的终极五星梦之队》，就是将各球队和球员的数据信息提供给用户，用户可以通过点击球员的头像，查看该球员的数据信息（包括价值、出场次数、进球数和用户选择该球员的比例），组队完成后即可实时查看自己组织的球队的"评估"和"球队数据"。采用交互型叙事模式有三个方面的积极作用：在认知层面，有助于数据新闻将大量有价值的数据通过个性化的方式提供给用户，实现信息的精准化传播；在态度层面，有助于数据新闻通过良好的用户体验吸引、黏住用户，借助"晕轮效应"实现传播意图；在行为层面，通过用户的参与行为本身，深度影响用户对某一问题的看法，进而改变用户的行为方式，实现传播的深层效果。

2. 交互型叙事的三种模式

（1）主线索引导模式

主线索引导模式是指由作者通过设置前情提要、提出问题假设等形式展开叙事铺垫，在作者引导叙事之后设置"交互"，选择后读者进入开放式阅读且后续由读者主导获取新闻故事阶段的一种交互型叙事模式，如图 7-25 所示。目前主线索引导模式是使用非常普遍的交互型叙事模式。例如在 2018 年全球数据新闻奖年度最佳数据可视化奖获奖作品《生活在难民营》（*Life in the camps*）中，作者以一段难民营航拍影像叠加文字的方式展开叙事："在泥泞的山坡上挤满了临时搭建的小屋……健康专家说，孟加拉罗兴亚难民营过度拥挤的居住环境、糟糕的卫生条件以及有限的医疗保健服务是一个'巨大的灾难'。这是对营地生活的详细观察。"随后，读者可以通过滑动页面来获取有关难民营的详细情况。尽管这种模式给予读者自行探索新闻故事的可能性，但在读者主导的交互环节仍然存在作者预设的叙事路径和结构，因此有学者直言这种交互的可能性是一种"选择的幻象"。

（2）间断性过渡模式

间断性过渡模式是指数据新闻的整体叙事由不同的"叙事块"构成，读者的交互行为发生在不同"叙事块"的连接处以推进叙事的发展或串联不同叙事片段的一种交互型叙事模式，如图 7-26 所示。在很多情况下，间断性过渡模式通常与主线索引导模式形成一种相互嵌套的交互型叙事模式：在作者主导叙事线索进入读者主导阶段时，可能嵌套了间断性过渡模式来激活读者的互动行为；也可能在不同的叙事块中嵌套了主线索引导模式，以推进该叙事块的互动叙事。例如 2014 年 Detective.io 平台制作的全球数据新闻奖获奖作品《移民档案》中首先以作者主导叙事开篇，但整个作品被切分为"新闻（Newsletter）""金钱追踪（The money trails）""计算死亡人数（Counting the dead）"三个叙事块。读者可以选择跳转至任意叙事块进行阅读。

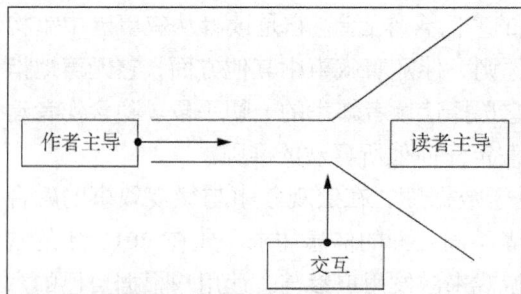

图 7-25　主线索引导模式

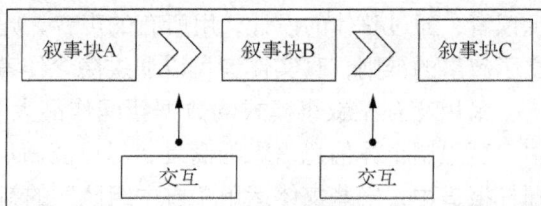

图 7-26　间断性过渡模式

（3）多线程触发模式

多线程触发模式是指在没有作者预设引导叙事线索的前提下，读者直面整个数据新闻的全部元素，并通过页面中的多个入口进入新闻故事的不同路径完成探索性发现的交互型叙事模式，如图 7-27 所示。读者并未被预设进入特定的入口或按照一定路径浏览内容，而是可以通过数据库的不同查询搜索框进入不同的信息页面，一步步深入直到穷尽数据库提供的某一单一线程的所有信息为止。这种模式下读者触发的互动叙事路径难以被明确预计，因此读者可以自由探索所需信息和内容，尽管数据库背后仍然存在"无形的主体"预设线程的数量及可供选择的入口。

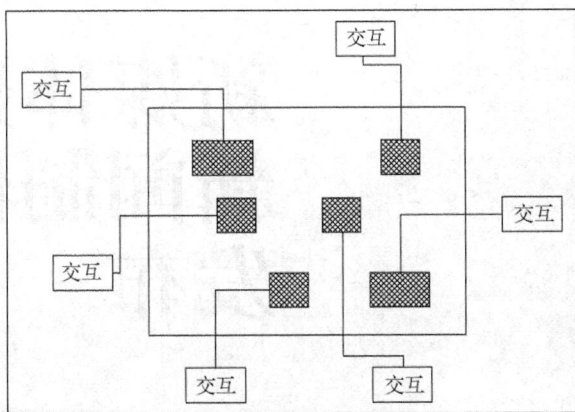

图 7-27　多线程触发模式

此外，线型、组合型和交互型三种叙事模式也不是独立、单一存在的，更多时候是交错融合。可能在第一层或宏观上看是线型叙事模式，但在第二层或微观上看或许就是组合型或交互型叙事模式。采用何种叙事模式的关键在于叙事者对数据价值的挖掘程度，对受众阅读心理及行为的把控程度，以及对传播平台和传播技术的熟悉程度等因素。

思考与练习

1. 简述可视化叙事内涵及表达形式。
2. 可视化叙事主体有哪些类型，在叙事中分别有什么特点？
3. 在新媒体数据新闻可视化叙事中，如何选择可视化叙事切入口？
4. 简述热奈特和茨维坦·托多洛夫关于叙事视角的分类，以及在数据新闻可视化叙事中如何选择叙事视角？
5. 简述新媒体数据新闻可视化叙事时间类别及各自特征。
6. 简述新媒体数据新闻可视化叙事结构类别及各自特征。

第八章
新媒体数据新闻制作与发布

本章概述

    随着技术的不断革新，新闻的呈现形态和受众的阅读习惯也在发生改变。数据新闻是媒介技术革新的产物，也是新媒体新闻生产者为了适应受众新闻阅读习惯的改变做出积极尝试的成果。媒体作为受众新闻阅读内容的提供者和受众新闻阅读方向的引导者，面对新媒体时代受众阅读习惯的改变，既要与时俱进，创新新闻内容与形式，也要坚守初心、担负起媒体的社会责任。相较于传统新闻，新媒体数据新闻在具备许多优势的同时，制作难度也大大提升。本章将从理论和实践两个层面阐述新媒体数据新闻的内容组织、制作工具、制作过程、生成与发布，并以 iH5 工具作为数据新闻集成、制作与发布的平台，以数据新闻作品《中国城镇化的单身困境》的制作过程为例进行演示。

第一节　数据新闻内容组织

一、新媒体时代受众的新闻阅读习惯

1. 新闻阅读的数字化

移动终端的大规模普及、新媒体的迅速发展促进了新闻阅读的无纸化。随着新媒体的快速发展，纸质新闻逐渐淡出人们的视野，数字化阅读越来越成为大众所接受的阅读新方式，同时人们也形成了与之相适应的新的阅读习惯。数字化阅读有更强的便捷性、开放性和选择性，数字信息可以不受时空的限制，人们可以在全球范围内进行信息交流和共享。在此背景下，传统媒体纷纷开始向融合媒体转型，新闻的内容和形式都进行了创新，新媒体数据新闻迎来了发展的机遇。

2. 新闻阅读的视觉化

据《人民日报》近 30 年图片刊载量的相关统计，传统印刷媒介中的文字内容在逐渐被图片代替，这一改变正是为了顺应受众的视觉化新闻阅读习惯。移动通信技术和移动终端的进步使新闻媒介的多样化充分实现，动图、全景图片、视频……形形色色的视觉表现手段使信息得到更加生动的展现，也使信息的获取变得更加容易。因此，新媒体时代的主导文化形态超越了语言符号，由传统的文字阅读转为以视觉符号为主导的图像化文本阅读。网络新闻能够灵活运用视觉信息的这一特点也使得它在这一阶段的新闻传播中占据优势地位。

3. 新闻阅读的娱乐化

通常情况下，以文字为载体的读本更注重其理性的描述和分析，视觉化图片形式的读本体现的是一种形象化的感性思维，更趋近于直觉。各种各样的新媒体内容的涌现正无形地改变着大众的阅读方式，使快捷化、娱乐化成为受众的一种主观需求。新媒体时代下的新媒体阅读多是快速、随意、跳跃和片段化的，阅读在很大程度上不是为了获得知识和提升自身素养，而是为了消遣娱乐、放松身心、排遣压力。新媒体时代，新闻不再是知识的枯燥讲述和现象的理性反思，从某种意义上说，新闻阅读具备娱乐化的特征。

4. 新闻阅读的碎片化

新媒体时代，新闻不再局限于过去严肃刻板的形象，可视化的表现手段使得新闻能够以灵活的方式呈现，信息可以更轻易地被受众提取。移动互联网的发展和各类移动终端的普及使得人们不再需要正襟危坐、全神贯注地阅读新闻，新闻阅读的形式日渐丰富。随着社会整体呈现出"浅阅读"倾向，"新闻"与"娱乐"的界限渐渐模糊，新闻阅读也不可避免地迎来了"碎片化时代"，阅读新闻很多时候成为受众消磨碎片化时间的选择。

5. 新闻阅读的互动化

传统的新闻阅读是从传播者到受众的单向的、线性的活动，信息内容受传播者的控制，受众想要反馈和互动比较困难。比如过去典型的互动方式——电视直播中的观众来电和报纸杂志的读者来信，信息的时效性和多样性都比较差。

新媒体时代，新的阅读方式的出现改变了这一现象，最明显的就是主体与客体间互动性的增强。网络的交互性为新闻制作者和受众提供了平等的对话交流的平台，思想的相互促进和交流又为更好地传播新闻内容创造了条件。受众不仅可以反馈信息,还可以直接参与信息发布,实现从被动的信息接收者向主动的信息提供者的角色转变。目前已经出现了许多众创型叙事的数据新闻内容,大部分作品中也设置了专门的互动板块,通过传播者与受众的互动以及受众之间的互动进一步促进新闻内容的完善和作品的广泛传播。

二、数据新闻内容表达的优势

根据新媒体时代受众的新闻阅读习惯,新媒体数据新闻力求最大限度地发挥新兴媒介技术的优势。新媒体数据新闻在坚守新闻初心的同时与时俱进,积极进行内容与形式的创新,促进信息的高效传播,使新闻在数字时代重新焕发活力。

1. 直观的表现形式

数据新闻的最终产品形态是一套视觉符号系统,相比传统新闻以语言为主的叙事方式,它在语法、形态和表现方式上发生了根本性的"图像转向";在对时间、空间等抽象信息的表达上,图表通过具象的元素和逻辑的秩序来表现内容;数据间错综复杂的关系、规律,以及由数据"阐释"的世界,借助数据可视化被"表征"出来,满足了受众的视觉快感需求。

视觉快感来源于两个方面:一个是"看"的乐趣,另一个是"入迷"。数据可视化将难以可视化之物或者不易被理解的复杂问题,通过化繁为简的直观方式呈现给受众,满足了受众理解信息的需要,受众通过"看"得到获得知识的乐趣。"入迷"则是让受众沉浸其中。数据可视化允许受众自己进行探索,凭借对交互手段的运用,受众可以探索自己感兴趣的内容,获得基于人机互动的个性化体验和沉浸其中的乐趣。

2. 多维的复杂叙事

传统新闻从业者认为读者对长故事不太感兴趣,记者在讲故事时力求简短,新闻中大篇幅的描述或解释段落有时会被删除,复杂议题常不被触及。对于新闻报道而言,宏观叙事与微观叙事的兼顾将使报道显得更加真实、客观、生动,但传统新闻报道在实际操作中很难兼顾这两个方面。

数据新闻的叙事多属复杂叙事,是对文本或表格形式等不易感知的复杂关系的处理和呈现,它从新闻事件出发,通过数据把新闻"做宽(广度)、做深(深度)、做厚(时间)"。在叙事语法上,数据新闻突破了传统树形二维叙事结构的局限,形成了立体的叙事法则。由于大规模数据集不能被传统新闻叙事形式有效呈现,新媒体数据新闻生产需要用可交互的、清晰简洁的,同时具备视觉吸引力的叙事手段进行补充。

3. 科学的求真精神

朱利安·阿桑奇相信"新闻业应该更像科学""尽可能让事实应该能被证实,如果记者想长期获得专业上的公信力,他们必须沿着这个方向走,对读者更敬重"。记者常用的求真方法,如采访、搜集资料,运用归纳、演绎、推理等思维方式获得对某个现象、问题、事件的认知、判断与解释,是定性的。实际上这类报道记者所说的都是特例,说服性较低。数据新闻通过分析、处理海量数据发掘事实,进行系统研究,总结出具有代表性的"趋势",实现了用数字支持推测。

英国卡迪夫大学新闻学教授理查德·萨姆布鲁克认为:"在怀疑主义盛行的时代,人们更愿意相信通过数据收集和分析发现的新闻，更愿意阅读通过数据呈现的新闻事实。"数据新闻将数据科学作为求真的标准，与其他新闻类型划清了界限。

三、数据新闻内容组织实施

数据新闻的内容主要包括文字和图表，文字是贯穿全文的线索，蕴含大量数据信息的图表则是灵魂，文字和图表在整体布局中要相互结合。数据新闻的内容组织不仅要求清晰地呈现信息，更追求在达成叙事目标的同时传递情感和价值观，发挥影响力。

（1）"数中有述"的语图关系

数据新闻可以简单地理解为"数据+新闻"，当然，这不是简单地相加，而是要将数据和新闻融合，做到"数中有述"，这样才能称为真正的数据新闻。数据要完成获取、预处理、分析和可视化，而新闻要注重叙事，二者结合，才能生成具有交互性的数据新闻，如图8-1所示。

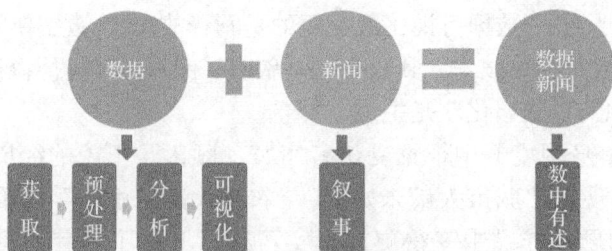

图 8-1　数据新闻原理

"数中有述"强调的是作品中不能简单地罗列和堆叠数据图表，而是要借助数据进行叙事，使文字语言和数据图表利用各自优势共同完成话语生产。以数据新闻作品《中国城镇化的单身困境》为例，开头文字的背景介绍概述了改革开放以来中国城镇化进程的迅速推进，我国第六次人口普查的数据图表穿插其中，从数据层面体现了这一改变，从数据维度纳入了文字中没有包含的细节信息，达成了有效的图文结合，如图8-2所示。

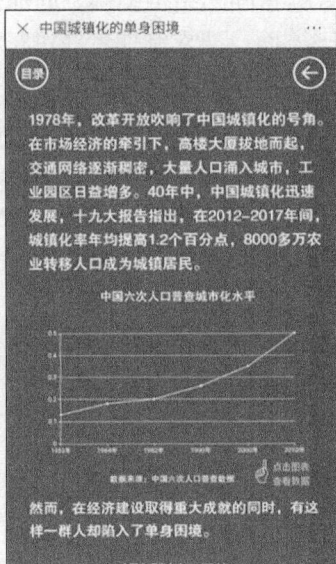

图 8-2　"数中有述"的内容编排

（2）故事化的内容布局

在目前的数据新闻实践中，不少新闻从业者认为数据新闻只需在新闻内容中呈现数据即可，结果出现了两个极端：一个是，数据新闻片面强调可视化，一些媒体从研究报告中摘取一些受众感兴趣的数据做成图表，数据新闻成了"图解新闻"的同义词，从数据中挖掘知识的核心功能仅仅停留在展示别人的研究结论的表层，摘取的数据缺少逻辑，不足以引发受众对深层内容的探究；另一个是，数据新闻成了"数据"新闻，一些数据新闻虽然进行了深入的数据分析，但只是罗列一幅幅数据可视化作品，谋篇布局没有章法。

结合目前受众碎片化、娱乐化的新闻阅读倾向，新闻创作必须充分利用各种手段，在保证内容真实性、客观性的前提下增强趣味性。数据新闻作品要想表达宏观主题，就要进行复杂多维叙事，在这种情况下，采用故事化、拟人化的内容布局能让数据新闻作品更易于理解。数据新闻记者哈达德认为："数据可视化最重要的是阐释故事。"数据新闻不等于在新闻实务中直接引入数据分析或可视化技术，其核心仍是叙事。保罗·布拉德肖认为，在数据新闻生产中，数据处理是核心，"故事化"是主线。

《中国城镇化的单身困境》中根据受访者唐寅、顾田、王静的经历进行故事化叙述。以真实的人物形象体现了"城市大龄未婚女""农村大龄未婚男"面临的婚恋困境，使原本宏观的社会婚育问题在作品中变得更加真实可感，增强了内容的可读性，更能引发受众的共鸣。

（3）整体化的结构编排

数据新闻作品中蕴含着大量的数据信息，使其内容与传统新闻相比显得更加琐碎。数字化显示屏翻页不如纸质读本方便，不能随时回顾前几页的内容，加大了长篇阅读的难度。大量的可视化设计、交互元素在分散受众注意力的同时也在冲淡新闻的叙述，使得受众在阅读过程中对主题的理解容易产生偏移。

对此，一方面要求制作者在数据新闻的结构编排方面加强整体性，体现作品内容的凝聚力和向心力，着力突出主题。另一方面，要求制作者在进行页面设计时充分考虑阅读体验，提升阅读的便利度，促进主题表达。

《中国城镇化的单身困境》首先通过人物故事引入数据新闻内容，如图8-3所示；其次以人物的经历作为线索串联内容和数据，如图8-4所示；最后以人物的愿景作为结尾，如图8-5所示。以上三步使新闻作品达到了首尾呼应的效果，使全文成为一个整体。

《中国城镇化的单身困境》中第二部分"无处安放的爱情"从多个方面挖掘了我国城镇化过程中大龄未婚男女出现"单身困境"的原因，涉及社会资源、人口结构、个人性格等。在长篇的数据新闻作品中，不同部分内容各有侧重，容易给受众"各自为政"的感觉，统一化的视觉设计和文字编排，可以有效增强整体性。制作者通过整齐凝练的标题设置使新闻作品成为和谐的整体，令人一目了然，如图8-6所示。

此新闻作品满足受众下滑式阅读习惯的同时支持一键回到顶部，点击小标题即可跳转到相应内容，既有效提升了阅读的便捷性，也增强了受众在阅读中的方向感。按钮设置如图8-7所示。

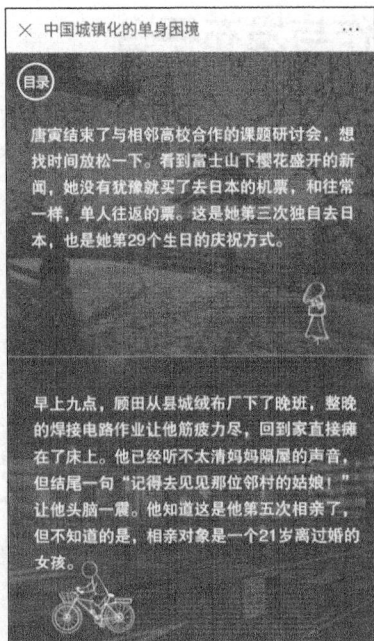

图 8-3　引入

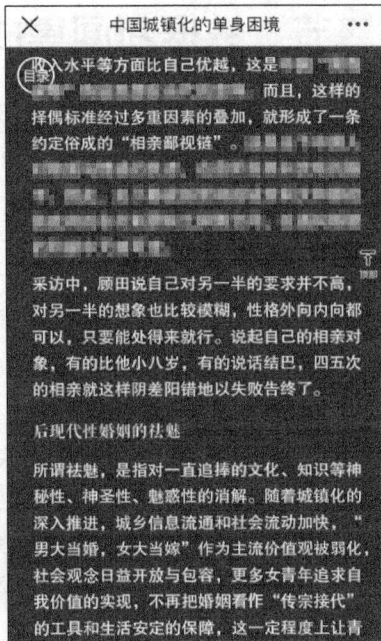

图 8-4　串联

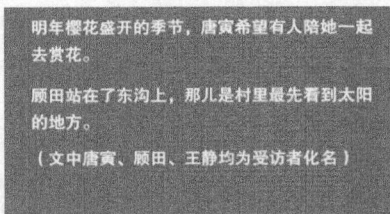

图 8-5　结尾

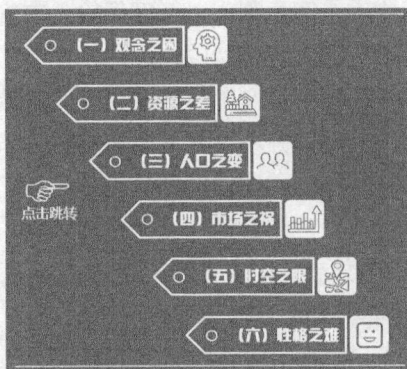

图 8-6　整齐凝练的标题设置

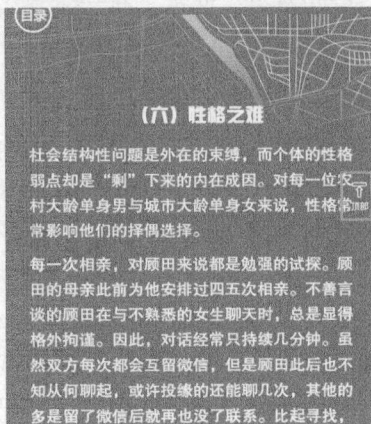

图 8-7　便捷化的按钮设置

第二节 数据新闻集成、制作与发布平台

如何找到合适的数据新闻的集成和发布平台往往是制作者关心的问题，目前有条件的媒体往往都有自建的发布平台，而一般制作者可利用的集成发布平台也有很多，以下几种是常见的平台。

一、静态工具平台

静态文档形式的工具是较为基础的可视化和数据新闻制作工具，目前使用较多的是 Microsoft Office 和 Adobe 系列的软件。

1. Microsoft Office 系列

Word 和 PowerPoint 是大家日常频繁使用的办公文档工具，可以用来进行简单的图文排版，生成 PDF 文件。Excel 通常用来制作表格和统计数据，在数据的处理、统计分析与可视化呈现方面都能发挥强大的功能。利用这类软件制作数据新闻最简单，生成的作品占用存储空间小，也便于阅读，但缺乏交互性，也不适用于网络发布和传播。

2. Adobe 系列

Adobe 公司旗下的 Photoshop 和 Adobe Illustrator 是著名的专业型图像处理软件，集图像扫描、编辑修改、图像制作以及图像输入与输出功能于一体，在数据可视化以及数据新闻的美工设计方面功能强大。两者的不同之处在于前者处理的是位图，后者处理的则是矢量图。这类软件可以将数据新闻图文内容集成为一张或若干张静态图片，然后通过网页进行发布或通过不同渠道传播。但通常并不独立使用这类软件来完成数据新闻的制作，而是为了突出可视化效果，用它们做一些修饰性设计，并最终利用它们与其他工具相互配合完成数据新闻的制作与发布。

二、网页工具平台

1. 网页开发工具

制作者可以利用网页开发工具进行数据新闻内容的集成和发布，例如利用 Adobe Dreamweaver、ASP.NET 等网页开发工具来进行数据新闻内容的集成。应用这类软件通常需要制作者有一定的网页开发基础，而且涉及网络空间发布，通常具有一定复杂性，实际应用得较少。

2. 在线网页制作平台

目前也有很多在线网页制作工具或平台支持数据新闻的集成、制作和发布，该类工具可直接用来进行在线操作与发布，较为简单易用，如 Wix、起飞页等。Wix 和起飞页都是方便快捷的构建网站的自助建站平台，在该类平台上，制作者可以生成内容丰富的数据新闻并直接进行网络发布，尤其是 Wix 平台在数据新闻制作中应用比较广泛。另外，制作者还可将利用 Google Chart、Google Fusion Tables、ECharts、Many Eyes、Tableau、镝数图表等可视化工具制作的图表嵌入作品。

目前有很多可视化工具都提供可视化图表的链接地址和网页嵌入代码，将嵌入代码嵌入网页相应位置，即可在数据新闻中插入动态图表，如将 ECharts、Tableau、镝数图表等生成的动态、可交互图表嵌入 Wix 平台，生成直观、生动、可交互、个性化的数据新闻作品。

三、H5 类工具平台

H5 是指 HTML5.0 版标准，利用它可以实现丰富的多媒体效果，能生成灵活的动画特效，形成强大的交互应用，同时，它还能提供强大的数据分析功能，也可对页面传播效果进行跟踪、分析。H5 页面特别适合移动端，在社交平台上传播也非常方便。目前，大多数 H5 页面是通过在线平台制作而成的。此类工具能满足新媒体数据新闻传播和应用的需要，通常可以用来进行在线制作和网络发布，尤其便于移动端应用，而且交互性强。例如，iH5、易企秀、木疙瘩等都是具有代表性的在线 H5 制作平台。

（1）iH5

iH5 是专业级 H5 制作平台，功能强大，制作者既可以利用该平台进行简单的数据新闻集成、制作与发布，也可通过编写代码实现很多复杂的动画效果以及交互。本书的数据新闻案例《中国城镇化的单身困境》就是在 iH5 平台制作的。

（2）易企秀

对普通制作者而言易企秀比较容易操作，制作者可以利用模板轻松制作可适用于不同场景的页面，也可以根据需求制作个性化页面。当在易企秀上制作的页面被分享到社交网络时，制作者可通过表单收集受众反馈信息，而且易企秀中免费模板较丰富。

（3）木疙瘩

木疙瘩可以一站式生成长图文、网页专题、交互 H5 动画内容，并支持对内容进行流量分析、传播分析及浏览行为分析，方便融媒体内容的制作与管理，而且能较好地满足数据新闻制作和传播监测的需求。

国内的 H5 在线制作平台非常丰富，除上文介绍的几种之外还有人人秀、MAKA、秀米、意派、百度 H5 等众多平台，制作者可以根据自己的需要选择合适的平台。

第三节　数据新闻制作过程

根据前文新媒体数据新闻选题与策划、新媒体数据获取、新媒体数据预处理、新媒体数据分析、新媒体数据可视化、新媒体数据新闻可视化叙事等内容，以及本章中数据新闻内容组织，下面以 iH5 工具作为数据新闻集成、制作与发布的平台，来展示数据新闻《中国城镇化的单身困境》的内容集成及制作过程，主要包括视觉呈现和整体包装。

一、视觉呈现

1. 信息图表制作

本案例中的信息图表主要使用了 PS 和 Excel 来制作，完成后导入 iH5 平台。

（1）地图

以数据新闻作品《中国城镇化的单身困境》中的"'大龄未婚女'百度搜索指数地区分布图"为例，可通过百度搜索指数，获取原始数据或其所提供的数据地图。然后，可以通过第三方软件生成，或对百度搜索指数提供的地图进行美化，特别注意地图部分完成后，需要增加名称、数据来源等信息。

而制作彩礼地图则需要将纯文字部分转化为地图。本案例不仅用数据体现了彩礼数额，还设计了住宅楼、牛羊、项链等小图标，使图表更加生动形象，"彩礼地图"4 个字体现了我国的剪纸风格，增强了地图的趣味性，具体效果可参见数据新闻作品《中国城镇化的单身困境》中的"2017 年各地彩礼数据地图"。

（2）柱形图

本案例中的柱形图是通过 Excel 中生成"簇状柱形图"功能制成的，确保数据的准确性，然后在 PS 里利用图案替换数据元素进行视觉设计与美化，结果如图 8-8 所示。

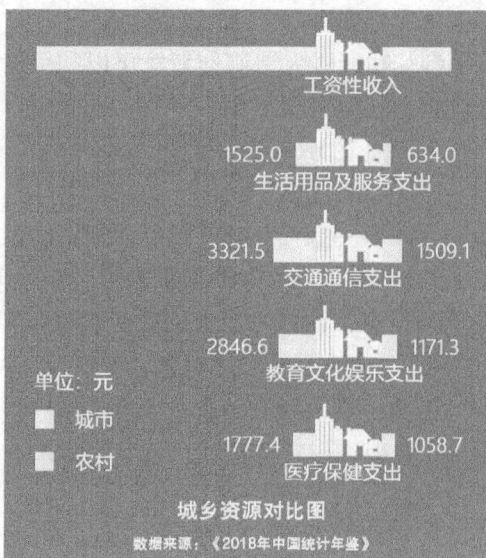

图 8-8　城乡资源对比柱形图

（3）折线图

本案例中的折线图首先在 Excel 中导入生育率数据，生成简易折线图，然后在 PS 中对其线条和颜色进行优化，最后导入 iH5，结果如图 8-9 所示。

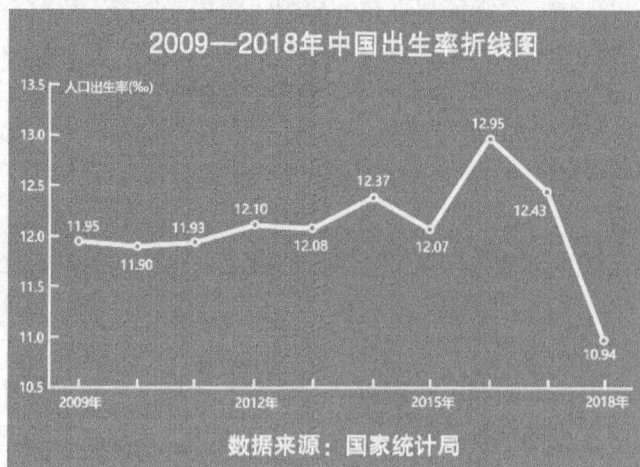

图 8-9　2009—2018 年中国出生率折线图

（4）复合图表

本案例中的复合图表将时间、媒体平台和报道次数等三维信息叠加在一张图里。首先，在 Excel 中制作一个 12 等份的扇形图，然后在 PS 中进行美化，结果如图 8-10 所示。

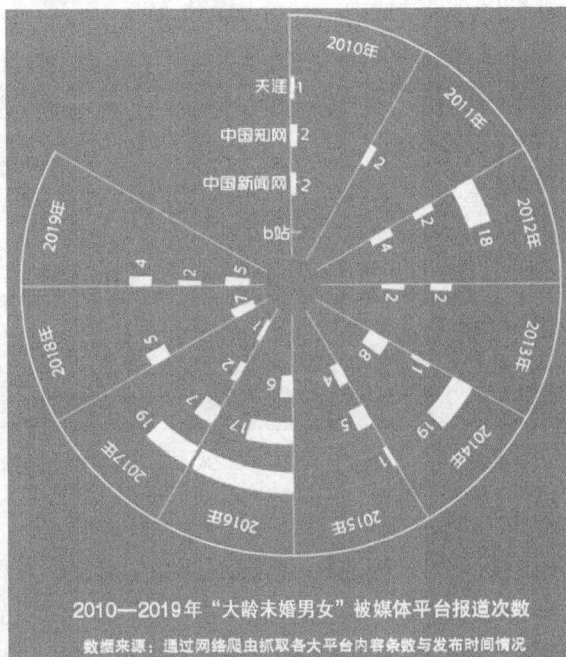

图 8-10　"大龄未婚男女"媒体平台报道次数复合图表

2．动画视频制作

封面的动画有两个：一是利用图片序列制作人物运动的动作，为球体加入以自身为中心的旋转动画，形成同心逆行的圆环。在"农村"外围顺时针行走的"大龄未婚男"和在"城市内部"逆时针行走的"大龄未婚女"永不相交，呼应了大龄未婚的主题。二是对暗色背景里的卫星地图添加缓动的效果，形成布景前移的效果，背景是城市和农村交界的地方，暗示我国城镇化。封面动画如图 8-11 所示。

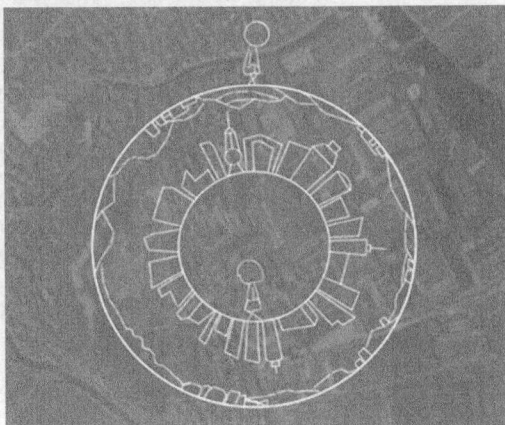

图 8-11　封面动画

第三部分"剩的代价"中的动态词频主要运用 iH5 中的小模块制作而成。首先，在 PS 中绘制一个台式计算机的外观，存为 PNG 文件，导入 iH5。其次，在 iH5 的小模块中选择"文字云"，单击"字幕效果 1"，如图 8-12 所示。将台式计算机的大小设置合适使其正好填充计算机屏幕，最终效果如图 8-13 所示。

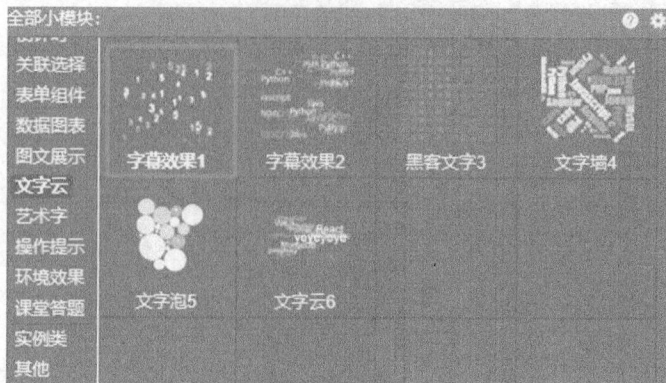

图 8-12　iH5 小模块中的"文字云"　　　　图 8-13　"剩的代价"中的动态词频图

3. 交互图表制作

运用 iH5 图表数据小模块制作交互图表：根据数据类型选择图表种类，导入预先处理好的数据，调整数值格式，运用图表颜色，设定图表的大小，并将其放置于合适位置。

以"折线图"制作为例，在 iH5 的小模块中选择"数据图表"，单击"单项折线图"，如图 8-14 所示。在单项折线图的属性栏中单击"编辑图表数据"，还可以调整图表的背景颜色和折线颜色等，如图 8-15 所示。在弹出的界面中单击"导入"按钮就可以将之前在 Excel 中分析的数据直接导入 iH5，如图 8-16 所示。在此基础上即可生成中国六次人口普查城市化水平交互折线图，如图 8-17 所示。

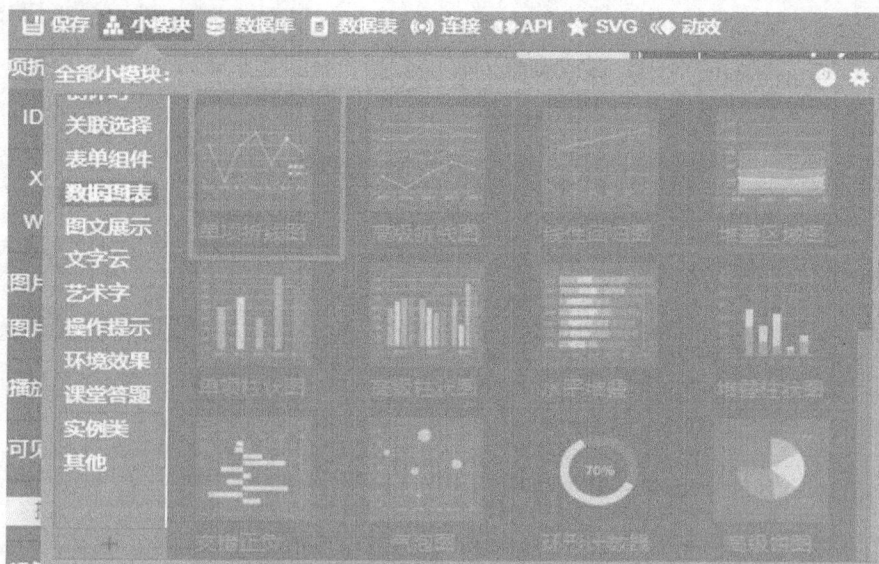

图 8-14　iH5 小模块中的单项折线图

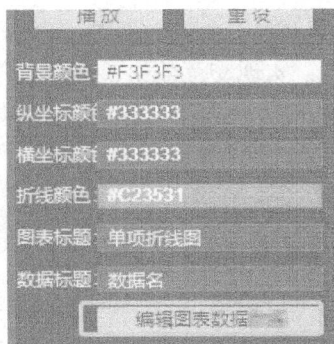

图 8-15　单项折线图属性栏

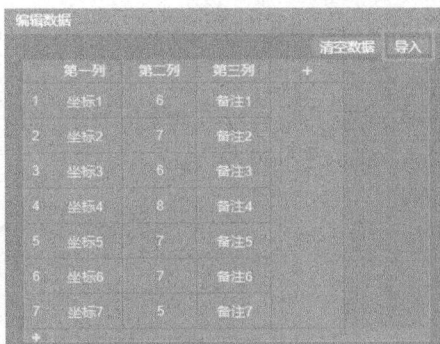

图 8-16　单击"导入"按钮

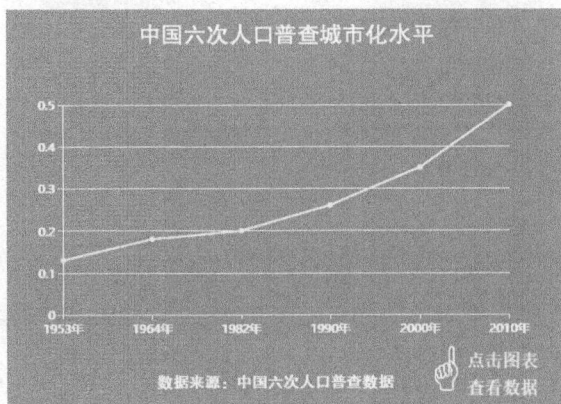

图 8-17　中国六次人口普查城市化水平交互折线图

　　用同样的方法结合数据特点，可制作圆环图和玫瑰图，所生成的未婚男女对比交互圆环图、2017 年各年龄段性别比交互玫瑰图效果分别如图 8-18 和图 8-19 所示。

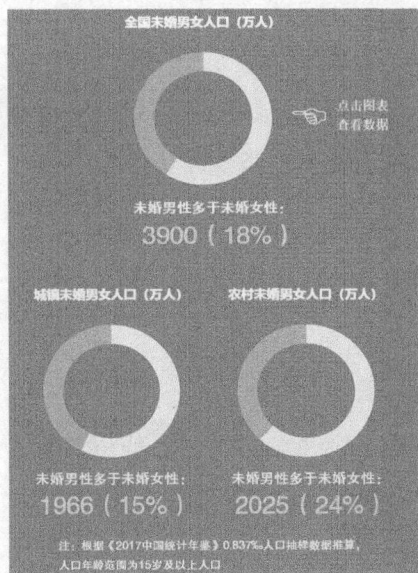

图 8-18　未婚男女对比交互圆环图

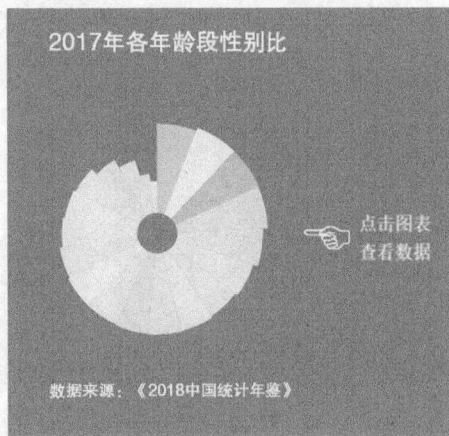

图 8-19　2017 年各年龄段性别比交互玫瑰图

结合使用 iH5 和 PS 制作交互词频图。先在 PS 中制作 PNG 格式的图形和按钮，再将素材导入 iH5，添加时间轴、轨迹和事件，使其组合成整体，实现交互效果，具体制作可参见本书第六章第四节中的"利用 iH5 制作交互图表"的案例，所生成的媒体平台"大龄未婚男女"交互词频图如图 8-20 所示。

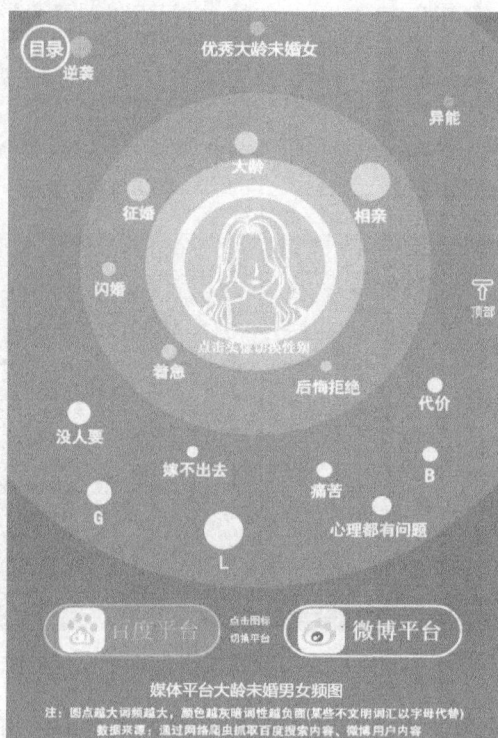

图 8-20　媒体平台"大龄未婚男女"交互词频图

4. 元素设计

（1）手绘元素

运用数位板手绘"大龄未婚男女"形象，使其贯穿整个数据新闻的始终，成为线索，在契合新闻主题的前提下，增强趣味性和审美性，如图 8-21 至图 8-26 所示。

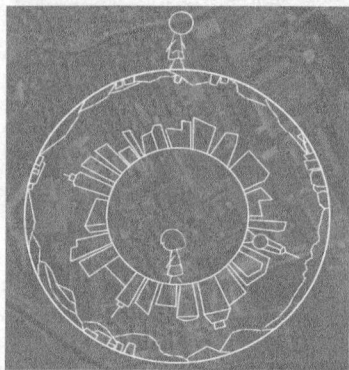

图 8-21　手绘元素（一）

图 8-22　手绘元素（二）

图 8-23　手绘元素（三）

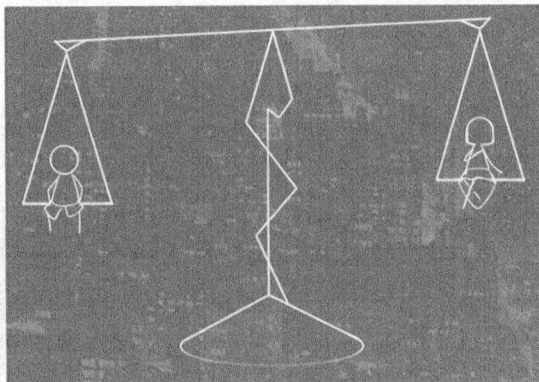

图 8-24　手绘元素（四）

图 8-25　手绘元素（五）

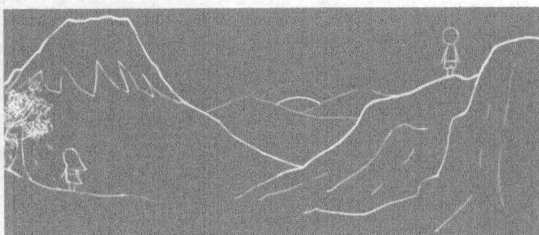

图 8-26　手绘元素（六）

（2）图标元素

　　本案例中图标元素之一主要出现在第二部分"无处安放的爱情"中的各部分跳转中，如图 8-27 所示。图标使标题的核心含义实现可视化叙述，增强了新闻的趣味性与美观性。

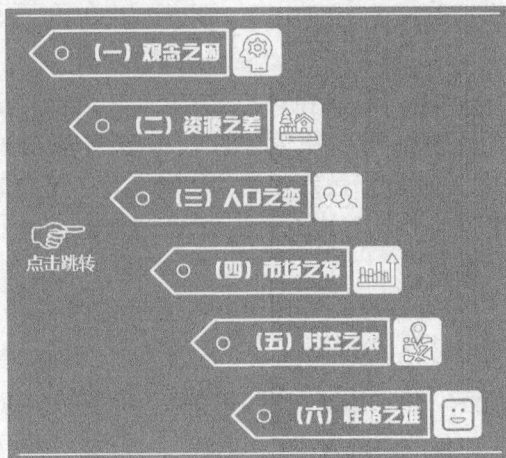

图 8-27　图标元素

5. 页面设计

（1）图文布局

整篇新闻共分为三章，这提升了移动端受众的阅读难度。因此，本案例通过插入与主题相关的插画、增大行距等方式减少受众的阅读疲劳，图文相间，合理布局，优化视觉效果。此外，在第二部分"无处安放的爱情"（见图8-28）中设计"非线性阅读"，将单身困境的六大原因独立为6个小部分，受众可以任意跳转阅读自己感兴趣的部分，看完一部分还可以点击"顶部"回到页面顶端选择其他内容，这使得受众的阅读更加个性化、精准化。

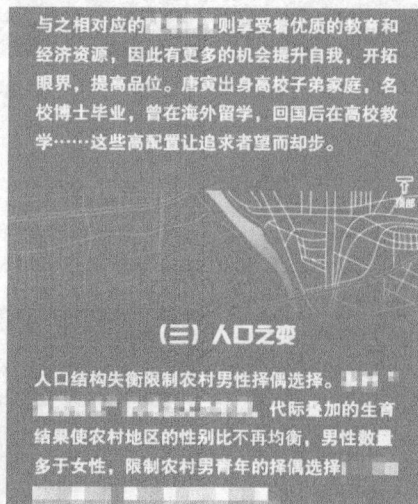

图 8-28 第二部分"无处安放的爱情"

（2）页面交互

页面交互主要分为各页面跳转和长页面设置两大部分。其中，各页面跳转是利用 iH5 的"事件"功能制作而成的，该功能可以实现页面切换、章内小节的跳转以及菜单栏的显示与隐藏。而长页面设置是添加一个与长页面等长的透明按钮便于选择，分若干个对象组放置内容，并设置滚动条便于页面滚动。

① 各页面跳转。

首页的菜单设计制作。在 iH5 页面右侧的"对象树"中选择"打开菜单"，为其添加"事件"，如图8-29所示。在页面左侧"事件属性"的左侧选择触发对象（iH5 中支持单击选中，无须在下拉列表中勾选），在右侧选择触发效果，包括播放、反向播放、跳转到页面等多种效果。经过多次调试和逻辑梳理，完成页面跳转，具体设置如图8-30所示。同理，制作数据新闻第二章中的页面内跳转菜单。

② 长页面设置。

为数据新闻第一章内容设置长页面。在 iH5 页面右侧"内容-第一章"对象组下方添加"透明按钮1"，如图8-31所示。将"透明按钮1"的宽度设置为640PX，长度由页面内容的长度决定。将"背景颜色"的参数设置为"#141A28"，其他保持默认设置，如图8-32所示。接着，将页面左侧"透明按钮1"所在的"内容-第一章的属性"中的"剪切"选择为"使用滚动条"，如图8-33所示。在每章内容部分复制"透明按钮1"，可实现长页面滚动。

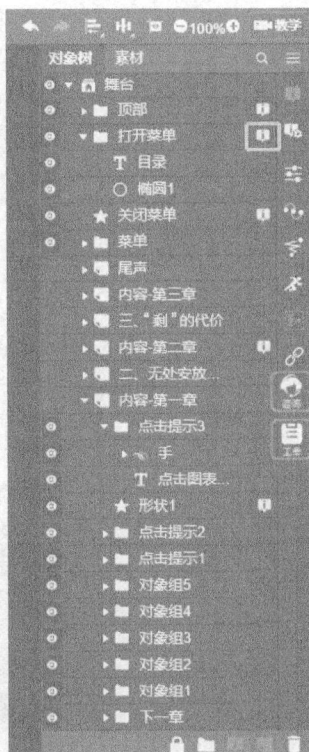

图 8-29　添加"事件"

图 8-30　设置页面跳转

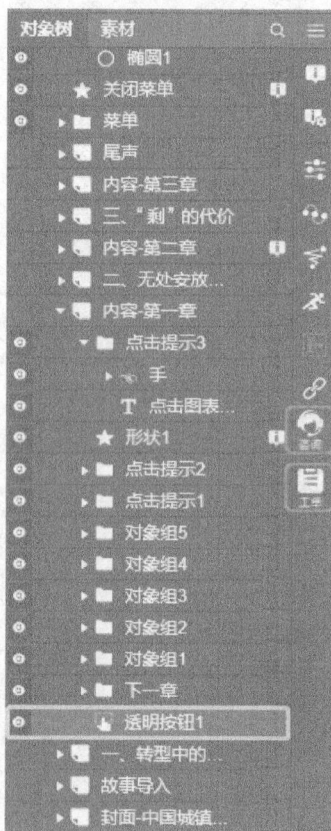

图 8-31　为长页面添加"透明按钮 1"

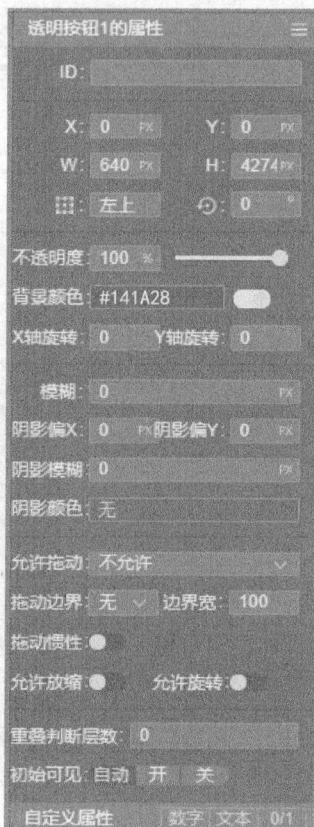

图 8-32　设置透明按钮 1 的属性

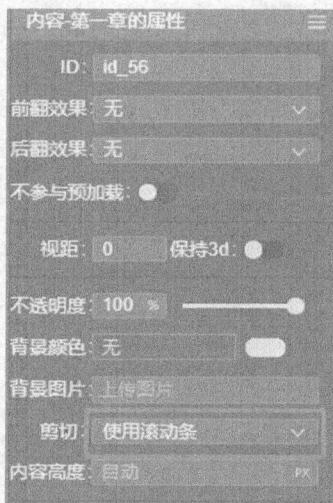

图 8-33　使用滚动条

二、整体包装

1. 标题及简介设置

完成数据新闻内容编辑的全部流程并保存之后，在 iH5"我的工作台"界面中选择作品，如图 8-34 所示。系统默认的标题为"iH5 新作品"，单击"iH5 新作品"即可设置新标题，如图 8-35 所示。

图 8-34　工作台界面

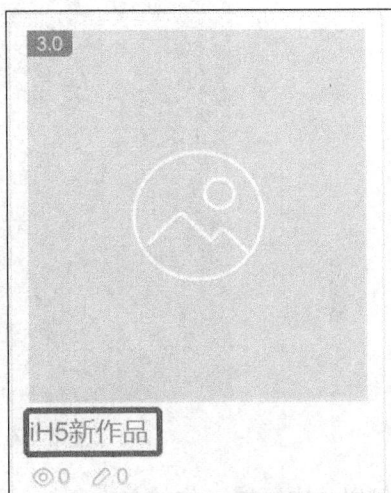

图 8-35　标题修改

也可以直接在 iH5 主页单击"发布"按钮，如图 8-36 所示。单击后出现设置页面，可进行标题和简介的设置，如图 8-37 所示。

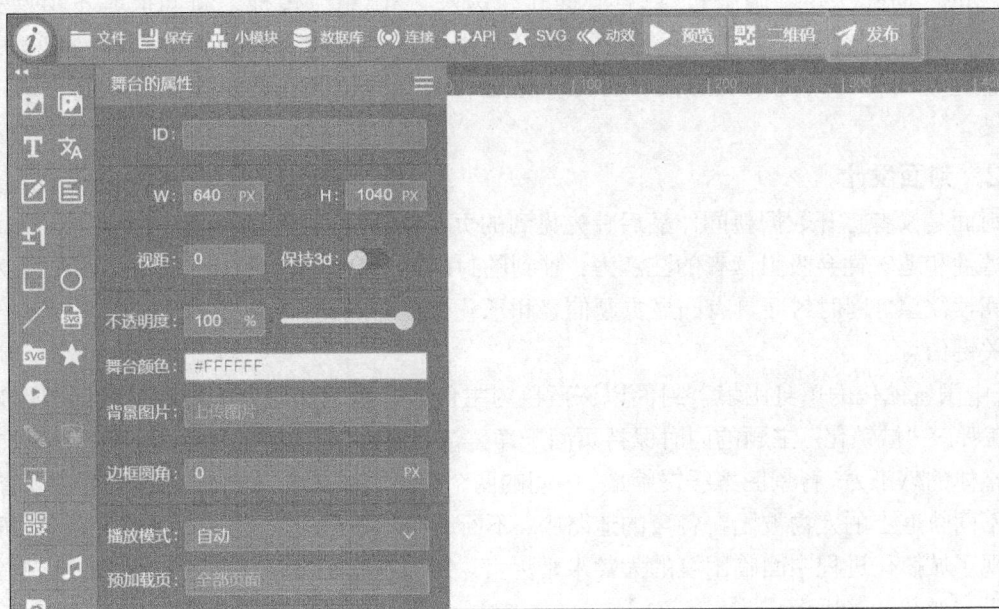

图 8-36　单击"发布"按钮

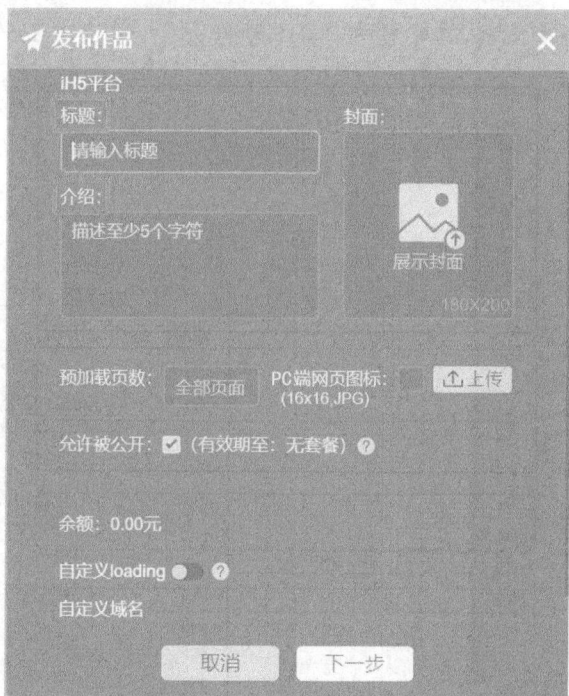

图 8-37　设置标题和简介

　　本案例以《中国城镇化的单身困境》为题，以简洁的语言精准聚焦大众关注的城镇化和婚恋话题，在保持作品深度的同时增强了趣味性，贴合受众的阅读兴趣。

　　新闻标题和简介是对新闻中最有价值的内容的浓缩、概括和提炼。在互联网这个巨大的信息源中，读者对新闻的选择，首先是通过浏览标题来实现的。因此，有人说标题是文章的"面孔"和"眼睛"，只有"面孔"诱人、"眼睛"传神，新闻报道才能吸引读者阅读，才会有价值；反之，若标题和简介平平无奇，不能引起读者的阅读兴趣，那么新闻报道写得再好，也没有意义。可见，标题和简介的设置在新媒体数据新闻报道中至关重要。

2. 封面设计

　　封面是读者打开数据新闻作品后首先见到的页面，会使读者形成非常重要的第一印象。其显著性和趣味性会吸引读者的注意力，独到的封面设计会给读者留下深刻的印象，激发读者的阅读欲望。同时封面具有凸显主题信息和承载交互功能的作用，并通过文字和图案传递大量关键信息。

　　《中国城镇化的单身困境》封面以深蓝色为主色，采用低透明度的城市卫星地图作为背景，在呼应"城镇化"主题的同时保持页面干净整洁、突出重点信息。封面还采用动画效果，增强整体的感染力。背景图案缓慢缩放，中间的两个手绘人物随着不断转动的圆圈原地踏步，两条不同轨道上的人物被困在各自的道路中，不断前行却不会有交点，如图 8-38 所示，形象地表现了城镇化进程中面临困境的大龄未婚男女。封面主体图案使用了手绘元素，与正文保持统一，如图 8-39 所示。

图 8-38　作品封面

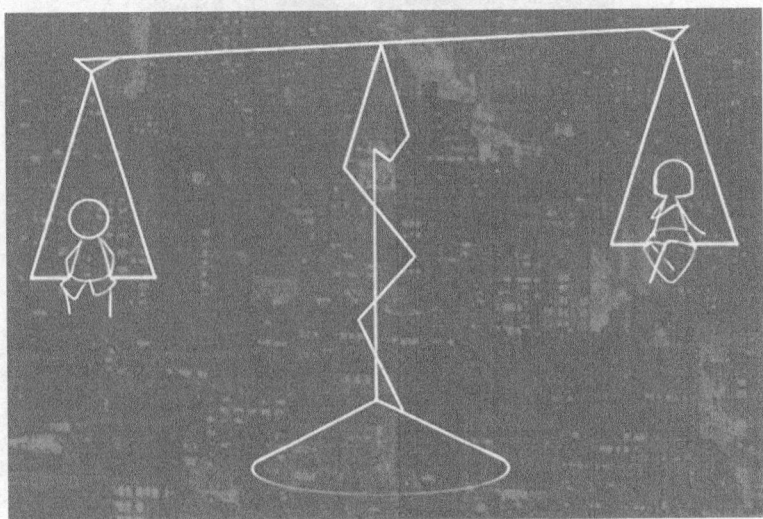

图 8-39　正文手绘元素

　　本案例封面标题字体与章标题一致，在与正文字体区分的同时，从细节处相互呼应，增强整体感，如图 8-40、图 8-41、图 8-42 所示。

图 8-40　封面标题字体

图 8-41　章标题字体

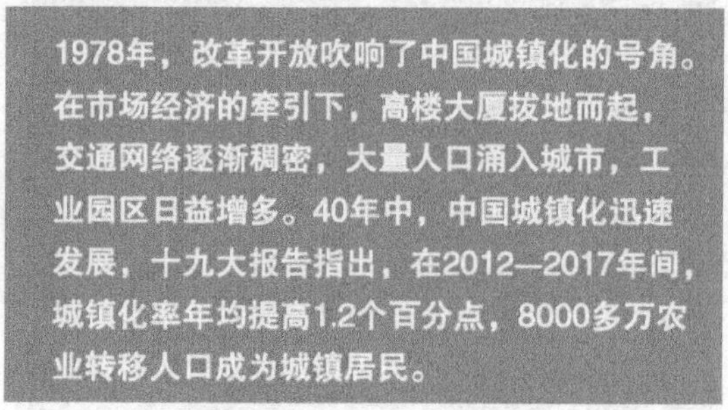

图 8-42　正文字体

　　此外，封面中设置了"目录"按钮，清晰地呈现了全文的结构，方便读者跳转阅读。封面最下方设置动态的"向上滑动"按钮，提示了翻页方式，如图 8-43 所示。

图 8-43　按钮设置

第四节　数据新闻发布与评价

一、数据新闻网络集成与发布

目前基于网络平台的数据新闻集成及发布通常都能生成二维码和 URL 链接，通过扫描二维码或在浏览器中输入链接地址能够方便地在移动端和 PC 端浏览、查看和传播。本部分内容仍以数据新闻《中国城镇化的单身困境》为例，阐述在 iH5 平台中完成数据新闻集成与制作之后如何进行网络发布。

1. 数据新闻发布过程

（1）页面预览

在发布数据新闻之前，制作者通常会预览页面，以便对细节进行修改完善。在 iH5 平台的编辑页面上方有"预览"选项（见图 8-44），单击之后系统会对作品进行自动保存，并跳转至预览页面。

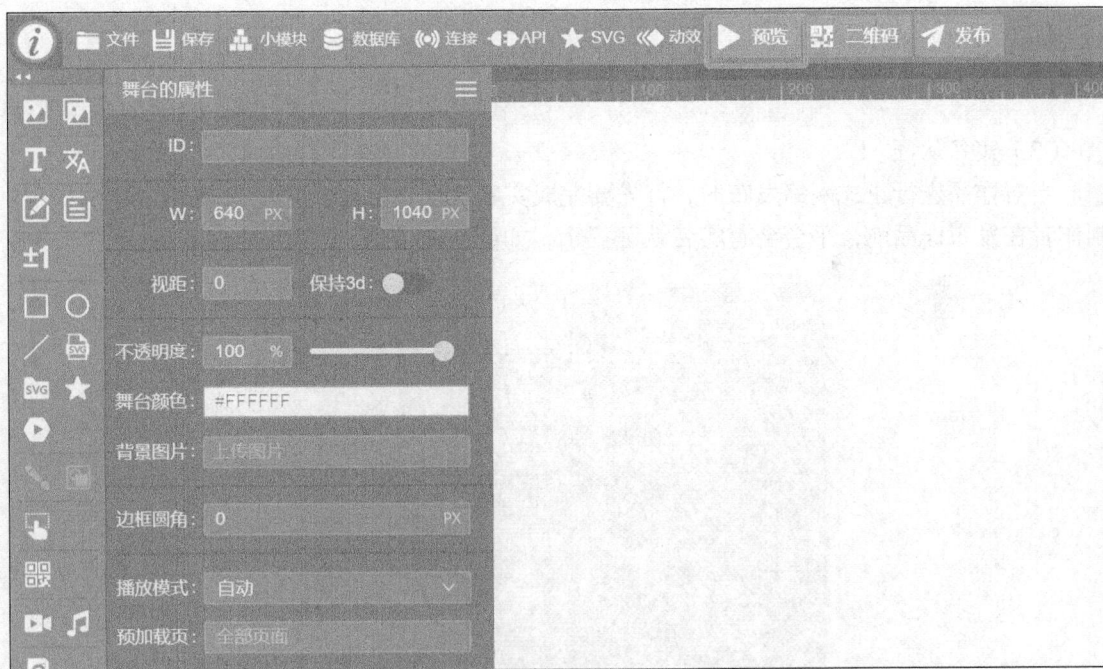

图 8-44　编辑页面"预览"选项

鼠标指针在工作台相应的作品上方划过也会出现预览选项，单击之后系统会自动生成预览的二维码和 URL 链接，方便制作者使用不同的移动设备和 PC 设备预览效果，如图 8-45 所示。

在 iH5 中对未发布的作品进行预览时，页面会显示"未发布，请勿分享"，在该模式下扫描二维码或通过 URL 链接也可对数据新闻作品进行查看、预览和阅读。

图 8-45　作品二维码链接预览页面

（2）实名认证

当对作品进行正式网络发布时，首先要完成实名认证。在 iH5 页面中未完成实名认证的制作者在发布作品前，平台会有实名认证提示，如图 8-46 所示。

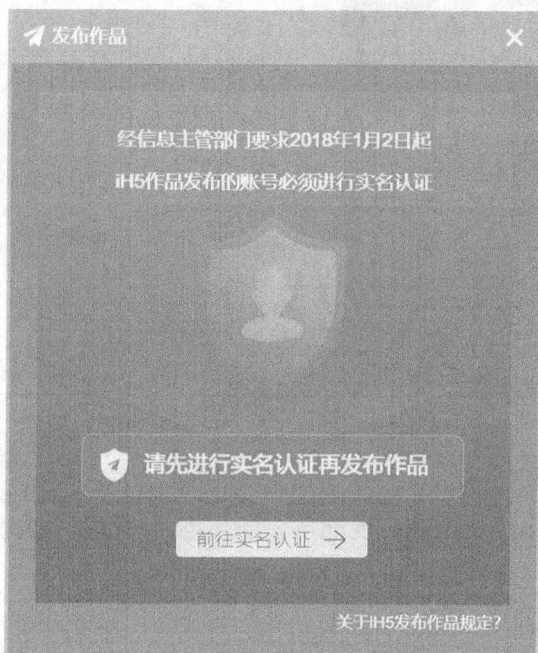

图 8-46　实名认证提示

单击"前往实名认证"按钮，填写真实姓名、身份证号码，提交平台审核，如图 8-47 所示。审核通过之后即可发布作品。

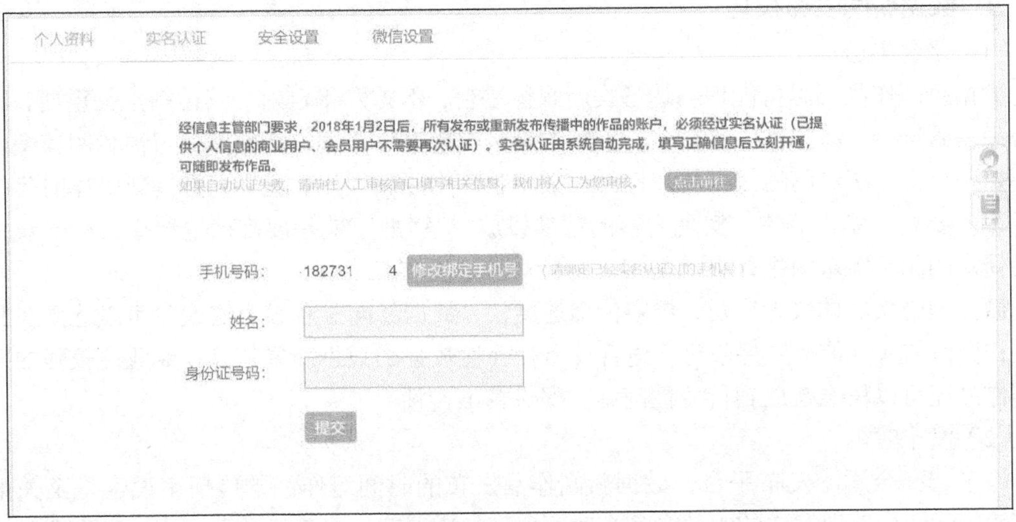

图 8-47 实名认证页面

（3）作品发布

单击"发布"后可根据需要进行相关信息设置，如图 8-48 所示。上传的展示封面和图标在分享数据新闻作品时将成为缩略图，可根据作品的封面进行裁剪，生成符合尺寸要求的缩略图。预加载页数是在数据新闻作品打开时提前加载的页数。如果预加载页数少，作品打开速度会较快，但后续翻页时未提前加载的页面打开速度可能较慢；如果预加载页数多，阅读体验较流畅，但作品打开速度较慢。可根据实际情况选择预加载页数。

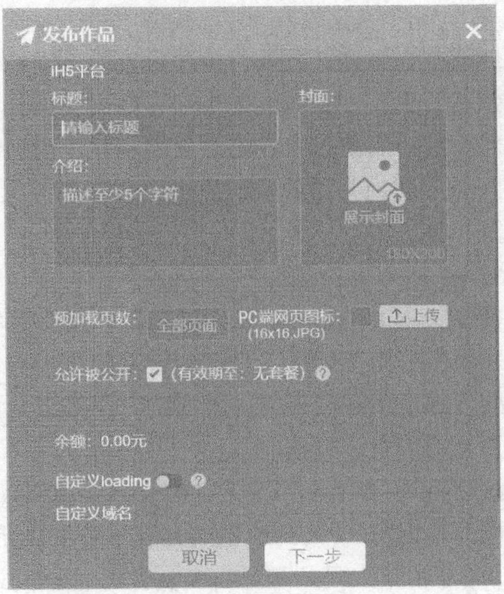

图 8-48 发布设置

发布成功后将会自动生成相应的二维码和 URL 链接。通过扫描二维码或在浏览器地址栏中输入链接地址，即可在网络环境下浏览数据新闻内容。

2. 数据新闻发布技巧

（1）平台渠道

数据新闻作品要尽可能地触达各类新媒体平台，但首发平台对后续传播至关重要，制作者必须妥善选择。新媒体平台众多，不同的平台受众群体不同，新闻阅读习惯和阅读偏好也各不相同。要想使自己的数据新闻作品在数字浪潮中脱颖而出，就必须掌握新媒体时代的传播规律。要划分受众群体，实现内容的精准投放。"精准"就是要准确地选择目标受众，以满足受众的阅读需求为主，在此基础上有针对性地发布。

微博的受众群体较为广泛，内容传播速度快，数据新闻主题较为宏大时可以选择在微博首发；微信的人际传播效果较好，适合发布社会性较强的数据新闻作品；专业性较强的数据新闻作品还可以精准投放到行业性网站，促进精准传播。

（2）发布时机

除了选择合适的发布平台，数据新闻作品发布的时间对作品的传播来说也是至关重要的。就像我们会发现发送的邮件在某个时间段回复率最高，在新媒体平台上，在不同时间发布的内容阅读量完全不一样。

受众不是每时每刻都保持活跃，根据目标受众的活跃时间推送内容，往往会得到事半功倍的传播效果。根据现代城市生活规律，早晚上下班时间是人员流动性较大的时间，人们通常喜欢在这一空闲时间段浏览信息，因而这一时间段也是数据新闻作品发布的较佳时机。11:30—13:00 和 21:00—23:00 为网民上网的高峰期，可选择在这两个时间段发布重要的作品。此外，在作品发布前，还可以进行预告，提前预热。

3. 内容发布注意事项

（1）保证内容的真实性

依托新媒体平台，数据新闻在传播速度和传播范围方面都有较强的优势，错误的信息带来的负面影响也很难完全消除。真实性是新闻的生命，数据新闻作品涉及众多数据，内容结构较为复杂，容易出现误差，需要加强对内容的检查和审核。新媒体平台在作品发布之前都要求进行实名认证，也是为了方便内容溯源，一旦出现恶意造假行为，发布者将难辞其咎。因此，一定要重视内容的真实性。

（2）重视图文的严谨性

数据新闻作品涉及很多图文内容的结合，制作者在制作发布过程中要保持科学严谨的态度。数据新闻作品中经常采用数据地图的形式呈现地域性数据信息，对此要格外注意地图图案的严谨性，保证完整、准确地表示我国领土。国内就有媒体或企业，因宣传内容中的地图图案使用不规范引发争议乃至遭到行政处罚。

我国目前地图管理的法律法规、规范性文件及相关规定主要有《中华人民共和国测绘法》《地图管理条例》《地图审核管理规定》《公开地图内容表示若干规定》《公开地图内容表示补充规定（试行）》等。可以通过中华人民共和国自然资源部官方网站或各地自然资源主管部门官方网站，获取免费的标准地图；也可以联系相关测绘资质单位，定制地图。

（3）强化知识产权意识

近年来，新媒体作品侵权诉讼案件数量呈现逐年攀升的趋势，特别是互联网传播向"读图时代"迈进的过程中，图片侵权现象越来越严重。新媒体内容发布者或是无知识产权意识，或是不规范使用内容导致侵权。侵权行为会给媒体造成直接的经济损失，影响品牌信誉，这对于数据新闻的生命来说也是巨大的打击。对此，数据新闻制作者要强化知识产权意识，合理使用素材。

二、数据新闻生产与评价

1. 数据新闻生产模式

（1）内生模式

经济学中有"内生式发展"的概念，是指一个本地社会动员的过程，它需要一个能够将各种利益团体集合起来的组织结构，去追求符合本地意愿的战略规划过程以及资源分配机制，最终目的是发展本地在技能和资格方面的能力。在数据新闻生产模式中，有一种类似于经济学中"内生式发展"的模式，称为"内生模式"。内生模式是指媒体依靠吸纳、整合、优化、扩充内部资源进行数据新闻生产的模式。媒体为了解决自身数据新闻生产能力问题，多采用引进人才、技能培训和员工自主学习的方式。

内生模式用于数据新闻生产各角色配置齐全或各类资源较充沛的生产主体，简言之就是"自给自足"，如财新网等媒体的日常数据新闻生产多采用这种模式。

（2）外包模式

外包模式是企业通过整合、利用其外部最好的专业化资源，达到降低成本、提高效率、充分发挥自身核心竞争力和增强应对外界环境能力的目的的一种管理模式。数据新闻的外包模式是指媒体通过整合、利用外部专业化资源，将数据新闻生产任务全部或部分委托他人按照一定标准进行生产的模式。比如国内的"天眼查"与一些媒体合作发布一些数据新闻，"图政"等数据新闻生产主体除了自己生产数据新闻外，也承接其他媒体的合作或外包业务。

（3）众包模式

外包模式通常需要大量的资金支持，如果既无资金，又需要外力协助，众包模式是一个较好的选择。众包模式最早在 2006 年 6 月由美国《连线》杂志资深编辑杰夫·豪提出。数据新闻生产的众包模式定义为邀请特定人群参与数据新闻报道任务（如新闻采集、数据采集或分析）的行为模式。参与者与发包方不是雇佣关系，而是完全出于自主、自愿，根据自身需求理性参与，众包模式通过激励机制替代合约制，强调"自助协作"，联动各参与者有序高效地完成任务。众包项目有两种共同属性：一是参与者并不是以营利为目的的，二是他们利用业余时间参与。众包模式可以帮助新媒体数据新闻制作者借助外部智力资源，解决生产中的困难，提升生产效率或降低成本。

（4）自组织模式

在数据新闻生产中，还有一种独特的模式：参与者没有工资、互不见面，以自发的形式组织起来生产数据新闻。这种独特的模式就是自组织模式。"自组织"的概念来源于自然科学和工程技术。组织是自然界和人类社会中事物的一种有序化的过程和构成方式。"他组织"

是指由权力主体指定一群人组织起来，以完成一项被赋予的任务。而"自组织"则是一群人基于自愿的原则主动地结合在一起。自组织的产生包括两个阶段：首先，一群人形成小团体；其次，小团体还须有特定目的，并为之分工合作、采取行动。国内的自媒体"图政"是目前少有的采用自组织模式进行数据新闻生产的媒体，成员主要为高校大学生，通过线上团队协作完成数据新闻作品的生产和发布。

2. 数据新闻作品评价指标

（1）报道选题

报道选题体现的是新闻从业者对新闻事物的认识、研判与创造性思维。数据可视化在新闻传播领域的存在价值，就在于从大体量数据中挖掘出鲜为人知的东西。从某种意义上看，向公众提供服务性内容、普及知识不是数据可视化在新闻传播领域的主要功能。通过深入调查，监测环境、预测未来才是其存在的价值。因此，数据可视化的选题决策要能够充分体现其特殊性。

（2）数据来源

采集数据是数据可视化生产的第一步，高质量的数据源不仅是高质量可视化作品的保障，也是判断作品可信度的主要依据。在交代信息源（数据源）的时候，不能泛泛而谈，应将获取数据的渠道、采集的方法，甚至数据库链接等公布给受众以便查询，给予受众继续分析数据的机会。媒体需要对数据源尽审查核实的义务，还要尽可能地争取使用多个数据源进行互证。否则，错误的数据必将得出错误的结论。

（3）数据处理

数据可视化呈现出来的新闻点是通过对大量数据进行分析挖掘之后发现的，仅仅把获取的数据予以罗列，把数据可视化简单地理解为数字的可视化，或者将数据处理简单化（如仅做总量计算、百分比计算和均值计算等），这些都说明报道者对数据可视化的本质缺乏认识，对数据资源开发不够。根据报道选题、数据类型来选择数据分析方法，才能体现数据可视化的特质。目前，数据分析方法包括统计、关联、对比、换算、量化、溯源、发散、综合评论等。描述性、探索性的统计分析以及大数据挖掘才应该是数据可视化的常规做法，而不是在传统新闻生产中加入一些统计分析。

（4）可视化呈现

数据体量的大小、数据处理的复杂程度都直接影响数据新闻的设计与制作。以何种方式呈现数据，关系到对受众注意力的吸引效果。对新闻信息产品而言，并不是可视化效果越美观，传播效果就越好，美观只是选择的一个标准，功能强和实用性高比好看更重要，要时刻考虑在营造视觉冲击力和传播新闻信息之间做好平衡。

（5）传受互动

传受互动是增强传播效果的有效方式之一。如果仅仅在可视化生产中加入点（单）击、拖曳等操作，那么这种交互设计则显得过于简单。但是，如果能够促使受众参与评论、转发分享，则显著扩大了数据新闻作品的传播范围。媒体应该为受众开放数据，并提供挖掘数据的工具和呈现可视化作品的平台，不仅动员受众参与数据的采集、分析，还鼓励受众将自制的可视化作品上传至指定的共享平台，利用各类社交媒体进行可视化作品的再传播，扩大作品的传播范围，这样的传受互动才更具大数据时代的特色。

（6）数据维护

开放、共享是移动互联网时代的传播特色。为了保持新闻作品的生命力，一些媒体会对其核心数据及新闻故事进行不间断的更新、维护。数据新闻作品的价值实现不是一次性的，要注意吸纳新数据，对核心数据不断进行更新、维护，这样才能增加数据可视化作品的传播价值。

三、数据新闻网络传播效果与策略

1. 传播效果

（1）理解度

数据新闻作品的质量可以从不同维度进行评价，但作为新闻作品，其核心还是传递事实信息。如果说制作数据新闻的过程是将繁杂的数据进行重新编码呈现，那受众解读数据新闻的过程就是解码的过程。因此，数据新闻作品能否被受众快速理解是评价其传播效果好坏的基本指标。对此，可以检验受众在阅读完数据新闻作品后对报道主题、关键新闻点等细节信息的掌握情况。

（2）参与度

与其他形式的新闻作品相比，数据新闻作品具有显著的互动性。设计的互动点能否被受众触发、数据新闻作品能否吸引受众的表达和再传播都是检验受众参与度的重要指标。具体而言，参与度的考察指标可细化为转发、评论、点赞、收藏等，以及数据新闻能否引发受众思考。

（3）信任度

保证真实性是新闻的根本原则，受众对数据新闻作品的信任度是评价其传播效果的重要指标。新媒体数据新闻作品中数据来源标注不清的情况会引发受众疑虑；数据结果出乎意料，与受众的已有认知存在较大偏差，容易导致受众对数据新闻的可信度产生怀疑；数据新闻中过分强调部分信息、过于花哨的可视化设计也会让受众感觉不够严谨。

（4）记忆度

在信息爆炸的新媒体时代，各类视听作品层出不穷。真正高质量的数据新闻作品不仅要能轰动一时，更要能引人回味，借助数字载体传递价值，发挥新闻的作用服务社会。记忆度可以根据受众阅读数据新闻作品一周后对报道主题、发布媒体等新闻细节的记忆程度进行计算。

（5）喜爱度

喜爱度是较为主观的心理感受，也是数据新闻作品传播效果的重要评价指标。受众对某一作品的感受不局限于对这一作品的认知，更影响着受众对发布这一作品的媒体的评价。数据新闻的文字风格、可视化设计乃至传播方式都对受众喜爱度有直接作用。传播效果的行为层面是建立在认知和态度两个基础层面上的，只有受众理解并喜爱作品才能产生深层次的效果。

2. 传播策略

（1）主题突出化

新媒体时代人与人的关系网络结构是扁平化的，基于兴趣爱好和共同价值观建立起来的关系在传播内容上具有同质性和共鸣性。在这种网络结构中，一个数据新闻作品是否凸显了吸引共鸣的"爆点"，直接决定作品被转发传播的可能性大小。

对数据新闻而言，主题的设计在于两个层面：信息层面和形式层面。信息层面的"爆点"需要记者从数据新闻的内容中进行提炼，例如某个重要数据、关键节点、令人印象深刻的细节等，然后将最有趣、与受众最相关或者最令人惊讶的数据点放在最前面。形式层面的"爆点"需要在数据可视化设计中摒弃面面俱到、信息量大的设计思路，简化图表设计，使重要数据清晰可辨，或者在交互图表中设下最大悬念，由受众揭开等。

（2）内容趣味化

数据新闻的传播依托于新媒体，受众在社交平台上的转发是促进数据新闻作品广泛传播的关键。社交媒体的关系本质是把线下的人际关系迁移到线上，再扩展到社会关系，然后利用这些关系资源实现价值转换，最终形成社交媒体上的关系闭环。谈资能激起受众谈论、满足其某种心理需求，是促进受众转发内容的重要因素。

美国宾夕法尼亚大学沃顿商学院教授乔纳·博格在研究网上社交中的分享时发现，人们想通过与他人谈论的信息来完成自我的"标签化"，成为别人眼中理想的自己——一个风趣、聪明、强健、美丽、富有的自己，这些令人觉得可以凸显自我独特性的信息便是"社交货币"。数据新闻在内容中应挖掘谈资，通过作品的题材、品质、风格、形式等增加受众的"社交货币"，促进作品传播。这也提醒数据新闻制作者，制作数据新闻时除了考虑新闻专业标准外，还要考虑受众在社交平台上的自我呈现和分享心理。

（3）交互游戏化

游戏化不等于游戏，而是将游戏的部分积极特征转移到非游戏的事物上，用有趣的方式吸引玩家参与。游戏的4个特征：目标、规则、反馈系统和自愿参与。在游戏化中，这些特征以不太明显的方式出现。游戏化的设计有三个方面的价值：一是迎合社交平台的参与式文化；二是通过交互增加数据新闻作品本身的乐趣和吸引力；三是改变一次性的数据新闻消费方式，通过单个受众的多次参与和经由分享后的裂变传播，建立与受众的"强关系"。

（4）设计轻量化

设计轻量化是指在不影响作品意义表达和受众体验品质的前提下，尽可能减小技术或内容上的负荷。设计轻量化包括技术轻量化和内容轻量化。技术轻量化是指数据新闻作品的技术形式要与移动终端设备的运行内存、数据持久化、网络访问等性能相匹配。一项针对全球数据新闻奖获奖作品的研究发现，数据新闻越来越注重数据的轻量化处理，以便于数据加载。内容轻量化是指数据新闻中的信息应依据受众在社交平台的阅读习惯而定。在内容生产的过程中尽量做到语言简洁、逻辑清晰，图文重点突出。

BuzzFeed 的调查显示，在计算机上阅读耗时约 3.5 分钟的文章和在手机上阅读耗时约 2 分钟的文章最容易被分享。设计轻量化通过技术和内容的轻量契合了社交平台受众移动化、碎片化的新闻接收习惯，提升了受众体验，提高了作品广泛传播的可能性。

（5）传播联动化

实现大数据时代的矩阵化传播是传媒领域的大势所趋。要想实现数据新闻作品的广泛传播，就必须使作品尽可能地在不同新媒体平台发布。比如微博、微信公众号、今日头条、知乎乃至抖音、快手等短视频平台。及时主动地进行多平台联动发布有利于掌握传播的主动权，维护原创利益。新闻制作者在发布作品时，要依据不同平台信息传播的特点和受众群体的特征进行编码，提升作品的影响力、知名度。在作品传播过程中，积极进行跨平台互动也有利于增大传播声量，促进受众广泛参与讨论。

思考与练习

1. 简述新媒体时代用户新闻阅读习惯。
2. 数据新闻内容的组织应注重哪些方面才能更好地传情达意？
3. 举例说明新媒体数据新闻制作与发布常用平台及应用特点。
4. 简述数据新闻生产模式及如何进行数据新闻作品的评价。
5. 如何进行数据新闻网络传播效果的评价，以及如何促进其更好地传播？
6. 分别尝试利用易企秀、iH5、Wix 等平台进行数据新闻的制作与发布。

参考文献

[1] 方洁. 数据新闻概论[M]. 北京：中国人民大学出版社，2015.

[2] 曾一. 数据新闻研究[D]. 成都：四川师范大学，2015.

[3] 段峰峰. 新媒体数据分析及应用[M]. 北京：人民邮电出版社，2020.

[4] 陈为，沈则潜. 数据可视化[M]. 北京：电子工业出版社，2013.

[5] 毕良宇. 大数据背景下数据新闻的研究[D]. 武汉：华中师范大学，2014.

[6] 李美娜. 数据新闻传播路径研究[D]. 保定：河北大学，2019.

[7] 邵鲁文. 媒介融合视域下的数据新闻传播形态研究[D]. 济南：山东大学，2016.

[8] 赵月. 我国网络媒体数据新闻研究[D]. 锦州：渤海大学，2016.

[9] 帅静. 从数据新闻奖发展看数据新闻实践的变化趋势[D]. 南充：西华师范大学，2018.

[10] 陈力丹. 新闻理论十讲[M]. 上海：复旦大学出版社，2008.

[11] 李良荣. 新闻学概论[M]. 7 版. 上海：复旦大学出版社，2021.

[12] 丁柏铨，胡翼青. 新闻采访与写作[M]. 3 版. 南京：江苏教育出版社，2014.

[13] 勾俊伟，哈默，谢雄. 新媒体数据分析概念、工具、方法[M]. 北京：人民邮电出版社，2017.

[14] 彭兰. 网络传播概论[M]. 北京：中国人民大学出版社，2017.

[15] 张良均，王路，谭立云，苏剑林. Python 数据分析与挖掘实战[M]. 北京：机械工业出版社，2016.

[16] 张伦，王成军，许小可. 计算传播学导论[M]. 北京：北京师范大学出版社，2018.

[17] 张超. 释放数据的力量：数据新闻生产与伦理研究[M]. 北京：中国人民大学出版社，2020.

[18] 许向东. 数据新闻可视化[M]. 北京：中国人民大学出版社，2018.

[19] 谭贤. 新媒体运营从入门到精通[M]. 北京：人民邮电出版社，2017.

[20] 华哥. 新媒体视觉全攻略：文案视觉+图片美工+数据思维+营销推广[M]. 北京：人民邮电出版社，2019.